エドワード・エディンジャー

ユングの『アイオーン』を読む

時代精神と自己《セルフ》の探究

岸本寛史・山愛美＝訳

THE AION LECTURES
EXPLORING THE SELF IN C.G. JUNG'S *AION*
EDWARD F. EDINGER

青土社

ユングの『アイオーン』を読む

目次

ユングの『アイオーン』を読む

時代精神と自己《セルフ》の探求

【凡例】

［　］は原著のもの

〔　〕は訳者による補足

地の文の（　）は原著のもの

原著の斜字体は傍点を付した。

原著では『アイオーン』からの引用箇所がパラグラフ番号で示されているが、邦訳版の『アイオーン』にはパラグラフ番号の記載がないため、読者の便を考えて、邦訳版のページをできる限り併記するようにした。〔訳書＊ページ〕との記載は、特に断りがなければ『アイオーン』（ユング著、野田倬訳、人文書院、一九九〇年）のページを示す。

翻訳書から引用した訳文は、本書の訳者によって、適宜改変が加えられている。

編集者序文

ユングの『アイオーン』を手に取ったものの、古典、キリスト教、グノーシス、錬金術の著書の資料の洪水に圧倒されて、再び書棚に戻してしまった読者も少なくないことでしょう。様々な原資料をつなぎ、ユングの思考の筋道をたどるのは容易ではなく、読者がこの荒れた地を進む手助けとなるものはほとんどありませんでした。キリスト教時代の二〇〇〇年の間の神イメージの変化という主題の重要性にもかかわらず、またこの千年紀が終わろうとしている今との関連性があるにもかかわらず〔本書の出版は一九九六年〕、『アイオーン』は広く読まれてはいませんでした。

ついに、一九八八年から八九年にかけて、エドワード・エディンジャーによる連続セミナー講義という形で、『アイオーン』のガイドが現れました。ロスアンジェルスのC・G・ユング研究所の講義室に詰めかけた聴衆は、主に分析家になるための訓練を受けているセラピストたちで、分析家や興味を持つ一般の人々も散見されました。

講義室の雰囲気は真剣でしたが、みな心の底では興奮していました。聴衆とエディンジャー博士との間にはいくつかの質問とやりとりはありましたが、概して参加者たちは、ユングの難解な著作が明解になっていく講義に熱心に耳を傾けるばかりでした。本書はこれらの講義の記録を編集したものに基づいています。*

講義が行われたこの特別な公開討論によって、実際にはいくぶん異なる二つのレベルを含むテクストが生まれました。第一に、エディンジャー博士は、『アイオーン』を一章ごと読み進め、難解な参照文献を説明し、ユングの原典からの引用を拡張し議論して、背景を補足し、例を提供するなどして、読者を導いてくれます。

読者は第二のレベルにも気づくでしょう。エディンジャー博士が挙げている例の多くは、分析の実践から生まれたものであり、時に、見習を教える分析の師がそこにいることに気づかされることもあるでしょう。そこには、深層の分析の本質と実践についての多くの意味のある言葉が聞かれます。テクストには、元の講義を説明するのに使われた図を補っています。これらの図は、ソーントン・ラッド氏が、著者のオリジナルのスケッチから再構成し、再描画したものです。氏の惜しみない助力と熱意に感謝します

デボラ・A・ウェズリー

ロスアンジェルスにて

＊オーディオテープはロスアンジェルスのC・G・ユング書店で入手可能。訳者追記：ロスアンジェルスのC・G・ユング研究所のHPにあるブックストアからも入手可能（2020.10.10現在）（https://junginla.org/product/the-aion-lectures-s/）

著者覚書

ユングの『アイオーン』は、人間の知について、全く新しい部門、元型的な心の歴史学とでも呼べるような学問分野の基礎を築いたと言えるでしょう。それは深層心理学の洞察を文化史のデータに応用したものです。歴史的プロセスは、今や、集合的無意識の元型が、人類の行動や空想を通して、時間と空間の中で出現し発展していく、自己顕現の過程とみなすことができます。

『アイオーン』の中で、ユングは神イメージ（自己）の元型を主題として取り上げ、それがキリスト教時代 Christian aeon の中でどのように進展しながらその姿を現してきたのかを示しています。『アイオーン』は読者に多大な負担をかける凄まじい著作です。本書はこの困難さを軽減し、『アイオーン』をもっと近づけるものにしようとする試みです。

この難しい素材を編集してくれたデボラ・ウェズリーの能力と献身に心から感謝します。

エドワード・F・エディンジャー

ミトラ神アイオーン（ローマ、２－３世紀）

まえがき

『アイオーン：自己の現象学の研究』はユング全集の第九巻第二部である。これはユング晩年の研究課題の一つであり、七六歳のときに出版された。

ユング晩年の著作はいずれも非常に難解であるということを、まず初めに認めなければならない。一九四四年に病気を患ったユングは、そのときいわば生まれ変わり、それ以降は書きたいように書こうと決めたのである。そのため、ユングの方から読者に会いにはるばるやって来てくれるということはなくなり、ユングがいたところまで読者が行かなくてはならなくなった。そしてこのことが、晩年の著作を読む読者たちにさらに負担をかけることになったのである。

現代の読者たちに歴史的背景を詳述し、心理学的に自己そのものが日常の体験の中にいかに顕れるのかを示すことによって、ユングの素材をより分かりやすくしようというのが、私の意図である。

『アイオーン』を読む際に、導きとなる三つの原理を提示しておく。一つ目は、ユングの大きさを認めること。読み始める前に、ユングの意識はあなたのそれをはるかに超えたものだということを認めるべきである。もしユングの書き方が不必要と思えるほど難しいと思っても、ユング自身は自分のやっていることが分かっていて、あなた方が知らないことも知っているのだと考えるのがよい。自分の方がユングよりもよく知っていると思い、批判的な態度で読み始めるのならば、わざわざ読まなくてもよい。

その本はあなたには向いていない。ユングの深さや広さは全く恐ろしいほどである。ユングと比べれば誰もが皆ちっぽけな存在であるため、ユングに出会うと自分が劣っているのを感じてしまい、われわれはそれが気に入らない。うまくユングを読むには、まず自らの小ささを受け入れることから始めねばならない。教えを得るようになるのはそれからである。

二番目の原理はユングの方法を理解すること。特に晩年の著作では、ユングは心《サイキ》について、提示的な presentational 方法と私が呼んでいるやり方で著しているが、これは、ユングが理論によって事実を示すのではなく、心的事実をもって示そうとしているという意味である。われわれは概念的な文脈の中で生きるのに慣れているので、生《なま》の事実とは出会わないで済んでいる。そして、ユングが示す心的現実には精通していないので、それらは矛盾していて支離滅裂に見えてしまう。われわれの仕事はユングが与えてくれる事実に精通することである。精通するにつれて、それらの内側の結びつきや提示的な方法の全体が見えるようになってくる。これは、通常とは異なる思考様式へと導いてくれる。われわれが慣れている線形思考に対して、拡充法による心理学的事実の提示は、「クラスター思考」ということができる。つまり中心となるイメージがあり、それに結びついた関連するイメージの群れ（クラスター）が存在する。[1] クラスター思考に精通することはとても重要であり、なぜならそれは夢のイメージを拡充し同化するやり方だからである。もしもこの様式を働かせるのがひどく不快であれば、夢の意味の中に入っていくのは不可能であろう。

初めの二、三章を読み終えると、『アイオーン』は客観的な心《サイキ》のテーマやイメージを扱うようになる。『アイオーン』に示されている素材を読むときには、どのようなテーマが表されているのかを自ら問いながら読むよう提案する。ユングの方法は、われわれがテーマ毎に考えることを教えるように計算されているので、一つのテーマやイメージを読み取ってそれを拡充すれば、それと関連するイメージへと導かれ、さらにより大きなクラスターへと導かれる。『アイオーン』の研究は、素材の本体に埋め込まれたテーマやイメージをいかに読み取り、いかに引き出すかを学ぶのに役に立つ。これは、初めは容易ではないが重要である。なぜなら、夢を提示されてもそのテーマの内容が分からないと、迷ってしまうからである。連想を患者から導き出すことはできても、テーマがわからなければ何も寄与するものはない。テーマを突き止めれば、類似物を提供できるのである。

第三の原理は、私が「フルーツケーキ」原理と呼びたいものである。これは、フルーツケーキを食べるように、とてもゆっくりと、ユングの著作を読まねばならないということを意味している。読み物は非常に豊かで非常に美味であるが、それは提示されているのが心《サイキ》そのものの豊かさだからである。しかしそれはとても凝縮されていて、特に『アイオーン』においてはそうである。ユングは、象徴的な連想の膨大な領域を暗示するだけである。なぜなら、あまりに分厚い本は書きたくないし、またそれらの領域はユングにとってとても精通したものであったため、詳細に述べるのはあまりにも退屈なことだったからであろう。ユングはただほのめかすだけなので、われわれはその種子、豊かな木の実や果実をもらい、咀嚼し、ゆっくりと消化して味わわなければならないのである。

1　本書17ページ参照。同様の例は拙著 *Anatomy of the Psyche: Alchemical Symbolism in Psychotherapy*『心の解剖学』(岸本寛史・山愛美訳、新曜社、二〇〇四年)に見ることができる。各章の冒頭に錬金術の作業に関連するイメージの群れが示されている。

『アイオーン』はほんの少しずつしか吸収できない。このことは、一度に一文ずつ読み、その文章のすべての言葉や言及していることに精通しなければならないということである。自分たちのよく知らないものに出会うと、次の文を読めば分かるのではないかと思い、読み飛ばそうとする大きな誘惑がある。『アイオーン』ではこのようなことは起こらない。このテクストのよく分からないところを飛ばすと、すぐに迷ってしまうであろうから、傍に辞書と百科事典を置いて、何か分からないものに出会うたびに調べることを勧める。このことは、ラテン語の辞書を調べ、かなりの歴史事項を調べることになるが、それは一つには『アイオーン』が歴史の本だからである。ユングは、人類の文化史を、まるで一人の患者の事例史（ケースヒストリー）であるかのように論じていると理解すれば役に立つであろう。ユングはその患者の全記録を熟知しているが、われわれのほとんどはそのようなことはない。つまりわれわれは、読み進めながらそのギャップを埋めなくてはならない。

この素材を提示しようと決めたのは、一九八七年九月に私自身が夢を見てからだった。

ユングが『アイオーン』の執筆について話している。執筆中に、その内容のために多くの批判を受けたと彼は言っている。しかしながら、彼は「歴史付きの条件付捺印証書《エスクロー》を仕上げるために」書き続けていた。

家を購入したことのある人ならば誰でもエスクローが何であるかは知っている。エスクローとは証書や証文のような文書にされた契約書であり、第三者に保管され、ある条件が達成されるまでは効力を持たない。私の夢は、ユングが『アイオーン』を歴史付きのエスクローにしたと告げている。これは、この書物を受け取る被授与人は、それが自分たちにとって役に立つようになるにはある条件を満たさなくてはならない、ということを意味している。われわれは、被授与人であり、歴史付きのこの文書を受け取る受取人なのである。私は、このことは、証書が効力を発するためにはその本を理解するよう取り組む必要があるということを意味しているように思う。『アイオーン』は、それを受け取る者が、その意味することを理解するのに必要な条件を満たさなければ、あるいは満たすまでは、図書館の書棚に置かれたままになる。われわれは皆『アイオーン』が自分たちの役に立つようになって欲しいし、新しい家に移りたいのだが、まだいわゆるエスクローとして第三者に保管されたままなのである。

ユングもまた『アイオーン』に関する夢を見た。一九四七年十二月十九日付けのヴィクトール・ホワイト宛の手紙で、ユングは次のように述べている。

あなたに手紙を書いて程なくして、何についてなのかは自分でもわからないのですが、ただ新しいエッセイを書かねばという気持になりました。アニマ、アニムス、影、そして最後になりますけど特に大切な自己について、いくつかの細かい点を述べておかねば、とふと思いついたのです。頭を休めたかったので、私はそれに抗いました。最近私はひどい不眠に苦しんでいて、あらゆる精神的に骨の折れる仕事には近づきたくなかったのです。すべてを無視して、何を意図しているのか見えないまま闇雲に書くことを強いられていると感じました。二つ折りで二五ページほど書いてようやく、キリスト―人間ではなく神としての―が私の秘密の目的地だと分かり始めてきました。それは衝撃でした。なぜなら、そのような任には全く耐えられそうにないと感じたからです。私の小さな釣り船は沈んでしまい、巨人（私はこの人を三〇年ほど前から夢で知っています）が、以前の船の二倍くらいの大きさの、新しくて美しい遠洋航海の船を提供してくれた、と夢が私に伝えてくれました。そのとき分かった

のです―やるよりほかない！　と。やり続けなくてはなりませんでした。さらに書いていくと、神―人間の元型そして元型に伴う共時性の現象へと導かれていきました。こうして私はイクティス〔ギリシア語で魚を意味する。「神の子たる救世主イエスキリスト」（**Jesus Christ Son of God and Savoir**）の頭文字を集めると**ichthys**となることから、魚はキリストの象徴となった〕、当時としては新しい魚座の時代《イーオン》、反キリストの預言とそれが紀元一〇〇〇年からの神秘主義と錬金術においていかに発展したかについて論じるようになりました。そしてそれは、キリスト教の時代《イーオン》を全く崩壊してしまう恐れがあります。[2]
『アイオーン』についての別のコメントが、マーガレット・オストロフスキイーサックスとの私的な会話の中でなされ、それを彼女は記録していた。ユングは彼女に次のように言った。

［一九四四年の］病気以前には、私の秘密の知識について出版するとか、あるいは口にすることさえも、よいものだろうかとしばしば自問自答しました。後に私はすべてを『アイオーン』に書きました。これらの考えを伝えることが自分の義務であると自覚しましたが、それでもそれらを表現してよいものだろうかと疑問に思いました。病気の間に確証を得て、あらゆることには意味がある、あらゆることは完全である、と今は分かったのです。[3]

2　*Letters*, vol. 1. pp.479ff〔『書簡集』〕
3　*From Conversations with C.G.Jung*, p.68〔『ユングとの対話から』〕

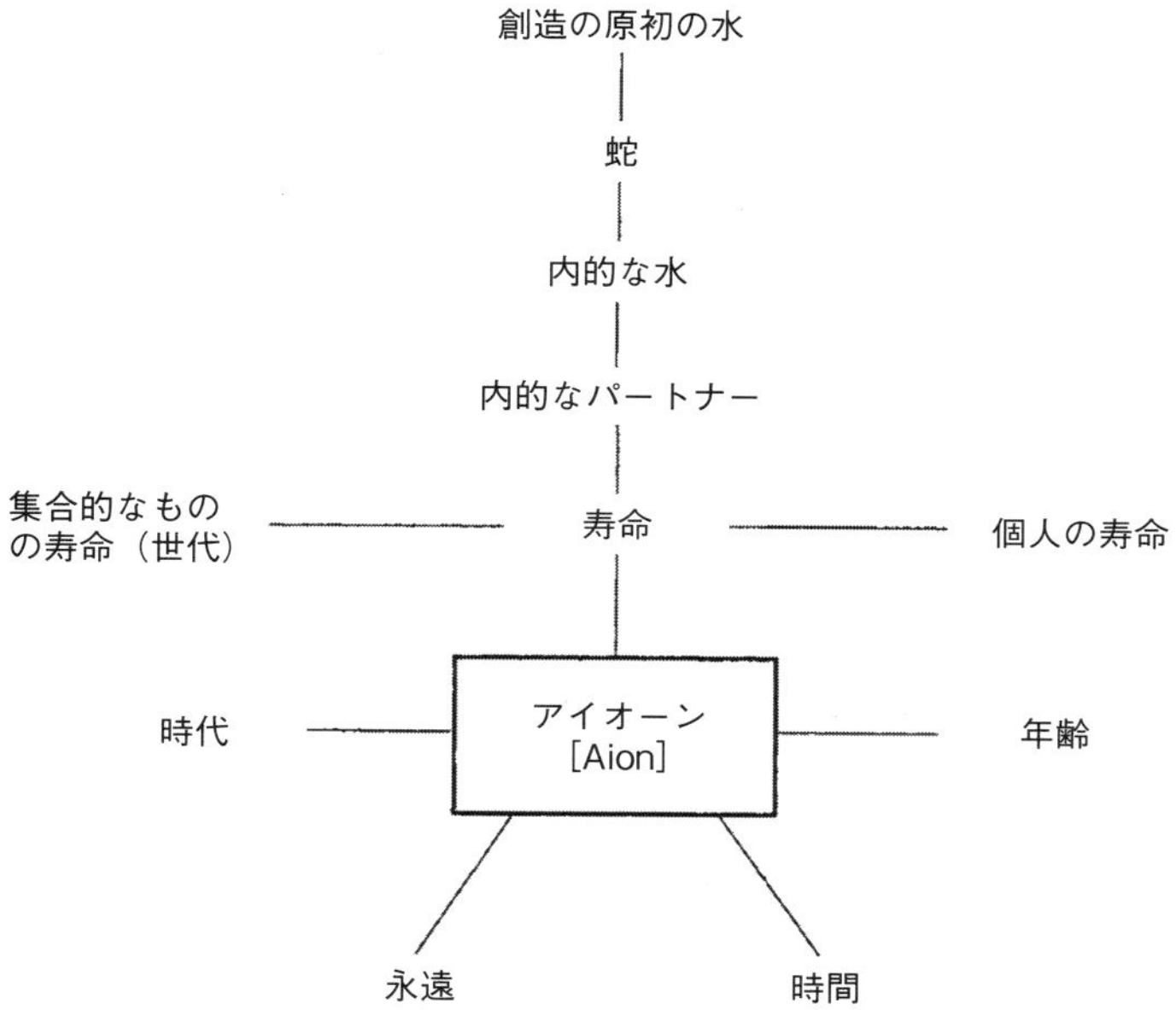

図1　「アイオーン」クラスター
ギリシア語のアイオーン aion（αιων）という言葉に、何世紀にもわたって用いられてきた間に関連づけられた、主な観念とイメージ

1. 序

書名の『アイオーン』という言葉は、非常に複雑な象徴イメージを指していて、何世紀にもわたって展開する中で、豊かな意味のまとまりになっていきました。言葉はすべて、心をもった生き物です。それぞれの言葉の中核には、人間の基本的な体験があり、その言葉の語源に埋め込まれた体験のイメージがあります。その語法が展開してきた道を辿れば、その生き物の全貌が明らかになるでしょう。アイオーンという言葉は、特に含蓄に富んだ一例です。

古代ギリシアには、「時間」を表す言葉が三つありました。クロノス chronos、カイロス kairos、アイオーン aion の三つです。クロノスは、測れる時間、線形的な時間を指しました。科学的な用語といえるでしょう。カイロスは、特別な瞬間、特定の時間における特別な体験内容を指しました。時節到来、機が熟す、というような時間で、たとえばキリストの「私の時［*kairos*］はまだ来ていない」という言葉にみられるような「時」です。三番目のアイオーンという言葉は、もっと広汎で曖昧な言葉ですが、非常に長い時間を指し、たとえば時代とか、あるいは未来永劫 eternity、永遠 forever を意味することさえあります。アイオーンという言葉は、他のいくつかのギリシア語とも結びついていることを述べておかねばなりません。――一つはアイオニオス *aionios*。これは、始まりも終わりもない、永劫、永遠、を意味する言葉です。もう一つはアイディオス *aidios*。これも永劫を表す言葉です。いずれの言葉も、その語根に*aion*という言葉があります。

アイオーンという言葉の使用をホメロスに遡りますと、ホメロスは、アイオーンという言葉を、心とか魂・命《ライフ》に匹敵する言葉として用いています。ヘシオドスでは、寿命を意味する言葉として用いられました。アイスキュロスでは、世代をあらわしました。それゆえ、人が既に生きてきた時間、あるいはこれから生きていくであろう時間も意味しました。こうして過去と未来の両方の意味をもつようになり、それを哲学者たちが拾い上げて、遠い未来とか永劫を意味するようになったのです。

ホメロスの『イリアス』には、戦士の死の場面で、ヘラがゼウスにこういうところがあります。「その心《サイキ》とアイオーンが彼から離れたら、死を送って彼を奪い去るがよい」[4]。ここでは、アイオーンという言葉は寿命を意味し、人間とは別の実体、内的なパートナーのようなもので、実質的には魂と同じものです。他のところでは、ホメロスはアイオーンを涙と一緒に流れ出てしまうような内的な水とみなしています。たとえば、オデュッセウスが故郷への帰還を願って泣く場面で、ホメロスはこう言っています、「彼の目は涙の乾く暇もなく、故国恋しさの嘆きのうちに、真［水］sweet［aion］）も涸れてゆく」[5]。ここには、アイオーンが一種の内的な水であり、その量には限りがあるという思想があります。それがすべて使い果たされると、人は死ぬのです。

アイスキュロスの『アガメムノン』では、アイオーンは、きわめてはっきりと、人生のパートナーを意味しています。アイオーンは詩人のインスピレーションの源泉です。長老らのコロスが叫ぶ、「私とともに育ってきたアイオーン、神々のインスピレーションが、私に吹き込んだ。信念を、歌の力を」[6]。著者が言いたいのはこうでしょう、「私の内的なアイオーンが、私に詩人になれ、歌を歌え、とインスピレーションを与えた」。アイスキュロスの他の一節では、アイオーンが世代を意味しています。「私の言うのは昔の／速やかに罰を受けた過ち／第三アイオーンまでも続いている」[7]。第三アイオーンとは第三世代の意味であり、罪が世代から世代へと引き継がれました。『ティマイオス』では、プラトンは世界の創造について述べています。

さて、イデアの存在の本質は永続するが、この本質を完全に被造物に与えることは不可能である。それゆえ、デミウルゴス〔世界形成者〕は、アイオーンという動的なイメージを持つことにした。……このイメージをわれわれはクロノスと呼んでいる」[8]。

換言すれば、彼は、永遠という動的なイメージを持つことに決め、このイメージをわれわれが時間と呼んでいることになります。

プロティノスは最終的に、時間とは永遠の動的なイメージであるというこの概念を洗練させて、次の一節でこう語っています。

もし、永遠〔アイオーン *aion*〕が静的な生《ライフ》であり、変わらないもの、同一のもの、既に解かれているものであり、時間が未来永劫というイメージとして存在するなら……、もう一つ、低い生《ライフ》があると

4 Book 16, line 423.
5 *The Odyssey*, V, lines 151-153.〔『オデュッセイア』〕
6 Line 105,（修正を加えている）
7 *Seven Against Thebes*, lines 742-744.〔「テーバイ攻めの七将」〕
8 37D.

言わなければならない。［これは高い生《ライフ》に対応するものである。低い生は］距離も分離もない［単一体《ユニット》］ではなくて、……連続したものからなる……単一体である。完成した無限の全体ではなく、連続する無限の連なりである。すべてが集まった全体ではなく、部分部分が次々と立ち現れてくることがずっと続くような全体である。[9]

永劫、アイオーンとは、時間 time の外にある全体性のイメージであり、一方、時間とは、同じ全体性でも、時系列に添って広がっている全体性のイメージである、という概念は心理学的に深遠なる概念です。この概念は、ユングが『結合の神秘』の中で述べていることと完全に符合します。ユングはこう述べています。「継起的事象 one-after-another は、より深い同時的事象 side-by-side の認識に至る、まだ堪えられる前段階である」[10]。

アイオーンは内的な水とされ、個々の人が亡くなると、その内的な水は蛇のように体から離れていくと考えられました。蛇は亡くなった人の魂と想像され、おそらくその墓に住み着いているものと考えられました。これらの関連はすべて図１に示されていて、アイオーンの主要指標を示すイメージ群《クラスター》図解となっています。

アイオーンと呼ばれるこの心をもった生き物は、聖書の一節にも数多く顔を出しています。旧約聖書は紀元前三世紀にギリシア語に翻訳されましたが、アイオーンという言葉はそこにも現れました。ヤハウェはカナの地でアブラハムに言います、「見える限りの土地をすべて、わしは汝に、そして、汝の子孫に、アイオーンに（for an *aion*）、与えよう」（Gen.13:15,ASV）通常、この言葉は、「永遠に」forever と訳されます。ヤハウェはモーセに、過ぎ越しの祭りについて、こう言います、「あなたたちはこのことを、あなたとその子孫のための定めとして、アイオーンに対して for an *aion*〔新共同訳では「永遠に」と訳されている〕守らねばならない」(Exod.12: 24, JB)。英語では「常に for all time」と訳されますが、おわかりのように、正確には「常に」という意味ではありません。これは、後の西洋人にとっての意味であり、当初意味されたこととはまるで違います。

新約聖書では、興味深い使われ方がなされています。たとえば、「しかし、聖霊に言い逆らう者は、このアイオーンでも後のアイオーン in this *aion* nor in the *aion* to come でも赦されることがない」(Matt.12:32,ASV)。これは通常「この時代でも次の時代でも」in this age or the next age と訳されます。〔新共同訳では「この世でも後の世でも」となっている。〕あるいは、「だから、毒麦が集められて火で焼かれるように、このアイオーンの終わりにもそうなるのだ」(Matt.12:40,ASV)[11]。〔新共同訳では「この世」となっている〕。

ヘブライ人への手紙11：3には、「信仰によって、私たちは、このアイオーン〔英語版では world〕〔新共同訳では「世界」〕が神の言葉によって創造されたことがわかる」。(ASV)。主の祈りはこう締めくくられています、「御国はあなた方のために、力と栄光はアイオーンに」(Matt.6:13, ASV)。

9　*Enneads*, III, 7.11.〔『エンネアデス』〕

10　CW14. par.206（CW は C.G.Jung *The Collected Works*（ユング全集）を指す）〔『結合の神秘I』（池田紘一訳、人文書院、一九九五年）216ページ〕

11　聖書の版への参照は以下の略語で行う。JB：イェルサレム版、AV：欽定訳聖書（ジェイムズ王訳）、DV：ドウェ聖書、NEB：新英訳聖書、ASV：アメリカ標準版、RSV：改訂標準約聖書別のテクストに目を移すと、ユングのボーリンゲンの石に書き込まれた碑文は、英語では普通、こう訳されます。「時間 time は子どもである—子どものように遊び—チェスを楽しむ—子どもの世界」[12]。ドイツ語への翻訳では、英語で time となっているところに Zeit という言葉を充てるようユングは示唆しました。しかし、石の碑文のギリシア語は、アイオーンという言葉で始まっています。だから、「アイオーンはチェスを楽しむ子どものようだ」と読めます。「時間」というのは厳密には正しくありません。「時代 the age は、アイオーンは、チェスを楽しむ子どもである」と読む方がいいでしょう。

後のシンクレティズム（習合主義）においては、アイオーンは神の名前になりました。ユングの『アイオーン』の口絵（と10ページ上）に見られます。これは、いわゆるミトラ神のアイオーンであり、フランツ・キュモンは、こう述べています。

> **神々のヒエラルキーの頂点に、［ミトラ神学では］無限時間神をおいていた。その神はアイオーンと呼ばれた……。その神は、体に蛇を巻きつけた獅子頭の怪物という姿で現された。この神の彫像をごたごたと飾る持ち物の多さは、その万華鏡的な性格と相応する。至高の神として錫杖と閂《かんぬき》を持ち、[13] しばしばそれぞれの手には鍵が握られているが、それは彼が扉を開く天の主人だからである。翼は飛翔の迅速さのシンボルである。体をぐるぐる巻きにする爬虫類は、黄道上での太陽の曲がりくねった進路を暗示する。獣帯記号が体の表に彫り付けられ、四季を表すシンボルもみられるが、これらは年月の永遠の進行を表す天土地の現象を思い起こさせる。彼は万物を創り出し、破壊する。宇宙を構成する四元素の主人であり……時として運命（Destiny）と同一視される。**[14]

「運命（Destiny、神意、運命、宿命）」とはここでは、寿命という、同じ象徴的イメージ群に属するもう一つの用語を意味する言葉でしょう。それゆえ、アイオーンは運命も意味します。これらの意味をすべて含めると、アイオーンは神性全体 the total deity となります。

このアイオーンの概念はグノーシス思想で取り上げられて、最初の無限の神性は、神自身から30のアイオーン系列を発するとされました。アイオーンのグノーシス的な発出は、ユングが書き記した、この豊かで複雑な心を持つ生き物についての、もう一つの拡充あるいは精緻化です。ハンス・ヨナスはグノーシス主義におけるアイオーンという言葉の役割について次のように書いています。

見ることもできない、名も持たぬ高みに、先住の全きアイオーンがあった。彼の名前は「始原の前のもの」、「原父」、そして「深淵」である。［これは、アイオーンという名の原初の、始原の神性である］。**何ものも彼を把握することはできない。彼は測り知れぬ永遠を通じて、もっとも深い休息のうちに留まっていた。かれとともに……思考があった。これはまた、「恩寵」および「沈黙」と呼ばれた。そしてある時、この「深淵」は自己自身から万物の始まりを発出しようと考え、この発出を、種のように、彼とともにあった「沈黙」の胎内に沈めた。彼女は孕み、「こころ（Mind）」**（***nous*** ヌース、男性）**を生んだ。この「こころ」は自分を殖《う》んだもの**〔＝父〕**と類似し、等しく、彼のみが「父」の偉大さを把握する。彼はまた「独り子」、「父」、「万物の始め」とも呼ばれる。彼とともに「真理」**（***Aletheia***

12 *Memories, Dreams, Reflections*, p.227.〔『ユング自伝2』（河合隼雄他訳、みすず書房、一九七二年）39ページ〕
13 『アイオーン』の前扉に使われている像では門は壊れているが、他の像では見ることができる。
14 *The Mystery of Mithra*, pp.107f.〔『ミトラの密儀』（小川英雄訳、平凡社、一九九三年）86ページ〕

アレーテイア、女性）も作られた。「深淵」と「沈黙」、そして「こころ」と「真理」、これが第一の「四つ組」である。[15]

この最初の四つ組は、二つのシジギー（シジギーとはペアを意味します）のペアです。さらなるアイオーンは、この第二のペアから生み出されました。それらから、人間 Man と教会 Church（ここでもまた男性／女性のペアが繰り返されています）、そして言葉 Word と命 Life が生じました。今度はこれが、四つのシジギーの全体となり、それが八つ組、最初の八、と呼ばれたのです。

「父」の栄光のために作られたこれらのアイオーンたちは、彼ら自身の創造によって「父」の栄光を称えることを欲して、さらに流出を生み出した。「言葉」と「命」からは十のアイオーンが、「人間」と「教会」からは十二のアイオーンが新たに出た。それで、八と十と十二のアイオーンから……十五対、三十のアイオーンが形成された。［そしてその全体がプレロマ（充満）と呼ばれた］。[16]

この基本的なイメージは、ユングにとってきわめて根本的なものでした。ユングはグノーシスの用語をいくつか用いています。たとえば「プレロマ」などがそうです。『アイオーン』の第二章は「シジギー」と名づけられています。それが何を意味するかを知ろうと思えば、事物の起源に関するグノーシスの壮大な概念のことをよく知らなければなりません。

15 *The Gnostic Religion*, pp.179f.〔『グノーシスの宗教』（秋山さと子訳、人文書院、1986年）244ページ〕
16 Ibid, p.180.〔同書180ページ〕

2.『アイオーン』のユングの序言

『アイオーン』の序言で、ユングは、本書のテーマはキリスト教の時代《イーオン》における心的状況の変遷であると述べていますが、これは魚座、つまり双魚宮の大月という占星術の考え方と符合しています。大月〔「プラトン月」ともいう〕の考え方は、春分点歳差〔春分点の前進〕という天文学上の事実に基づくものです。図2には地球、太陽、黄道十二宮の円 circle が、いろいろな時期にどう並ぶかが描かれています。最も大きな円は天空の十二宮の円 circle を表しています。それは、背景にある不動の星を表していると考えていいでしょう。図の中心は太陽で、惑星である地球が一年に一回その周りを回ります。地球から見ると、ある時期の太陽の背景には十二宮の一つ〔の星座〕があるように見えます。

はるか昔、春分の日に太陽は、白羊宮、牡羊座にいるように見えました。春分点歳差のために、天空のメカニズムにはほんの僅かな緩み、遊びが生じます。それは完全に厳密なものではないので、長い期間の間に、太陽と背景の星座の位置関係が変わります。西暦一世紀頃、それはキリスト教時代《イーオン》の始まりの頃ですが、太陽は白羊宮〔牡羊座〕を去り、双魚宮〔魚座〕に入り始めたように見えました。そして二〇〇〇年後の現在、双魚宮を去り、宝瓶宮〔水瓶座〕に入ろうとしています。

同様に、紀元前二〇〇〇年に遡れば、太陽がちょうど牡牛座、金牛宮を去ろうとしていたのがみえるでしょう。各々の星座を通り抜ける太陽の動きのことを大月と呼びますが、それぞれおよそ二〇〇〇年

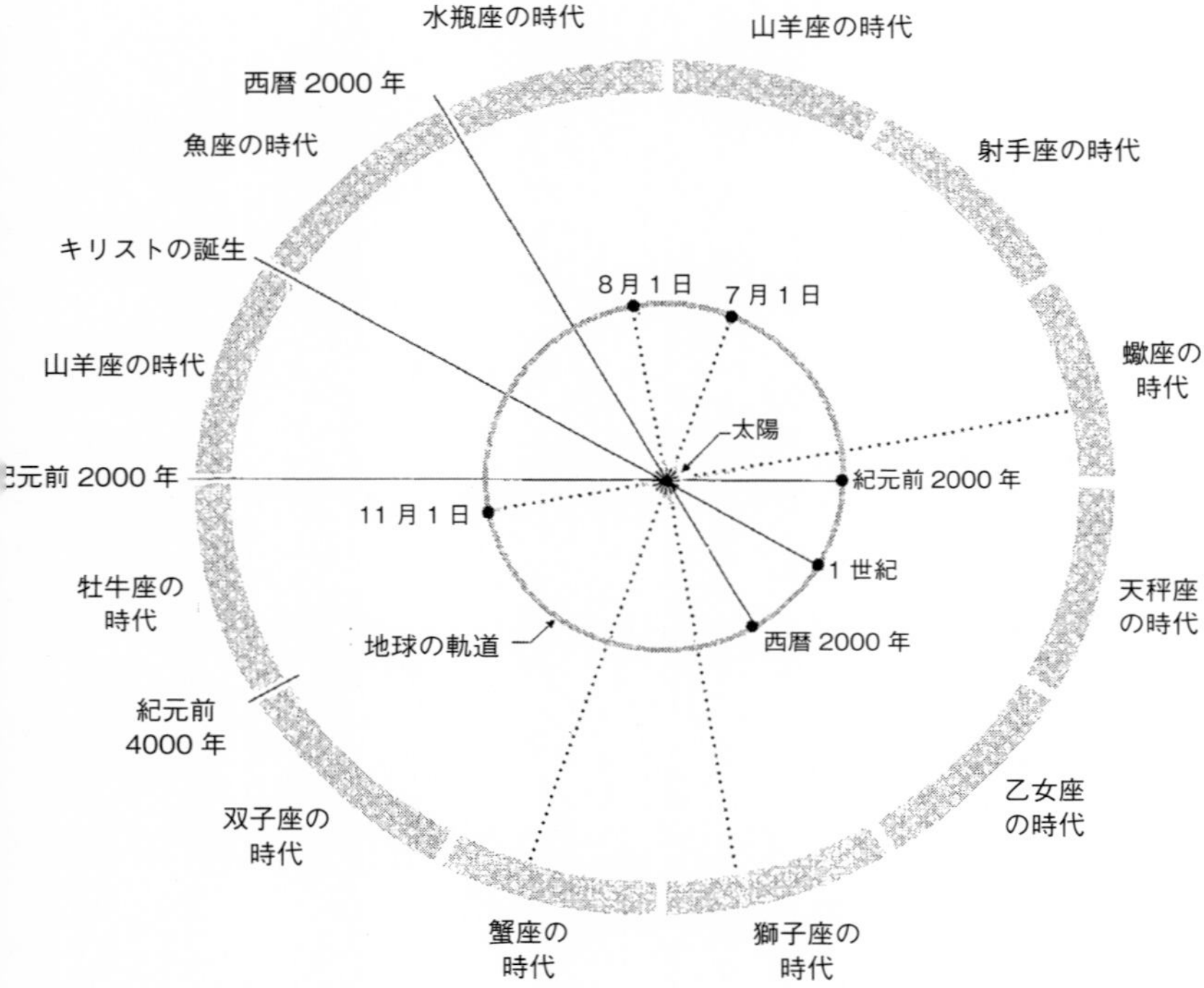

図２　春分点歳差

春分点の天文学的な歳差。太陽を中心に置き、その周りに地球の軌道、外側の円には、それを取り巻く背景として、地球から見た星座を配置した。点線は、一年のうちの様々な時期に、太陽が星座との関係でどのように見えるかを示している。直線は、春分の見かけ上の太陽の位置が、今や魚座を離れ水瓶座に入ろうとしている時に、千年紀を跨いでどのように変化したかを示している。

を要します。完全に一周するには、つまり大年になるには、地球上では26,000年かかります。占星術師たちが特定の意味を付与したのはこの天文学的な事実でしたが、ユングはそれに共時的な意味を付与しました。キリスト教の時代《イーオン》は、太陽が双魚宮を占める二〇〇〇年期に符合しますが、これはいまや終わりつつある大月です。これこそユングが序言で、キリスト教の時代《イーオン》（これは魚座の大月という占星術の考え方と符合する）の心的状況の変遷のことを話す中で言及していることなのです。

序言には、他にも詳細に見るべき二つの重要な言及があります。その一つは、ユングは、「私は医者として、医者の責任感から書くのであって、改宗者として書くのではない」〔訳書11ページ〕と言っているところです。「改宗者 **proselyte**」という単語は、ドイツ語のテクストでは「*bekenner*」で、おそらく「信奉者」と訳した方がよいでしょう。ユングは、医者として書くのであって、忠誠を告白する者として書くのではないと告げています。これは、医学的態度に対応する客観的、実証的〔経験的〕〔empirical は「経験的」という意味と「実証的」という意味の両方があり、文脈から訳し分けたが、両方の意味が込められていると思われる時は「経験的〔実証的〕」と併記している〕な視点に立って述べていること、そしてまた、まずは患者の健康と幸福に関心を持ち、害を与えるなる、と命ずる医学的倫理感からそうせざるを得ないと感じていること、を意味していると思います。ユングは、「現代における現実離れした集団精神病」〔訳書11ページ〕と彼が呼ぶものを治療しようとするのに役立とうとしているのです。

この医者の責任感についての言及は、ユングが鋭く意識していた重要な問題、多種多様な聴衆に向かって書くという問題を提起しました。望むものは誰でもユングの本を手に取ることができますから、ユングが述べなければならないことは、様々な心理学的成長段階にいる人々に、同時に向けられることになります。ユングが述べなければならないことは、ある人々にとっては万能薬─救済の知─になりますが、別の人々にとっては全く有毒になりますから、ユングは特にこの問題については意識していたのです。〔万能薬になるか毒になるかは〕示されているものを理解する読者の能力に依ります。これは由々しい問題であり、晩年の著作に見られるユングの独特の表現様式を十分に説明するものです。例えば『ヨブへの答え』[17]では、ユングはほとんど神話レベルで語っています。それを翻訳できる者はメッセージを得られるし、できない者も害を受けることはありません。「私は医者として、医者の責任感から書く」というユングの言葉を、私はこのように理解しています。

もう一つの詳細に見るべきコメントは、次のものです。

私は学者として執筆するのでもない。学者として書くのであれば、私の専門分野という安全な壁の後ろで身を守るのが賢明であろうし、歴史についての不十分な知識をさらけ出して、批判的な攻撃に身をさらすことはしないであろう。

これは、ユング派の分析家たちが、まさに心《サイキ》を扱うという仕事の性質ゆえに、他の、すでに進入禁止の札を掲げた学問分野への乱入者になることを余儀なくされるという事実を仄めかしています。彼らはつねに、歴史や神話学そしてあらゆる芸術の学問領域に危険を冒して入り込み、獲物を追いかけます。彼らの獲物の足跡はいろいろな場所で見つけられるので、追いかけて行かなくてはなりません。このために、自らの専門分野という「安全な壁」の後ろで「身を守る」学者たちからの批判を受けやすいのです。

17 *Psychology and Religion: West and East*, CW11〔『ヨブへの答え』(林道義訳、みすず書房、一九八八年)〕参照

3．パラグラフ1－12

自我

『アイオーン』は自我に関する章から始まります。この本の構成は、心の成り立ちと同じになっています。だから、自我から始まるのは自然なことです。自分自身の心や誰か他の人の心を扱い始めると、まず出会うのが自我だからです。ユングは最初のパラグラフを巧みな定義で始めています。

自我は、すべての意識内容が関わる複合的因子《コンプレックス》だと解することができる。自我はいわば意識領域の中心となるものである。経験的〔実証的〕な人格《パーソナリティ》から成り立つ意識領域に限れば、自我は一切の個人的な意識的行為の主体といえる。ある心的内容と自我との関係によって意識されるかどうかが決まる。というのもそれが主体にとって再現されない限り、どんな心的内容も意識されることはできないからである。

さらにユングは続けて、自我が、身体的なものと心的なものという二つの異なる基盤をいかに拠りどころにしているかについて書いています。

自我は、最初は、身体的要因と環境との衝突から生じるように思われる。そして、ひとたびそれが主体として確立されると、外的な世界や内的なものとの衝突を繰り返しながらさらに発達を続ける。

われわれは、「自我」という言葉をとても自由に、本当に気楽に使います。しかし、そうすべきではないのです。というのも、自我について、それが何であるかについて、そしてその存在そのものについて省みると、それが深遠なる神秘であることがわかるでしょうから。われわれにできるのは、それを意識の中心であると定義することくらいなのです。あらゆる意識は、存在するためには自我によって登録されなければなりません。

われわれは、自我の存在をそれほど前から意識していたわけではありません。西洋文化の歴史に限れば、自我を十分意識したのは、ルネ・デカルトの発見によります。もちろん、その前にも、個々の意識の同一性の感覚のようなものはあったでしょう。しかし、自我の十全たる自覚は彼の発見によるものであり、それは一六三七年に出版された『方法序説』に記述されています。

デカルトは、自分の哲学的な省察を、すべての存在を疑うところから始めました。デカルト曰く、どれほどわれわれが知っているといっても、悪意ある神意のようなものによって夢のような状態にさせられ、見るものすべてが幻影や幻想でしかなく、いかなるものの存在にも確信がもてないとしても、唯一つ例外的に絶対に確実なものがある。それは、われわれ自身の自我の存在は疑うことができないということだ、と。この彼の体験は、*Cogito ergo sum* と表現され、通常は「我思う、ゆえに我あり」と訳されますが、これはあまり正確ではありません。もっと適切な翻訳は、「我意識する、ゆえに我あり」でしょう。これは個々の個別の存在の基盤の根底をなすものです。われわれは自我の存在を否定することはできません、なぜならそれは意識の座だからです。そのほかのものはどんなものでも否定できますが。

教養もありラテン語の知識もあったある人物が、これに関連した夢を見ました。夢はラテン語の文章の夢で、デカルトの *Cogito ergo sum* という文から始まり、それに次の文が続きます。*ergo scivio deo gratias, deus est*「我意識する、ゆえに我あり。ゆえに我は神の恩寵によって知る、神があることを」。これは、現代の意識がデカルトの自我の発見に対して行った、興味深い付加です。

デカルトによる自我の発見は、個人の幼年時代にも起こります。幼い子どもは最初、自分を三人称で呼びますが、その後、おそらく三歳前後には、「私」という代名詞を使い始めます。しかし、それは子どもが自我のことを意識的に自覚しているということを意味しません。それは、もし生じるとしても、もっと後のことです。ユングには、十一歳頃にそれが起こりました。ユングはこう書いています。

> 私の住んでいるクライン・ヒューニンゲンからバーゼルまで、私は長い道をたどって学校へ行っていた。その時不意に、ほんの一瞬だったが、私は濃い雲から出てきたばかりだという、抗いがたい強い印象を受けた。私はすぐにすべてのことがわかった。私は私自身なのだ！それまでは、まるでもやの壁が私の背後にあるようだった。そしてその壁の後ろには、まだ「私」はなかった。けれどもこの瞬間、私は自身に出くわしたのである。以前、私は存在してはいたけれども、すべてがたまたま私に起こっただけだったのである。それが今や私は、私自身に出くわした。今や私は、私が今自分自身であり、今、私は存在しているのだということを知った。以前は、これやあれをするよう命じられていたのだったが、今や私は、自分の意志を働かせるようになったのである。この経験は、私にはおそろしく重要でしかも新しく思われた。つまり、私の中に「権威者《オーソリティ》」がいたのである。[18]

18 *Memories, Dreams, Reflections*, p.32.〔『ユング自伝1』56－57ページ〕

ユングがここで特に明瞭に記述していることは、もっとぼやけた形で生じる人たちもいますが、多くの人には全く起こりません。私自身は、ユングが書いたような体験に相当するようなもので、はっきりと示せるような体験は一つもありません。十一歳か十二歳の頃に、「私」という言葉とその意味の虜になったことだけは覚えています。その言葉を夜になるまで繰り返すと、神秘的な光景が開けたものです。別々の、意識を持った個人という概念、世界とは区別される独自の意識の担い手であるという概念全体が、私には深い神秘のように思え、「私」という言葉をひたすら繰り返すことで、そのことがわかるようになりました。

この主題を次に哲学的に詳述したのは、（カントに続いて）ショーペンハウエルでした。彼はユングにとって重要な著者でした。彼の傑作、『意思と表象としての世界』をショーペンハウエルは次のように始めています。

「世界はわたしの表象である」。これは生き、かつ認識するすべてのものに妥当する真理である。ところがこの真理を反省的抽象的に意識することのできるのは人間だけであって、人間が実際にこのように意識する場合、そこに人間の哲学的思慮というものが生じたのである。して見ると、人間が太陽を知り、大地を知るのではなくて、ただ太陽を見る眼があり、大地に触れる手があるにすぎないということ、人間を取り囲む世界は表象としてのみ存在する、すなわち全く他者、すなわち人間自身であるところの表象者に関係してのみ存在する、ということが明白に、かつ確実になる。もし何らかの先天的真理なるものが言われ得るとすれば、これこそその真理である。何となれば、この真理は時間とか空間とか因果とかいうあらゆる他の形式よりいっそう普遍的な、あらゆる可能な、そして考えられ得る経験の形式を言い表わしたものだからである。……客観と主観とへの分裂は……そのあらゆる部

門の共通の形式である。……およそこの世界に属するもの、また属し得るものはすべて不可避的にこのような主観による制約にとりつかれているのであって、すべてのものは主観に対してのみ存在する。世界は表象である。[19]

ショーペンハウエルが鮮明に詳述したこのテーマは、主体と客体の識別です。これはユング派心理学にとって決定的に重要なテーマであり、ユングの外向と内向というタイプ論の中核にある概念でもあります。外向型は、自然に、自発的に、客体に関係づけるような人であるのに対し、内向型は、自然に、生来的に、まず主体に関係づけるような人です。私の経験では、内向型の人の方が、外向型の人よりもこの識別を認めるのにやぶさかではありませんでした。実際、外向型の人はそれを全く理解しないと感じることが多いです。しかしながら、集合的なスープの状態、世界やその中の客体との「神秘的融即」の状態から、自分を識別しようと思えば、主体と客体とを区別することは、絶対に必要なことです。主体と客体を峻別できることは、よく発達した自我の一つの側面です。

ユングがこの章で述べているように、意識の主体としての自我は二つの側面を持っています。自我は認識（あるいは意識）の座であり、同時に、意志の発動者でもあります。これは自由意志に関わる問題全体を招くことになりますが、ユングはパラグラフ9でそれについて言及しています。

自我は、定義に従えば、自己に従属するものであり、自我と自己の関係は部分と全体の関係に等しい。意識領域の範囲で、自我は、いわゆる自由意志を持っている。私の言うこの概念は、決して哲学

19 *The World As Will and Representation*, p.3.〔『意志と表象としての世界（I）』（磯部忠正訳、理想社、一九七〇年）〕

的なものではない。いわゆる「自由選択」、ないしは主体的な自由の感情という、周知の心理学的な事実のことを指している。われわれの意志の自由が外界の必然とぶつかるように、主体的な内面世界においても、意識できる部分の外には制限がある。そこでは意志の自由が自己の諸事実と衝突するからである。外的状況がわれわれに「生じてきて」、われわれの自由を制限するように、自己も自我に対して「客観的に生じたこと」としてふるまうので、自由に変えられるというわけにはいかなくなる。[20]

〔訳書18ページ〕

自由意志を記述するもう一つの方法は、それを自我の自由になるリビドーと定義することです。これは、自己理解にも、患者との作業にも、きわめて重要な点です。自分自身の自由意志と患者の自由意志の程度とを見積もっておくこと、少なくともおおよその見当をつけておくことが必要です。自分の意思では明らかにどうすることもできないことに対しては、誰も責任を取るように求めることはできません。パラグラフ11で、ユングは自我の自由さは、無意識への依存性によって限定されると告げています。

〔自己の発見によって〕これまで絶対的であった自我の地位が相対化した。すなわち、たしかに自我は意識領域の中心としての特性を持ちつづけてはいるものの、人格の中心としての自我というものは疑わしくなったのである。自我は人格に関与してはいるものの、人格の全体ではない。すでに述べたとおり、人格に占める自我の割合がどの程度大きいかあるいは小さいかを見積もることは絶対に不可能である。言葉を換えるならば、自我がどのくらい意識以外の心の諸制約を受けないかあるいはそれに左右されるかを評価することは、絶対に不可能である。私たちがいえるのはただ、自我の自由は制限されていて、自我の依存性はしばしば決定的な形で明らかになる、ということである。私の経験に

よれば、自我の依存性は過小評価しないほうがいいであろう。無論そんなことは、無意識の持っている意義をすでに過大評価している人々には言う必要はない。その目測が正しいかどうかの基準は、間違った目測によって生じる心的な結果によって与えられる。この点については後で触れることになるだろう。〔訳書19 - 20ページ〕

この最後の文は強調に値します。それは分析の作業には大切な点だと思います。「その目測が正しいかどうかの基準は、間違った目測によって生じる心的な結果によって与えられる」。

それではこれはどういう意味でしょうか。私は、実験的なアプローチが要求されるということだと思います。もし患者の自由意志の程度が確実にわからなければ、それをテストすればいいのです。ある一定の態度を試し、それによって生じる心的な結果を観察します。もし自分の目測が誤っていれば、それを修正することができます。その問題には実証的な態度を保つことがとても重要であり、そうすれば、自由に実験できます。意識している限り、自分がやっていることをいつでも修正できるのです。

最初に自分自身に問わねばなりません、「われわれが語りかけている自我は、どのくらいの自由意志を持っているだろうか」と。そして、それに関連する問いも、常に自分に問わねばなりません、「誰にわれわれは話しかけているのだろうか」と。人がわれわれの前にいて、こちらを見ている、時として笑

20 〔『アイオーン』の英訳者がself（自己）という言葉を、元型を指すときに大文字にしていないことに気付いた読者もおられるだろう。本書では、ユング派の最近の著書によく見られるように、通俗的な意味での自我と自己との混乱を避けるために大文字にしている－著者〕〔本書では「自己」に統一している〕

ってさえいる、そうだとしても、必ずしも自我に語りかけているということにはなりません。コンプレックスに話しかけているのかもしれません。影《シャドウ》に話しかけているのかもしれません。アニマやアニムス、あるいは自己にさえ、あるいはそれらが組み合わさったものに話しかけているのかもしれません。やり取りをしている間ですら、われわれが語りかけているエネルギー、その「誰か」は、変動し得るのです。

これは心に留めておくべきことで、それにあわせて話す方法を変えるのがよいのです。

4. パラグラフ13－42[21]

影《シャドウ》

影について論じるとき、われわれはこの問題を自分自身の中や周囲に布置しがちです。「悪魔のことを話すと悪魔が姿を現す」。このことを覚えていれば、悪魔が背後から忍び寄るということは少なくなるかもしれません。前章の自我に関する素材は、表層的なレベルに留まっていました。それこそが自我の本質であり、〔自我は〕表面的な現象なのです。自我よりも下方に行くには、その氷を砕かなければなりません。そうすれば、個人の心《サイキ》の中で次に出会うのは影です。

『アイオーン』のこの短い章は、ユングが影について、最も広範に説明をした箇所です。〔影については〕著作を通してずっと言及していますが、ある程度の長さで体系的に述べたものはありません。『分析心理学についての二つのエッセイ』では、ユングは個人的無意識に相当するものとしての影について述べ、それをパーソナリティの「否定的な」側面として定義づけています。それはつまり、われわれが

21 『アイオーン』の英訳版のpar.40の訂正は本書349ページに他の訂正や付記と合わせて列挙している。

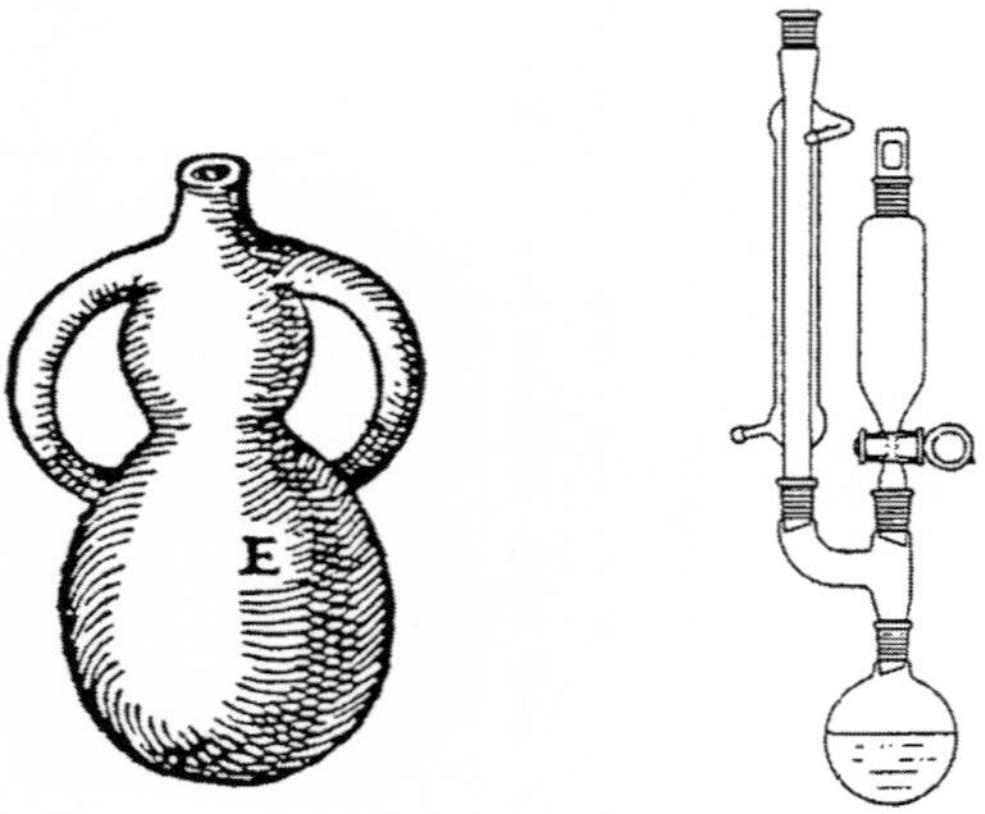

図３　還流フラスコ

２種類の還流フラスコ。一つは17世紀の錬金術の書物から、もう一つは現代の化学実験室から。それぞれ、素材がフラスコの底で熱せられて蒸発し、フラスコの頂部まで上昇し、そこで凝集して、もともとそれがあったフラスコの体部まで戻る。影の投影に関する心理学的な作業との並行性が認められる。

隠したがる不快な性質すべてと十分に発達していない機能とが合わさったものです。[22] ユングがいう「十分に発達していない機能」を、私は幼児的な心《サイキ》を指すものと考えていて、つまり、未発達な側面とは今なお残っている幼児的な部分なのです。

『アイオーン』のパラグラフ17〔訳書22－23ページ〕では、ユングは影の投影について言及し、影を投影すると、主体は外界から隔離されることになると述べています。つまり現実の関係を、幻のものにしてしまうのです。このテーマは、実際の分析過程の中で繰り返し生じてくるものです。患者が再三再四分析の時間に持ち込みたがる関係性の問題は、その根底に影が投影されています。そのようなことが生じるとき、特に夢が、夢見手の周囲の人物と関連のある影の人物を送ってくるようなときには、影の人物を患者自身の心《サイキ》に差し戻さなくてはなりません。そのような手続きの一つのイメージが、図3に描かれている還流フラスコのそれです。フラスコの中身は加熱され蒸気となって上がります。それからそれは上部で凝縮し、フラスコの膨らんだ部分へとフィードバックされます。これはわれわれが、影の投影を分析するときに行なうことです。投影されたものを外界に漏らすのではなく、投影している人の心《サイキ》の中にフィードバックするからです。

患者が、分析の真の候補者である場合のみこれは成功するのであって、患者のいったい何人がそう〔真の候補者〕であるのかについての見極めに、楽観的になりすぎてはなりません。もし還流の手続きにおいて強い抵抗があれば、その個人にとって分析は適切ではないということを意味します。〔その場合〕弱い自我ないしは幼い自我を扱っているのであって、さしあたり影を同化する能力はありません。それは、ある人が小さな手漕ぎボートに乗って出て、どんな大きな魚も積み込めず、もし積み込んだならば手漕ぎボートが沈んでしまうようなものです。それゆえ、影の投影の分析への抵抗は尊重されねばなりません。幼い自我は、開発するには、まず自我を影から切り離し、立派で価値のあるものだと確認するところから始まります。このような自我は、古代エジプトの宗教の「否定告白」の段階にあります。エジプトの死者の書によれば、死者は真理の女神マートと会うために審判の広間に入り、次のような告白をさせられます。[23] 死者は女神に話し掛けます。

22 *Two Essays*, CW 7, par. 103, n.5.〔『無意識の心理』（高橋義孝訳、人文書院、一九七七／二〇一七）108ページ〕
23 E.A.Wallis Budge, *The Book of the Dead*, p.346.〔『エジプトの死者の書』（今村光一訳、たま出版、一九九四年）〕

まことにあなたの御許にやって参りました。そしてあなたの御前に正義と真理をもたらします。あなたのために私は不正を拒んできました。私は人を傷つけたことはありませんし、動物に危害を加えたこともありません。私は正義と真理の代わりに罪を犯したことはありません。私は悪知恵を持ったことはありませんし、邪な行ないしたこともありません。毎日求められる以上に働きました。それなのに私の名前は王子の船には出てきません。私は神を蔑んだことはありません。不幸を引き起こしたこともありません……神を忌み嫌ったことはありません。主人が召使にする間違いの種を蒔いたことはありません。誰かに苦痛を感じさせるようなことをしたことはありません。［誰も］泣かしたことはありません。殺人を犯したことはありません……私は人々に悪いことをしたことはありません。寺院に捧げられたものを盗んだことはありません。神のお菓子をくすめたこともありません……密通は犯したことはありませんし、課せられた奉納物を増やしたことも減らしたこともありません。果実園から盗んだことはありません……秤に錘を加えたことはありません……赤ん坊の口からミルクをひったくったことはありません。家畜を牧草地から追い払ったことはありません……魚自身を餌にして魚を採ったことはありません……流水の水路を壊したことはありません。炎を消し尽くしたことはありません……神のいく手を遮ったことはありません。私は無垢です。私は無垢です。私は無垢です。私は無垢です。

このような場合には、影の分析が可能になる前に、自我を支え強化する必要があります。それゆえ分析家は、彼らはあっちで対処しなければならないろくでなしで、いやなやつなんだ、という患者に、心から同意することになるでしょう。これは幾分真実でもあります。つまり、そこにはこれらの投影に見合った留め金がありうるからです。どちらに分析の重きを置くきかは、患者の自我の発達段階をどのように見極めるか次第です。

シジギー：アニマとアニムス

ユングのシジギー syzygy についての章は、パラグラフ20〔訳書25ページ〕から始まります。まず初めに、〔シジギーという〕言葉そのものについて見てみましょう。シジギーとは、対《ペア》や二つで一組になったものを意味します。グノーシスの神から発せられた一対のアイオーンはシジギーと呼ばれていましたが、その言葉の本来の意味は「〔一対に〕くびきで繋ぐこと」です。それは、次の二つの異なる系統に由来しています。つまり、“syn”は「with（…と共に）」、“zygon”は、くびきや馬具の横木を意味します。図4では縦横逆に描かれていますが、馬具の縦棒はこのように荷馬車に繋がれます。そしてそれと交差している棒をくびきと呼びます。馬の首は、くびきの二つの輪の中に滑り込むのです。だから、くびきzygon あるいはシジギーは、文字通りには、一つの馬具に、くびきで繋がれた一組の馬という意味なのです。

ユングがこの言葉を用いるときには、人間の心《サイキ》の中の、くびきで一つに繋がれた男性原理と女性原理のことを言及しています。図5（45ページ）は心《サイキ》を抽象的に表象したものと考えて下さい。それはまた、この『アイオーン』という本を表象したものでもあります。一番上の自我から始めて、上から下へと進んでいきます。次に来るのが影で、影は、いわば自我の光によってできた影であるということを示すような描き方がしてあります。別の層として描くこともできます。もっと深く行くとシジギー、男性性と

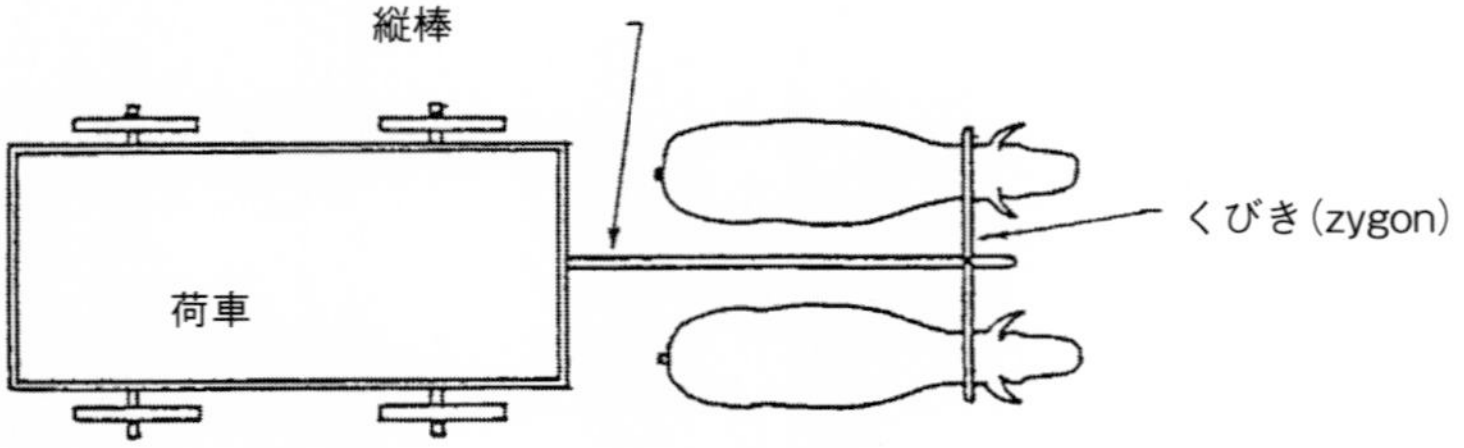

平面図

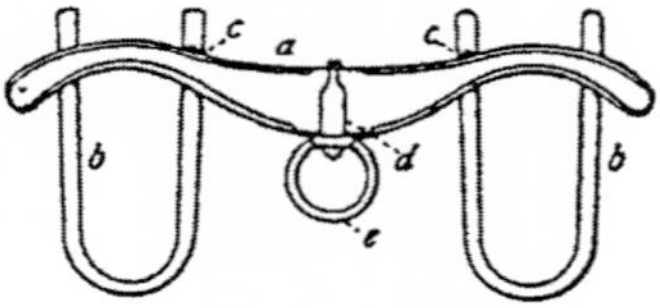

くびきの正面図

図4　シジギー

女性性の原理があり、それは男性性の中のアニマと女性の中のアニムスによって表されるものです。さらに深くいくと自己に達し、初めはその個人的な形で顕われ、それから集合的な形で、歴史、世界、そして時空連続体の全体として顕われます。これらのレベルについてはすべて、後に余すところなく探るつもりです。

図5はまた、男性と女性の自我が、いかに反対の性の成分を通り抜けて自己に接近するのかを示しています。図の真ん中には男性原理と女性原理のちょうど間に潜んでいる一種の中立的な自我がありますが、それは実際には存在しない観念上の状態です。左側には女性性の自我があり、自己に達するにはアニムスを通り抜けなければなりません。反対に、男性性の自我は、アニマを通り抜けなければなりません。

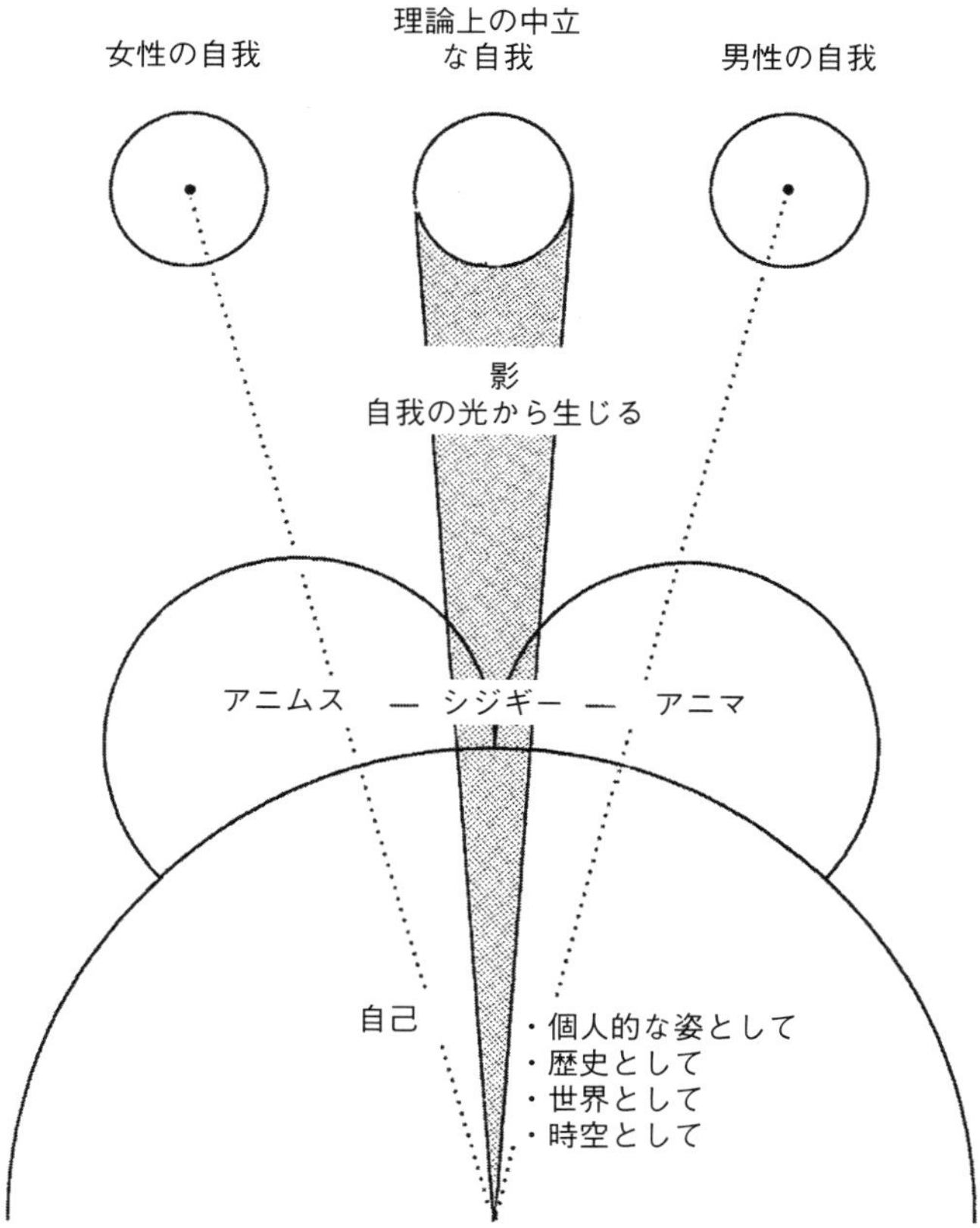

図５　心の図解

頂部に自我があり、影が付随している。女性的な自我と男性的な自我が別々に示されていて、自己に迫るためには、それぞれが反対の性的な側面（アニムスもしくはアニマ）をいかに通り抜けねばならないかを示している。底部では自己がまず個人的な姿で現れ、それからさらに深いレベルでは、歴史とか、世界とか、時空といった集合的な側面で現れる。

ユングは、心《サイキ》の中のアニマとアニムスは三要素から成っていると述べています。つまり、個人の反対の性の性質〔個人の中の異性の性質〕、元型的なイメージ、そしてその人の反対の性の人生経験〔個人の異性との人生経験〕です。（パラグラフ41、注5）。初めの二つは生得的なものです。三つ目のもの、つまり個人の異性との人生経験は、後天的なものです。もちろん現実の生の経験において、生得的な要素と後天的なものとはきちんとは区別できず、部分的に重なり合い混ざっています。三つ目の要素では、父母の経験が圧倒的に重要ですが、両親だけが後天的な性格に寄与するというわけではありません。男性の中のアニマ体験の主要因となるのは、母親に加えて姉妹、娘、恋人、妻、女友達です。それらはすべて後天的なレベルにあります。それらの個人的な経験の背後には元型的な要因があり、それらは神の導きやインスピレーションの源として、あるいは邪悪な誘惑する女、運命や宿命、あるいは人生そのものが人格化されたもの、最終的にはエロスの原理として、出会うことになるでしょう。

女性のアニムス体験にも、類似の要素があります。つまり、まず父親、それから兄弟、息子、恋人、夫、そして男友達で、すべては個人的な後天的なレベルです。元型的なレベルでは、神の導き、インスピレーションの源、邪悪な強姦者、あるいはスピリチュアルな意味が人格化されたもの、そして最終的にはロゴスの原理が見出されるでしょう。

またこの文脈で重要なのは、自我の、アニマやアニムスとの関係の様々な段階です。これは分析をする患者を見極める上で相当重要です。私は四段階に区別しています。すなわち、幼児的な段階、投影された段階、取り憑かれた段階、そして意識的な段階です。幼児的な段階とは、象徴的な母－息子、父－娘近親相姦という原初の段階です。ユングは男性におけるこの状態を長々とした一節で述べていて、これは日々の分析の仕事と深く関連しています。以下は男性のアニマとの幼児的な関係です。

彼のエロスは、子どものエロスのように受動的である。彼が望むのは、摑まえられ、吸い込まれ、包み込まれ、呑み込まれることである。彼は、いわば自分が保護され養われる魔法のかかった母親勢力圏を求めている。それはつまりあらゆる心配事から開放された幼児の状態であり、この状況にあっては外界の方から彼のところへやって来てくれて、幸福を彼に押し付けてくれさえするのである。〔これでは〕現実の世界が見えなくなってしまっても何の不思議もない。

……彼の傍らにはしばしば母親がいるが、母親には、自分の幼い息子を一人前の男にしなければという気は、明らかに微塵もないようで、せっせと献身的に気を使いながら、息子が成長し結婚するのを妨げるものを見過ごさないことに余念がない。母親と息子の間の秘密の陰謀と、いかに両者が互いの人生をたぶらかしているかを見ることになる。

……彼の中には実際のものに触れ、大地を抱きしめ、世界の畑を実らせたいという欲求がある。しかし、彼は気まぐれに始めてみるだけである。なぜなら世界も幸福も―母親から―贈られるものという秘密の記憶が、彼の自発性や粘り強さを損なってしまうからである。他のすべての人たちと同じように、繰り返し繰り返し彼が出会わねばならない世界の断片は、決して正真正銘のものではない。なぜならそれは、彼のもとに転がり込まないし、彼に妥協はしないからであり、抵抗し続け、征服されることを望み、強さに対してしか屈しないからである。彼の出会う世界は、男性の持つ男らしさを求める。その情熱を、とりわけいざというときにその全人格をそっくり投げ出す、勇気と決断力を要請する。そのためには、息子は不実なエロスを必要とするであろう。それは、母親を忘れる、つまり人

生最初の恋人を捨てる痛みを耐え忍べることである。

ここでこれほど酷く述べられている性質は、ほとんどすべての男性、特に若い男性の分析の重要な特徴です。もちろん彼らはそのように直接言うわけではないのですが、もし見ようとしさえすれば、基本的な無意識の態度がそこにあるでしょう。

この章においてユングは、女性の父親との関係について同じような描写はしていないのですが、『結合の神秘』の中で次のように述べ、それを仄めかしています。

女性の心理学の黒い太陽は父親像《イマーゴ》に関係している。なぜなら父親がアニムスイメージの最初の担い手だからである。父親はこの仮想《ヴァーチャル》のイメージに内容と形態を与える。つまり父親は、そのロゴスのおかげで娘にとって「精神」の源泉となるのである。不幸なことにしばしばこの源泉は、われわれが水がきれいだろうと思うところにおいてさえも汚れている。女性に役立つ「精神」は単なる知性ではなく、それ以上のものだからである。それは一つの生きる姿勢であり、人が生きる上で拠り所にするような精神である。いわゆる「理想的な」精神であっても、自然、つまり動物としての人間といかに適切に付き合うかを心得ているのでなければ、必ずしも最善のものとはいえない。〔もしそれを心得ているのであれば〕それは確かに理想的なものではあろう。それゆえ父親は誰しも、いろいろな面で娘を害う可能性があり、教育者、夫、あるいは精神科医は潔くその批判を受けねばならない。なぜなら「父親によって害われたもの」は父親的なものによってしか修復されえないからである。[24]

これらの節で言おうとしているのは、母親コンプレックスにおいては、息子にとっての危険はそれが人生を自分で送ろうとする息子の男性的な衝動を損なってしまうことであり、娘にとっては、父親コンプレックスの危険は、娘が精神や意味と関係をもつのを害うことです。これらがアニマ・アニムスとの幼児的な関係に関する危険です。

二番目の投影された段階では、アニマ、アニムスは異性の人たちへの投影の中で体験されます。さらに、離れたものへの投影と、近くのものへの投影という区別が可能です。離れたものへの投影というのは、映画スターやロック歌手への追従のようなもの、他の「追っかけ」現象のことを意味し、集合的な投影はたいていグループでなされます。そして投影の担い手は、いかなる正しい反応も与えることはできないので、投影はかなり幼稚な内容を持つことになります。近くのものへの投影はより身近なものです。そしてそれは実際の人生の中での出会いに導き、そこでは投影されたイメージは投影を担う人の現実と対比されます。このことは意識をより大きなものにすることができます。

アニマ／アニムスとの関係の第三段階のことを私は取り憑かれた段階と呼んでいます。つまりアニマに取り憑かれた男性とアニムスに取り憑かれた女性です。男性がアニマに取り憑かれると、状況は気分によって行ったり来たりして定まらず、その男性は過敏で怒りっぽくて、感情はとても傷つきやすい。アニマに取り憑かれた男性にとってのキーワードは、憤り—不機嫌で失望した態度、と言いたい。別の言葉で言うならば、アニマに取り憑かれた男性は不適当に柔和であるということになるでしょう。アニムスに取り憑かれた女性は、その全く逆です。彼女は独善的で、議論好きで、堅いけれど脆い。アニムスの状態が最高の時には、彼女は不適当に堅いのです。

24　CW14, par. 232.〔『結合の神秘Ⅰ』233ページ〕

最後に四番目の段階は、アニマ、アニムスとの意識的な関係でしょう。この段階では、ユングがパラグラフ40で言及しているように、アニマとアニムスは「集合的無意識の諸内容を意識へと浸透する機能を表す」。自我がアニマやアニムスと意識的な関係を持っている時はもはや憑依に屈することはなく、反対の性の要素は導管となり、それによって集合的な無意識の内容は無意識から自我へと移動できるのです。このようにアニマやアニムスと意識的な関係を持つことで、無意識に対してバランスの取れた関心を向けるようになります。このことについてユングは次のように言及しています。

アニマやアニムスの及ぼす影響は意識化されはするものの、アニマ、アニムス自体が意識を超越した要因であり、実際に知覚したり、意志の力で動かしたりすることはできないのである。つまり、それらの内容を統合してもアニマ、アニムスは自律的なままで、このためにつねに見失わないようにしていなければならない。このことは、治療という立場からはきわめて重要である。なぜなら絶えず見守ることで、無意識に対して敬意を払うことになり、多少なりとも無意識の協力が保証されるからである。周知のように、無意識は、一度だけで「片付く」わけではない。実際、無意識の内容の徴候に終始注意を払うことが、心《サイキ》の衛生のもっとも重要な課題の一つなのである。〔訳書36－37ページ〕

シジギーを構成するこれらの男性性、女性性原理の究極の目的は、コニウンクチオ *coniunctio*、つまり両者の結合です。この力動、結合《コニウンクチオ》を成し遂げようとするシジギーの衝動は、外界ではかなり典型的な形で起こっています。このことを、私は具体的あるいは外在化された結合の結果と呼びたいのですが、男性と女性が恋に落ちる、すなわち男性と女性が互いのアニマとアニムスの投影の中に落ちるのです。この段階は、本当に楽しい。彼／彼女が相手の中に魂の道連れ《ソウルメイト》を見出したとそれぞれが確信し、そこには一緒にいるときにはいつも完全なのだという至福の感情があります。他方、離れているときにはとても辛い喪失感があります。これは始まりの段階です。なぜなら大部分は無意識であり、たいてい長くは続かないから。一般的に次の三様式のうちの一つの展開をします。

一つ目の可能性は、人生の中で具体的な結合が進み、結婚、家族、共同生活があるようになり、アニマとアニムスの投影の間に流れていたリビドーが徐々に具体的に一緒に存在することへの努力に注がれるようになります。

二つ目の可能性は、具体的な結合《コニウンクチオ》の代わりに具体的な分離《セパラチオ》が生じます。つまり、自分か相手かどちらか一方の投影が衰えます。一人の投影が衰えれば、もう一方は捨てられます。このようなことが起こると、拒絶された方は悲しみと絶望にさらされ、ときには暴力に訴えることになります。これはディードー〔ギリシア伝説、カルタゴを建設したといわれる女王、アイネイアースをもてなして恋するようになったが、捨てられて自殺した〕現象、メーデイア〔ギリシア神話、夫イアーソーンの金の羊毛獲得を助けた女魔法使い〕現象、『カルメン』のドン・ホセ現象といえます。絶望の極みにおちいったり暴力をふるうことになったりするのです。なぜならその人は自分の魂の道連れを失ったのであり、このことは完全な敗北、結合《コニウンクチオ》の可能性の失敗として体験され、絶望が破壊へと変わるからです。残された方法としては、その相手が必要不可欠な存在というのではなかったと認めることであり、それを認めると、内的にアニマあるいはアニムスとの接触を持ち始めます。これは「半神が去ると神が訪れる」と言われてきたことの内実であり、テセウスに見捨てられたときディオニソスがその場面に訪れた、というアリアドネの経験でもあります。

三つ目の可能性は、相互の投影の中で発展が生じます。つまり、個人が徐々に自分の内側にある愛情in-lovenessはアニマやアニムスの投影の上に成り立っているということを発見するのです。しかし、その投影の担い手になってきたことの結果として、意識的な対象愛を発見し、その能力を獲得することもできるのです。そうなるとパートナーをあるがままの彼／彼女として愛することが可能になると同時に、アニマやアニムスの内的なイメージとも生きた接触を発展させて維持することができるようになります。

5．パラグラフ43－67

自己

これまで、心《サイキ》の中を、自我、影、アニマとアニムスと降りてきて、ようやく自己にたどり着きました。自己という言葉を定義するのは難しいです。自我という言葉も問題がないわけではありませんが、心理学的な用語としての自己という言葉に比べれば比較になりません。自己という言葉が指すのはまさに経験的〔実証的〕な現実性《リアリティ》であり、その正確な本質については、自我がその輪郭を描写することすらできません。できることといえば、さまざまな角度からそれに近づき、その意味の細かな断片を集めることくらいです。

自己の一つの定義としては、それが心の全体性であり、ひとまとまりのものとして表れると言えます。自己とは心の全体であり、自我と無意識全体との両方を含むものだ、とも言えます。第三の公式としては、自己は心の中心であると同時に周辺でもある、というものです。これは、神とは到る所に中心がありどこにも周辺がないような円である、という定義に対応するものです。

これらいずれの定義にも、論理的な問題があります。というのは、自己を心の全体性と定義すると、全体性は自我を含むことになるからです。全体性の一部にすぎない自我が、どうすれば、距離を保って、全体性のことを、まるで自分とは無縁の何かのように語れるというのでしょうか。このパラドックスは人間の心、意識という現象に組み込まれているものです。息子としての自我が父親としての自己の性質を引き継いでいるようなものであり、全体の一部であるのに、分離した存在であると思い込むようなものなのです。

経験的には、心は二つの中心を持ちます。自我という主体的な中心と、自己という客体的な中心です。中心が二つあるという概念を把握することは容易ですが、それを体験するためには、相当な心理学的発達が必要です。ユングという心理学的天才は、若い頃から二つの中心をはっきりと自覚していました。それは自伝の一節が示すとおりです。そこでユングは人格No.1とNo.2について話しています。

No.2はNo.1のことを、困難で報われない道徳的な仕事、また何としてもやり遂げなければならない課題とみていたが、〔実際にはNo.1は〕怠惰などの様々な欠点にまみれ、意気消沈したり落ち込んだり、かと思えば、誰も評価しないような考えや物事に馬鹿なほど夢中になる。想像上の友を作りやすく、見識も狭く、偏見だらけで、愚か（あの数学！）であり……、敬度なクリスチャンでも他の何ものでもなかった。No.2には定義できるような性質は一切なかった。透徹した生命力であり、生まれ、生き、死に、あらゆるものが一体となっている生命の全体的な像（Vita peracta）そのものだった。No.2は自分自身について無慈悲なほどはっきりしているとはいえ、No.1という不透明で暗い媒体を通して自身を表現することは、そうしたいと望んでいたのにもかかわらず、できなかった。No.2が優勢な時には、No.1はNo.2に含まれ消されてしまった。No.1がNo.2を内的な暗闇の領域とみなしていたのとちょうど反対である。No.2が自分自身を表現するとしたらせいぜい、この世の果ての向こうに投げられた石が音もなく無限の闇に落

ち込んでいくようなものだ、と言うくらいしかできないと感じていた。しかし№2の中では、光があまねく行き渡っていた。それはちょうど、宮殿の広々とした広間の窓を開けると、日光がふり注ぐ風景から光が入ってくるような感じだった。ここには意味があり、歴史的な連続性があるが、これは環境と何らの接触点をもたない№1の生命の一貫性のなさ、唐突さとは強い対照をなしていた。他方№2は、ファウストで人格化されるような中世やゲーテを深く感動させた過去の遺物と、秘かに調和しているように感じていた。それゆえゲーテにとってもまた—そして、これは私の大きな慰めになったのだが—№2が実在していたのである。[25]

ユングの若い時の体験には驚嘆します。彼の語るエピソードは十二、三歳頃のことなのですから。もちろん、この出来事を、齢を重ねて途方もなく拡大した意識の観点から記述しているのですから、若い時にはこんなふうに言葉にできたわけではないといっておくのがたぶん安全ですが、体験そのものはあったのであり、後にそれを回顧的に言葉にできるようになったというわけです。この体験は、この章における自己の問題と関連していますが、というのも、ユングがここで自己について言うべきことは、人生の後半において高度に発達した自我を前提とするからです。この種の自我にはそうめったにお目にかかれるものではありません。[26]

図6は自我と自己の関係が意識の展開過程でどのように発達するかを示しています。自我の発達の四

25　*Memories, Dreams, Reflections*, pp86f.〔『ユング自伝1』133‐134ページ〕
26　さまざまな発達段階における自我と自己の関係についての詳細な議論については、拙著 *Ego and Archetype: Individuation and Religious Function of the Psyche*, pp5f. and 62ff.〔『自我と元型—個性化と心の宗教的機能』〕を参照されたい。

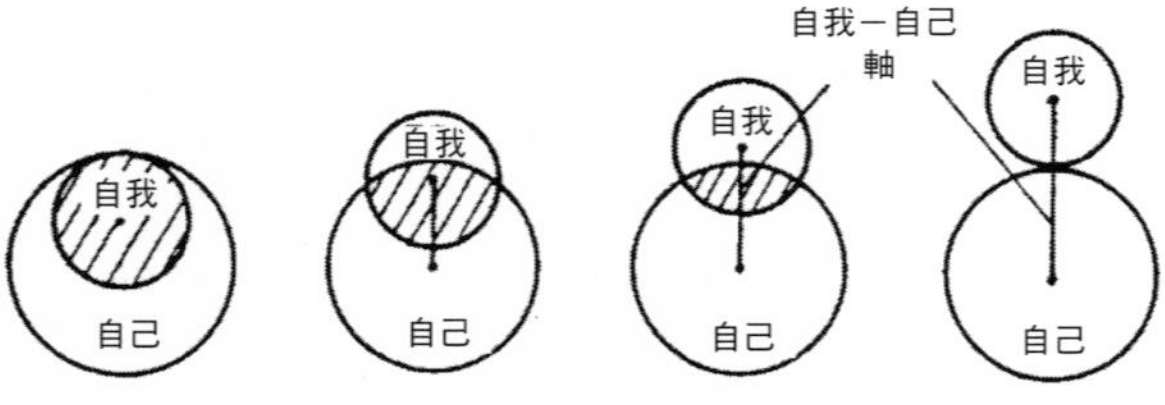

図6　自我―自己関係の段階

図形は自我と自己の関係を示す。それはパーソナリティの２つの中心を示し、自我は心理学的発達のプロセスにおいて自己から分化していく。

段階、自我と自己の四通りの関係を指すものです。

第一段階では、自我はまだ原初の無意識的な自己に包含されています。いわば、まだ自我は生まれていません。第二段階では、その萌芽が見られます。とはいえ、幾分別々の存在だという事実にもかかわらず、自我の中心は依然自己の中に留まっています。それゆえ、自我―自己の同一性がまだ優勢な状態であり、ユングが記述した人格No.1とNo.2のような体験はありえません。自我と自己は同一のものと感じられるでしょう。

第三段階では、自我の中心は自己の包含から浮上して、自分を自己とは異なる中心として体験できる用意が整いました。自我と自己の関係が意識されるようになったのです。私が自我―自己軸と呼ぶ軸が両者をつなぐ軸であることが自覚されます。もちろん、そのような軸の自覚は、一者性よりもむしろ二者性を自覚しない限りあり得ません。第四段階は、仮説的な理念であり、自我―自己の同一性が一切ない想像上の状態です。

自我が自己に同一化している限り、これは大多数の人の状態ですが、自我が自己の性質を引きずっているという無意識的な過程が浸透して、自我が死なないと思ったり、自我が世界の中心だと思ったり、自我の欲望を神が命ずるところだと思ったりします。これはもちろん、意識的に考えられているわけではありません。意識的には、自分が大変文明化されていて、いかにも慎み深い様子ですが、その底で無意識が考えていることは別であり、特定の状況になるとそれが顔を覗かせるのです。

図7の図式は、発達が第一段階から第四段階へと進む様子を示しています。この図が示す一連の出来事は、自我―自己の無意識的な同一化を行動化する時に生じます。同一化が行動化されない限り何も起こりませんが、実際に行動に移すと、現実からの拒絶を食らいます。この拒絶が傷と反省をもたらし、それから改心 *metanoia*、こころの変化が生じて傷を癒し、自我と自己を再びつないで、次のエピソードが生じるまでは自我―自己の同一化の状態に引き戻します。この円環が作られるたびに自我―自己の同一化は、いわば少しずつ離されて、その分だけ少しずつ意識が生まれてくるのです。[27]

ユングの自己に関する議論に入る準備として必要なもう一つの要点は、宗教的な投影の破綻という問題であり、図8aと8bに図示されています〔本書60‐61ページ〕。特定の宗教的信念の体系に包まれている限り、その教義が自己の投影の担い手となります。自己とは内的な神のイメージと等価であり、そのような状況では、自己、あるいは神のイメージは、形而上学的な〔物理的なものを越えた〕投影の中に見出されます。これはある種の保護的なはたらきをします。投影がそのまま保たれている間は、自我と自己とが直接出会うことはないからです。

27 さらなる議論については同書 pp.41f を参照されたい。
28 これらは拙著 *Ego and Archetype*, pp.65ff.〔『自我と元型』〕で図示し論じられている。

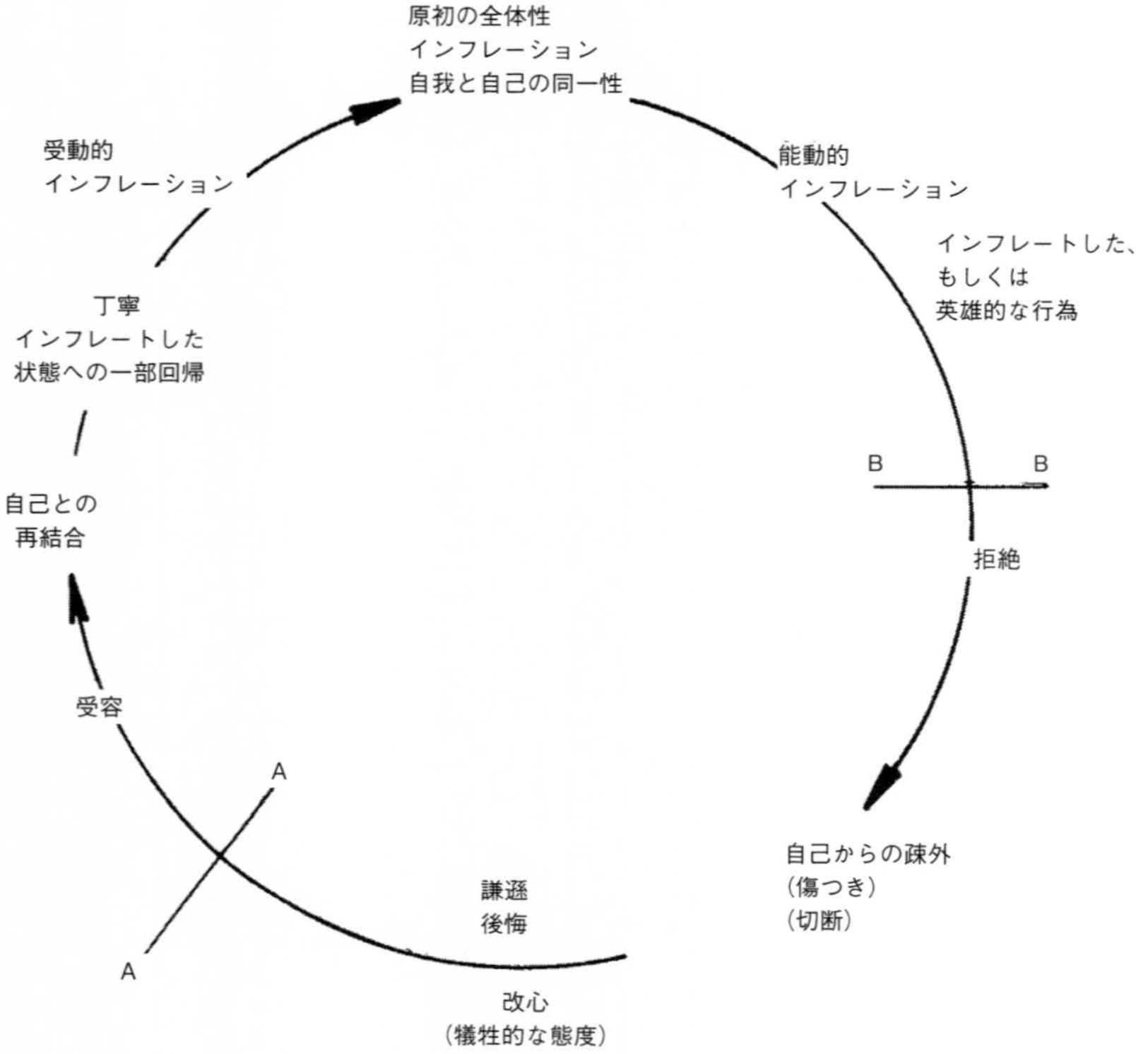

図7　心のライフサイクル

人の早期発達における典型的なサイクルが示されている。頂部の、自我と自己が同一の原初的な状態から始まる。それに引き続く典型的な出来事を経て、原初の状態に戻るときには、幾分か意識が増している。このサイクルは二つの地点（A と B）で阻害されうる。

その投影が破綻すると、さまざまなことが生じてきます。自己とのつながりを失って、人生は意味のないものに思われ、疎外感と絶望という状態の中に落ち込みます。あるいは、インフレーション〔自我肥大〕に陥り、これもしばしば、反対の意味での疎外感につながります。あるいは自己が再度投影されます――たとえば、政治システムなどに。よく見られる現象です。宗教的な内容が担ってきた意味が、今度は政治的な運動に取って代わられることはよくあることです。

宗教的投影の破綻の後で生じることの第四の可能性として、個性化があります。自我は、自己という心理学的な実体と、生きた出会いをすることになります。本章における、自己の体験に関するユングの議論は、宗教的な投影を失った人たちに当てはまるものです。宗教的な投影をそのまま持ち続けている人には何の意味もないことでしょう。

ユングは、自我と自己が出会うときの問題の一つとして、インフレーション〔自我肥大〕について述べています。パラグラフ44にこうあります。

自我に同化されていく無意識諸内容が多ければ多いほど、重要なものであればあるほど、自我はそれだけ自己に近づくということだけいっておきたい。たとえこの接近には終わりというものがなくとも、そうなのである。こうなると、インフレーション〔自我肥大〕なるものが生じるのは避けがたい。これを避けるには、自我と無意識諸像との間に両者を区別するきちんとした一線が画されていなければならない。そのように一線を画すといっても、それが実際に成果を挙げうるのは、限られた場合だけである。つまり、自我に対して理にかなった境界線を引くことが巧くできると同時に、無意識諸像

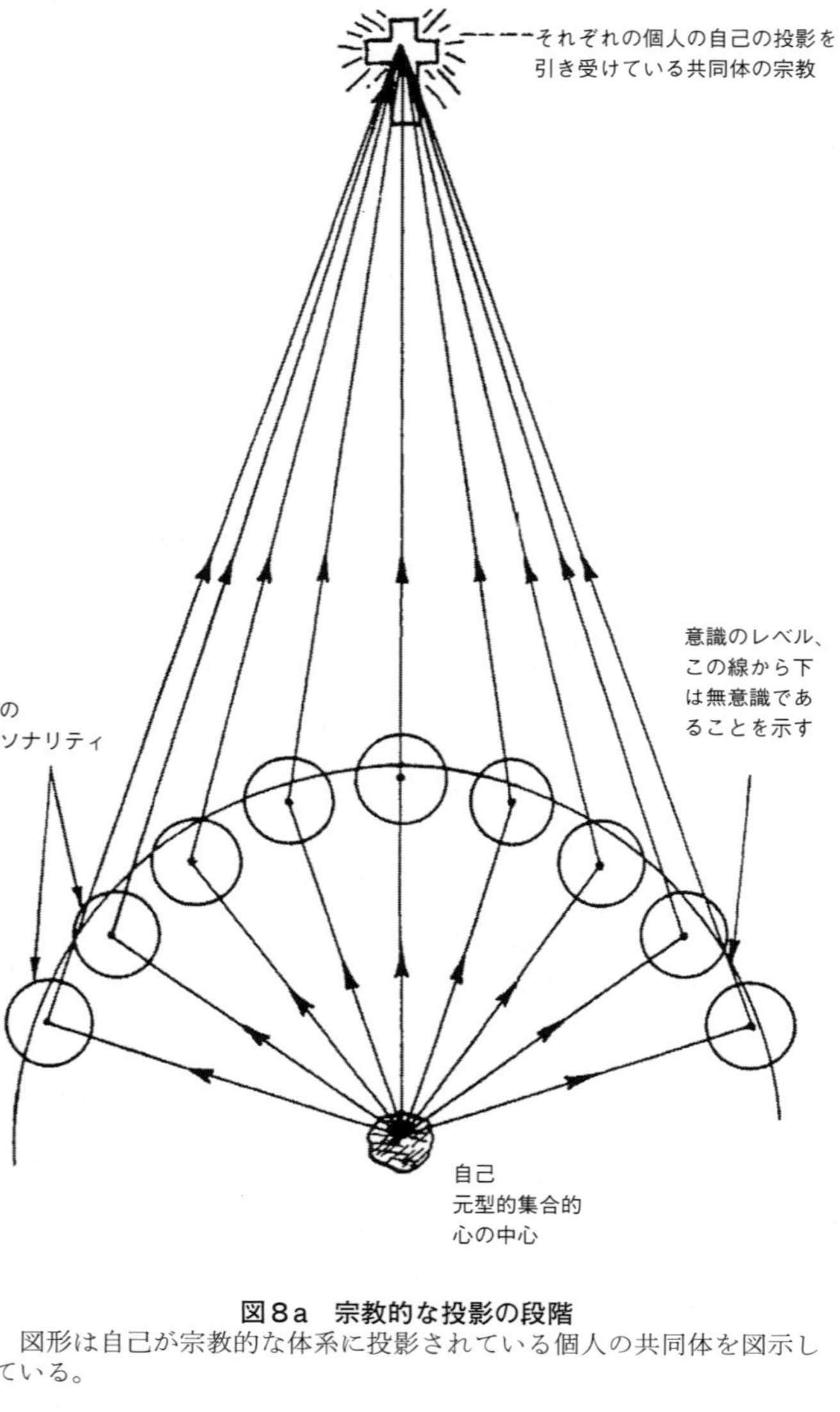

図８a　宗教的な投影の段階

図形は自己が宗教的な体系に投影されている個人の共同体を図示している。

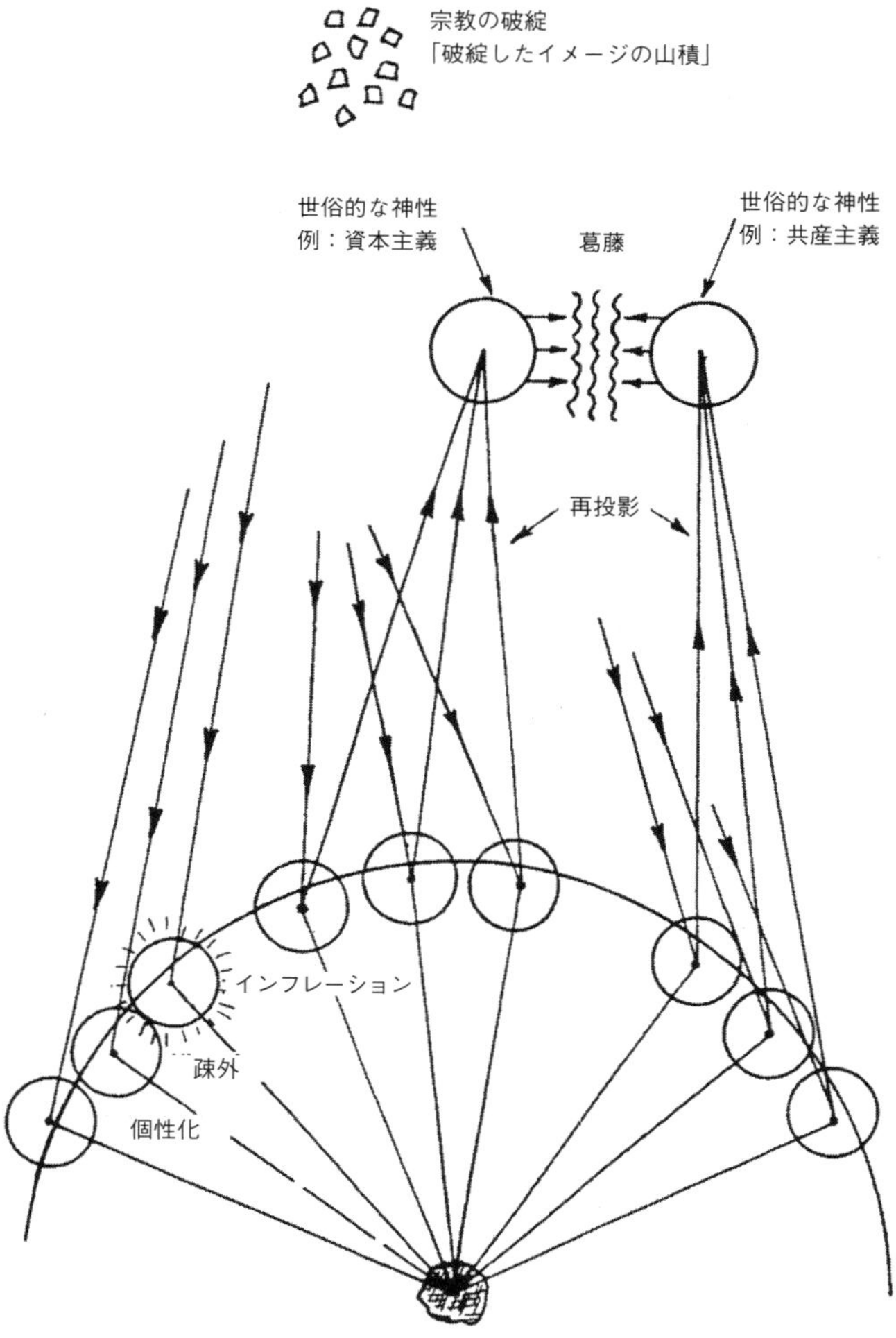

図８b　宗教的な投影の段階

図形は自己の宗教的な投影が破綻した時に生じる様々な個人に起こりうる帰結を示している。

である自己やアニマやアニムスや影に対して、それらが（心的本性の）相対的な自律性と実体をもつことをうまく認められる場合に限られる。〔訳書40－41ページ〕

自我に見合った境界を引くことは、分析の実践の上では大切なことです。たとえば、次のような言葉をよく聞きます。「私が間違えました。私がそんなふうにしてしまいました」と。でも実際にはこれらのことは無意識のなせる業なのです。ユングはヒューストンでのインタヴューで次のような例を挙げています。若い記者が、どうして患者がある特定の症状を選ぶのですか、と質問したところ、ユングは激しく非難するようにこういいました。「彼が選んだのではない。それが彼に起こったのだ。君がワニに食べられても同じことを聴くかね。どうしてそのワニを選んだのですか、と。ワニのほうが君を選んだのだよ」[29]。

自我が症状を選ぶのではありません。自我は、無意識が投げ上げた特定の症状の犠牲者なのです。症状というのは、人を掴んで離さないワニのようなものです。このことを認識するのは非常に難しいです。これは、自我がいかに自分に見合った境界を引くかという問題でもあります。自我には当然属さない力とか責任を認めない、ということです。それを認めればインフレーションになります。

インフレーションに関するユングの議論は続きますが、危険と背中合わせです。

転落死するには、階段ひとつ、滑りやすい床面一つあれば済む。……このインフレーションという状態は意識的な思い上がりの状態というふうには決してとらないでいただきたい。そんなことではさらさらない。（パラグラフ44、訳書41ページ）

インフレーションはそれ以上にはるかに微妙な問題です。自我を超えた自律的な心のようなものなどないという仮定は、全く無意識のうちによく吟味されずに抱かれる仮定で、ほとんど普遍的にみられるといってもいいものです。だから、公衆の面前で自律的な心について話すと、少し気が変ではないかと思われるのが落ちです。無意識的なインフレーションというこの状態は、実際には普遍的に見られますが、普通はそれで何か面倒が生じるというわけではありません。非常に多くの人々が、インフレーションの状態でかなり幸せに生きられることには驚きます。個性化過程が活性化されない限り、それは自然な状態なのですが、活性化された後は、それを考慮しなければならなくなります。

この同じパラグラフの中でもう一つ重要な点は、インフレーションの一つの徴候として、環境の反応に注意を払うことが徐々に嫌になり、それに気を留めなくなるということです。無意識は内からだけでなく外からも現れる、ということは覚えておいていいでしょう。だから、人々が自分に示す反応や、周りで起こる出来事もすべて、夢と全く同じように、無意識の現われなのです。

ユングはそれから、二通りの心的な破局について述べています。一つは自我が自己に同化される場合、もう一つは自己が自我に同化される場合です。ここで、「同化」とは「食べられること」の婉曲語法です。自然を見渡せば、問題となるのは誰が誰を食べるかということです。自己が自我を食べれば、最悪の場合、精神病が顕在化します。自我が自己を食べれば―そんなことは不可能に思えますが、というのも、小さいものが大きなものを飲み込むことなどできるはずがないですから、それでもユングはそのよ

29　Richard Evans, *Jung on Elementary Psychology* p.216.〔『無意識の探求―ユングとの対話』（浪花博・岡田康伸訳、誠信書房、一九七八年）〕

うな状態について述べています—、「自己が自我に同化されると、……〔その場合は〕意識の世界は無意識の現実の方を選んで、水準が下がることになる」（パラグラフ47、訳書42ページ）。

自我が自己を飲み込むと、合理主義的なインフレーション〔自我肥大〕を起こすことになり、それが優勢になると、自我が全体性であると思い込むように なります。そのような場合、その中和剤となるのは、自我の力が無意識の現実に益するように水準を下げることでなければなりません。自己が自我を同化するという先述の状態ではその反対のことが求められます。ありとあらゆる意識的な徳目—注意を払うこと、意識すること、耐えること、適応すること—が、最大限動員されねばなりません。ユングはパラグラフ48でこう続けています。

実際の道徳的諸問題は義務の衝突から生じる。すこぶるへりくだった人やのんきな人は、何らかの決断をする際に、いつも外部の権威の助けを借りる。しかし、自分も他人も信用していない人は、全く決断することができず、慣習法 common law でいう「不可抗力〔the Act of God 神の所業〕」によってしか決断ができない。……それらすべての場合において、無意識的な権威とでもいうべきものがあり、それが疑念に終止符を打つのは既成事実 *fait accompli* を創り出すことによってである。〔訳書43ページ〕

続けてユングは、パラグラフ49で、そのような既成事実 *fait accompli*、すなわち支配できない自然の力のなせる業は、心理学的な観点からは、神の意思とみなす方が、自然や本能の力の結果とみなすよりもよほどよい、と述べ、その理由をこう述べています。

もし……内的な権威が「神の意思」とみなされれば、われわれの自尊感情にも益することになる。

というのも、この場合、決断は服従という行為のように思われるし、その結果生じることは神の意図のように思われるからである。〔訳書44ページ〕

ユングは、この観点が自我の責任逃れに好都合なやり方として用いられることを認めていますが、この批判は、「自分自身の自我中心的な考え方を意図的に隠す」場合にのみ正当化される、としています。

この義務の衝突という考え方は、実際的にはきわめて重要です。義務に対する大きな衝突と出会うと、心に第二の中心があるという現実を発見するチャンスが生まれ、第二段階から第三段階へと移行します。というのも、そのような衝突状態では、二つの悪の間から選択することを余儀なくされるからです。良いものと悪いものとの間から選ぶという単純な選択を人は好むでしょうが、義務の衝突が現実となると、選択は二つの悪の間からせねばなりません。それは対立物を体験することは避けられないという意味です。どのような選択をするにせよ、善と悪とを同時に伴うことになるのははっきりしています。そのような決断の一例として、中絶するかどうかということがあります。中絶というのは自然に対する罪であり、重い心理学的な代償を払うことになります。その一方で、健康という点ではなはだ不適切な環境で子どもを生むこともまた、現実的な罪になりうるという場合があります。そのような場合、選択は二つの悪の間からなされることになり、それを避ける道はありません。

無意識の権威は、既成事実 *fait accompli* を作ることによって、そのような義務の衝突に終止符を打つ、というのがユングの主張の要点です。われわれの無意識的な、意図しない行為、いわゆるミス〔やり損ない〕はすべて、そのような既成事実です。そのようなミスには二つの異なる解釈ができます。若者に当てはまる解釈は、ミスは意志の怠慢の結果だというものです。というのは、若者は自我を固めなければならず、自我の責任が強調されねばならないからです。若者がミスを犯した場合、自分でその責任を取ることが相応しいのです。人生の後半にある者にとっては、ミスは神の行為と理解するのが相応しい。そして、患者との分析的な作業でいわゆるミスをこのように理解すべきだと私が思うのは、こういう場合です。それは神の意味ある行為であり、その意味では、ミスなどでは全くありません。それは無意識からの介入であり、目的を持ったもので、それを発見する必要があるのです。

ユングは続けてパラグラフ59で重要なことを述べています。

この「全体性」という概念も、はじめは〔アニマやアニムスに似て〕一つの抽象概念以外の何ものでもないように見えるかもしれない。しかしながら、この全体性という概念は、自発的あるいは自律的な象徴という形で心に予期される限り……、経験的〔実証的〕な概念である。全体性は主体が意志とは無関係に直面させられる客観的な要素なのである。〔訳書**50**ページ〕

ここでユングが指摘しているように、全体性という要素は心的実体のヒエラルキーにおいて頂点に位置するものです。これは、患者の素材を扱うときには、常に心に留めておかなくてはならない類のものであり、というのも、全体性のイメージ、自己のイメージは、いつでも夢に姿を現すからです。それは気づかれないまま過ぎ去るので、全体性のイメージに思慮深く通じていることが重要です。全体性のイメージとは、四者性、マンダラ、マリアの公式[30]、対立物の相互作用、対立物の合一などです。そのようなイメージはすべて、かの客観的な要素〔自己のこと〕の表現であり、主体が意志とは無関係に直面させられるものです。

パラグラフ60では、ユングは「このマンダラは秩序を表す象徴であり、……患者に現れるのは主として、心的な方向喪失や新たな方向付けが求められる時期である」〔訳書50ページ〕と言っています。秩序のイメージが無意識から現れてくるのは、意識が無秩序〔disorder、障害〕の状態にあるときです。時折、「ああ、私もこれこれの本に出てくるような、すばらしいマンダラ夢をみられたら」と言う人がいます。そのような人は、自分が何を求めているのか知らないのです。そのような夢はとても高くつくものです。

最後に、パラグラフ65について述べておかねばなりません。そこでユングは形而上学的な概念について述べていますが、それは自然の体験とのつながりの根を失ったものです。そのような概念は、かつては自己―イメージの集合的な投影の受け皿でした。形而上学的な観念から投影が引き戻されると、個々の人々はそれに何らかの意味があるという感覚を失いました。ユングは、年老いてからの自分の仕事の一つは形而上学の救出であると考えていました。かつては神学的な概念や形而上学的な概念の中に埋め込まれていた意味を保ちたいと思っていたのです。そのために、以前はそれらの中に投影されていた心的な現実を明らかにしようとしたのです。

30 「一は二となり、二は三となり、三から四番目のものとしての一が生じる」。*Psychology and Alchemy*, CW12, par.26〔『心理学と錬金術I』（池田紘一・鎌田道生訳、人文書院、一九七六／二〇一七年）40ページ〕と拙著 *Mysterium Lectures: A Journey Through C.G.Jung's Mysterium Coniunctionis*, pp. 276ff.〔『神秘講義―ユングの『結合の神秘』への旅』〕も参照されたい。

6. パラグラフ68－80

キリスト、自己のシンボル

『アイオーン』の第五章では、キリスト神話における自己《セルフ》の表現を扱っています。キリスト神話は西洋文明に広く普及している神話です。著書〔『アイオーン』〕の残りの部分は、自己のさまざまな側面、より深く深遠な側面についてですが、深みへ行けば行くほど視界は広まり、ついには一種の無限状態に到達します。

本章の始まりのパラグラフ70〔訳書57－58ページ〕で、ユングは画期的な言及をしていますが、これは新しい世界観の表明に匹敵するものです。すなわち、キリストは自己という元型の一例を示す、という言及です。

それは簡潔な一文ですが、単に知識をひけらかすものとしてだけではなく、いったん十分な現実味《リアリティ》をもって理解されると、圧倒的な力を持つものとなります。

それは、西洋人の自己の体験が、宗教的な投影から人間の心《サイキ》へと移ったという初めての明確な表明です。そして人間、少なくともユングという一人の人間が、その事実を意識しているということを示します。人間の意識は、宗教を創造する元型を発見しました。キリスト像はその一つの表現にすぎません。

特にわれわれの文化にとっては重要なものではありますが。こうして、キリストによって人格化された形而上学的な投影に先立って、あるいはその背後に、何があるのかが見えるようになります。それに先立って存在しているのが、自己という名で知られているものです。

キリストが自己という元型の一例であるという幾つかの証拠について考えてみましょう。キリストイメージの周囲に集まってきた特徴は、多くの点において、経験的〔実証的〕に認められる自己の現象学と符合します。例えば「私はぶどうの木、あなた方はその枝である」（ヨハネによる福音書15：5、JB）というような一節においては、キリストは中心の源とみなされています。これは自己を象徴する特徴です。またキリストは、対立物が統合したものとしても描かれています。「私はアルファであり、オメガである」とキリストは言います（黙示録1：8、AV）。

四と十二の象徴体系は、通常自己との関連で生じてきますが、十二宮に対応する〔十二人の〕弟子たちに囲まれたキリストとも関係しています。つまり、そこには十字架の四重の象徴体系とキリストマンダラの中心としてのキリストのイメージがあり、その周りを四人の福音伝道者の象徴が囲んでいます。天上の王国を象徴する多くのイメージは、実際キリストのイメージと同じで、高価な真珠〔真価を理解しない者に価値あるものを与える、豚に真珠〕、畑に埋められた宝物、大樹に育つ一粒のからし種〔大発展の因となるもの〕、天の都などがあります。

ユングは『三位一体というドグマへの心理学的アプローチ』というエッセイの中で、キリスト像と自己の現象学との類似性についてさらに詳しく扱っています。

キリストについて象徴的に言えることで最も重要なのは、英雄の人生という属性である。ありえな

いような出自、神なる父、危険な出生、ぎりぎりのところでの救出、早熟、母と死の克服、奇跡的な行為、若くしての悲劇的な最期……死後も続く影響（再来、前兆、驚異など）……キリスト自身が神であり、すべてを包含する全体性……マンダラにおける栄光の王 ***Rex gloriae*** の表現である。［彼は］旧約聖書の王や預言者を統合したものを象徴し……彼の体は食べられるべきパンであり、彼の血は飲まれるべきワインである……。

　これらの神話的な叙述は、キリスト教圏の内部からも外部からもなされているが、本質的には同じ象徴体系で表現される一つの元型を仄めかしており、それはまた、個人の夢や現実の人間へのファンタジーのような投影として生じてくることもある。……このような象徴的産物の内容は、圧倒的で、すべてを包含した、完全、完璧な存在の観念で、英雄的な調和によって、あるいは魔術的な属性を持つ動物によって、あるいは魔術的な容器によって、……あるいは幾何学的にマンダラによって、表される。この元型的な観念は個人の全体性つまり自己の反映されたものである。それは無意識のイメージとしてその個人の中に存在している……。

　キリスト教のメッセージに答えてきたのは、あらゆる人間の魂の中にあるこの自己という元型であり［ユングはキリスト教時代の始まりについて述べている］、その結果、イエスという具体的なラビが、布置された元型にすぐに同化されたのである。[31]

31　*Psychology and Religion*, CW 11, pars. 229ff〔『心理学と宗教』（村本詔司訳、人文書院、一九八九年）136－137ページ〕

こういうわけで、われわれは歴史上のイエスについては実際何も知りません。〔歴史上の〕イエスは自己という投影の背後に隠されたからです。

自己という元型は、人類の心《サイキ》における神イメージ imago dei として述べることも可能です。この類の特定の概念を持っていると、ユングに倣ってラテン語の用語を用いるのに役立ちます。この種の用語を使うと、ユング心理学で専門用語を扱っているということが強調され、心に刻み込まれますが、それはいわば、ラテン語の用語に洗礼を施すようなものです。ユングは、神イメージ、つまり心理学的には自己に相当するものとしてのキリストについて書いています。ユングは創世記の第一章から始めて、神イメージとしてのキリストに関する幾箇所かのテクストを引用しています。神は「われわれの形に、われわれにかたどって人を造ろう」(創世記 1: 26, JB) と言います。聖書の始まりのこの一節は、人間は神イメージを含んでいるということを立証しており、この基本的な神話学的な事実は大きな反響を呼び、神学上の詳細な吟味や研究が施されることになりました。人間の堕落によって損なわれてきたと考えられるのは、この神イメージなのです。

ユングはその考えについてパラグラフ72で言及しています。

人間の中にある神の像は堕罪によって破壊されたわけではなく、ただ損傷を蒙り堕落せしめられた(「変形された deformed」)にすぎないのであって、神の恩寵さえあれば再び元通りに復元されるのである。[ユングは神話学的な理解を述べ、キリスト神話の用語で語っている]。統合の規模はキリストの霊の冥界行き、黄泉降下 (*descensus ad inferos*) によって暗示されており、キリストによるこの救済の働きは死者たちにも及んでいる。心理学的にそれに対応するのは、集合的無意識の統合であり、これは個

性化の不可欠な構成要素となっている。〔訳書58ページ〕

ユングは、読者たちがこの引用文を完全に知っていることを想定していますが、それは聖書からの引用でさえなく、聖徒伝からの引用です。その伝説は中世絵画の画材としてかなり広まったものですが、それによれば、キリストが十字架の上で亡くなったときから復活するまでの間、キリストは冥界あるいはより厳密に言うならばリンボーへと下降しました。キリストは冥界の真鍮の扉を破り、古代の偉人たちを救い、上の世界〔現世〕に連れ戻したのです。ユングはこのイメージについて、集合的無意識の統合を象徴していると言及しています。つまり個性化には、冥界に下り、亡くなった偉人を救い、取り戻し、意識に返還するという一側面があるのです[32]。

ユングは神イメージについての議論をパラグラフ73で続けています。

最初の罪によって損なわれた人間の内なる神イメージは、神の助力によって「改変され」うる。……個性化の過程において無意識の作り出した全体性のイメージは、先見的に存在している一元型の似たような「改変」である。……このことは、全体性の元型はずっと存在しているという、心理学の経験的〔実証的〕所見と見事に一致している。全体性の元型は、意識の視界からは消えてしまいやすいし、またあるいは回心によって照明された意識がそれを認識するまでは全く感知されないでいるのだが、キリストの姿の中にその全体性の元型を再発見するというわけである。……この「想起

32 このテーマのさらなる議論は拙著 *Christian Archetype : A Jungian Commentary on the Life of Christ*, pp.109ff.〔『キリスト元型―キリストの生涯へのユング派的注釈』〕で見ることができる。

（anamnesis）」の結果、神イメージと一体であるという本来の状態が復元されるのである。〔訳書59ページ〕

ユングはこの復元について、四つの異なる言葉で述べています。それは全体性の状態に戻ることと関係しています。これらはいずれも豊かな連想でつながっています。それらの言葉とは、改変 reformation、更新 renewal、想起 anamnesis、万物復興 apocatastasis です。万物復興はユングのお気に入りの言葉で、著作にはかなりの回数用いられています。この言葉を理解することは重要です。なぜならそれはユング派の分析の本質的な性質の理解に通じるからです。この言葉は、新約聖書では使徒行伝3：19ffで一度出てくるだけです。ペテロが群集の人々に対して話します、

さて悔い改めて神に帰りなさい。自分の罪を拭い去っていただくために。そして主が慰めのときをもたらしてくれるために。そうすれば主はあらかじめ定めてあったキリストなるイエスをあなた方に遣わしてくださる。このイエスは、神が聖なる預言者たちの口を通して予言しておられた万物復興の時まで、天にとどめておかなければならなかった。

これは、英語の翻訳で通常使われる言葉ではありません。普通使われる言葉は、復元 restoration で、「万物が復元されるまで」と訳されますが、ここではもともとの万物復興 apocatastasis という言葉を用いましょう。ユングは、ユダヤ人がバビロニア捕囚から母国に戻るのに預言者がその言葉を用いたと言及しています。寺院の回復を万物復興と言いました。別の箇所[33]でユングは、パウロは彼のヘブライ人教師、ラビ、大ガマリエルから万物復興という考えを得たのかもしれないと示唆しています。ユングはそのラビを、ユダヤ人のグノーシス主義者であると述べ、ガマリエルが、パウロに楽園についての次のような

古い伝統を教えたかもしれないと疑いました。つまり、アダムとイヴが楽園から追放された後、もはや楽園は何も良いものではなくなり、人間における神イメージ《イマゴ・デイ》が損なわれたのと同じように損なわれて来ている、そしてそれゆえに、神は楽園を未来に移したと。未来には救世主の時代があり、楽園に戻ることになります、つまりそれは万物復興であり、事物の本来の秩序に戻ることなのです。

万物復興という言葉は、プラトン哲学の想起 anamnesis という考え、あるいは回想 recollection と呼ばれるものに符合します。ユングは想起という言葉をプラトン哲学での意味で用いていて、それは、われわれが意識や知識を獲得している時、われわれの学習したものすべては出生前の知識を思い出しているに過ぎないというものです。われわれの認識は再認識にすぎず、かつては知っていて忘れてしまったものを思い出すのにすぎないのです。これと同じ元型的な考えが、T・S・エリオットの詩「リトル・ギディング」に見出せます。

われわれは探求をやめない
そしてすべての探求を終ったとき
もとの出発点に到着し
その場所を初めて知る。[34]

この元型的なテーマはユング派の分析では重要です。なぜなら分析とは、慎重で、整然とした想起の

33 *Nietzsche's Zarathustra*, vol. 2, p.1341.〔『ニーチェ・セミナー』〕
34 "Little Gidding" V, lines26-29, in *Four Quartets*, p.39.〔「リトル・ギディング」『四つの四重奏』174ページ〕

プロセスにほかならず、まずは個人の人生を思い出すことから始め、さらに深く進み続けるからです。

万物復興という言葉は、初期キリスト教の教義においても初めの二、三世紀に用いられました。その教義は、自由で道徳的な生き物、天使、人間、悪魔はすべて究極的には救われると述べています。ギリシア教父の一人であるオリゲネスが同意したこの教義も、その完全な形式では、悪魔さえも救済されると述べているものです。その教義は五四三年にコンスタンティノープルの協議において正式に異端とされました。

オリゲネスはユングのお気に入りで、『アイオーン』でも本章を初めとして多く引用しています。彼の生没年は約一八五―二五四年です。ギリシア‐エジプトの都市アレキサンドリアで生まれ、両親はキリスト教徒でした。父レオニーデスは、ギリシア修辞学と文法の教師で、息子の教育を行いました。オリゲネスは、ギリシア文化においてもヘブライ経典についても早熟で優秀な生徒でした。オリゲネスが十七歳になったとき、父親は迫害の中で殉死し、そのときから、文法の教師としての彼の経歴が始まりました。すぐにかなりの名声を得ました。アレキサンドリアの司教は、まだ十八歳のときに彼を問答式の学校の教師に指名しました。オリゲネスはこの仕事を経典の研究や解釈と結びつけました。彼は、プロティノス〔エジプト生まれのローマの新プラトン主義哲学者〕とともに、偉大な新プラトン哲学者、アモニウス・ザッカの弟子でした。それゆえオリゲネスは、ギリシア哲学の知すべて、そしてヘブライの経典、新しいキリスト教の資料にもどっぷり浸かっていたことになります。彼は多くの著作を残した作家であり、最も重要な作品は『支配者〔／執政官〕Peri Archon』です。archon というタイトルですが、「元型」archetype はこの言葉に由来するものです。このタイトルは一般に『第一原理』と翻訳されています。

オリゲネスは、悪魔は究極的には救済されるという異端の考えを初めて発表したのですから、ユング派に特に崇められたのは当然でした。このことは、ちょうど当時起こりつつあったキリスト教の分裂の潜在的な癒しを、オリゲネスが予知していたということを意味しています。こうしてみると、われわれは彼の先見の明ある知を理解できるでしょう。

パラグラフ74－76で、キリスト像はその周りに全体性の象徴を集めたものの、それでもまだ善と悪という対立に関しては一面的なままである、とユングは述べています。

キリストという伝統的な像を、自己の心理的な顕われに照応するものとするならば、反キリストに相当するのは自己の影ということになるだろう。つまり、人間の全体性の闇の半分であるが、それに対してあまりに楽天的な判断を下すべきではない。経験から判断できる限りでは、光と影は人間の本性の中で非常に均等に分けられているので、少なくとも心の全体性は幾分薄暗く見えるのである。自己という心理学的な概念は、ある部分は全体的人間（the whole man）という認識から導き出されたものであり、その他には無意識から産み出されるものの中に自発的に、内的な二律背反に結ばれた元型的な四者性として描かれるのであるが、その自己の概念は明るい像に属する影を無視することはできない。この影がないと、像は体も人間性も失ってしまうのである。経験的な自己の中で、光と影は逆説的な一体性をなしている。これに対してキリスト教の考え方においては、この元型は統一することのできない二つの部分に絶望的に分裂してしまっており、最終的には形而上学的な二元論に至る。つまり、天の王国と忌々しい灼熱の世界という究極の分裂である。〔訳書60－61ページ〕

キリスト教の心におけるこの取り返しのつかない分裂の例が、中世の最後の審判の絵に見られます。[35]

それらはすべて本質的には同じです。絵の上半分は天の情景であり、神聖な聖歌隊が天上の王冠を包んでいます。そこには光、喜び、秩序があります。そして絵の下のほぼ中ほどには線があり、それは絶対的な分裂線 schizoid line で、その下方には地獄の混沌があり、忌々しい者たちがいます。キリスト教の心《サイキ》の絵とはこういうものであり、だからこそ、悪魔が救出される可能性があるというオリゲネスの考え方がとても重要なのです。つまり、彼はその分裂は永久であるとは限らない、そのうちに調和があるかもしれない、という考えを示したのです。分裂が存在する限り、誰もが天と同一化しようと全力を尽くしますが、心理学的に分かっているように、そのような一面的な同一化が存在するといつも無意識の中にその対立するものを生じてしまいます。遅かれ早かれ、対立するものへの転換が起こります。このことからユングは「反キリストの出現は、単なる預言者による予告というだけではなく、容赦のない心理学的な一法則なのである」(パラグラフ77、訳書61ページ)と述べるのです。

ユングは続けて重要なことを要約して述べています。

しかしながら、誰一人として考慮してこなかったのは、キリスト教の性質そのものに、否応無しに精神の反転に至るような宿命が内在しているということであった。これは曖昧な偶然の働きではなく、心理学的法則にのっとったものである。高みを目指す精神性の理想は、物質を征服し世界を支配するためには、物質主義的な大地に結びついた情熱とは対立する運命にあった。この変化が顕在化したのは「ルネサンス」の時代である。ルネサンスという言葉は「復興」を意味するが、それは古代精神の復活であった。今日では、この精神というのはもっぱら仮面であったというのを知っている。つまり、復興されたのは古代の精神ではなく、中世のキリスト教精神であった。中世のキリスト教精神は、奇

妙な異教の変形を被り、天上の目標を地上のものとすり替え、「ゴシック」様式の垂直から、水平の視点へとかえたのである（発見の旅、世界や自然の探究）。啓蒙主義、フランス革命へと至るその展開は、今日広く世界中に広がっている「反キリスト的」としか名づけようのない状態を生み出した。これは原始キリスト教による「世界終末」の予見をある意味確証している。それはあたかもキリストの来臨とともに、それまで潜在的であった対立が顕在したかのようであり、あるいは勢いよく一方に振れた振り子が今度は反対の方向へ補償的な動きをしているかのようである。……このような運動の二重の意味は、振り子の本性にある。キリストには汚点がない。しかしその生涯のちょうど始まりには、サタンとの出会いがあった。この敵対者は、キリストの出現が意味する、世界の心におけるあの強大な緊張を支える橋台を表している。……ともに王国を得ようと努める。一方は天上の王国を、そして他方はこの世の長 *principatus huius mundi* たること［この世の支配］を。「千年王国」の支配とか、「反キリストの来臨」の支配というのを耳にすると、あたかも二つの王者たる兄弟の間で世界と時代の分割が行われたかのようである。それゆえサタンとの出会いは、単なる偶然以上のものであり、意味連関を持つ出来事だったのである（パラグラフ78、訳書62‐63ページ）。

ここでユングが述べていることを強調すると、キリストの来臨は、心理学的には、神イメージにおける対立物を、二つの相容れない片割れ、つまりキリストとサタンに分裂させるということを表していま

35　例えば、拙著 *Anatomy of the Psyche*, p.205.〔『心の解剖学』238‐240ページ〕を参照されたい。

す。これは意識の発達においては不可欠の段階でしたが、それは根深い一面性、乖離した状態をもたらし、今や修正されなければなりません。

もしある人がキリストに同一化して来たのであれば、その修正の第一段階は、キリストの対立物つまり反キリストとの出会いでしょう。ユングは、同じ考えが、二人の強盗の間で磔にされた救世主という象徴に仄めかされていると述べています。伝説の素材によれば、一人の強盗がキリストを祝福して天へ行き、反対側にいる強盗はキリストを呪い地獄に行きました。その磔刑の場面には二重の動きが生じており、そこには同時に上方へと下方への動きがあり、それら相対立する動きの間の葛藤を抱えています。それはウィリアム・ブレイクが最終的に「天国と地獄の結婚」と述べているものを予言します。そこで上方と下方の動きは第三のイメージの中で和解され、統合されるのです。

7．パラグラフ81－104

キリスト、自己の象徴（承前）

『アイオーン』の「自己の象徴としてのキリスト」という章の主要テーマは、そしてそれはユングの思想全体のテーマでもありますが、善の欠如 *privatio boni* です。これはキリスト教時代《イーオン》の基本的な教義です。これは、神はどこまでも善であって至高善 *summum bounm* として定義される、という教義から自然に導き出されます。

善の欠如 privatio boni の原則の基本的な理念は、悪はそれ自身では存在せず、単に善が奪われた状態、欠けた状態だというものです。その教義から自然に生じる結果として、すべての善は神に由来し、すべての悪は人間に由来するということになります。ユングは、善の欠如の教えは不当前提 *petitio principii* に基づくものであると、非常にはっきり指摘しています。不当前提とは、哲学的には、仮定（自分が証明しようとしている仮定）を最初の論拠の中に忍び込ませ、答えがあらかじめ想定されている、というものです。この場合、神を善と定義し、存在するものもすべて、善なる神によって創られたのだから善である、と定義することでそうなってしまいます。善なる神は、この定義により、悪を創り出すことはできません。こうして、形而上学的な仮定が最初から議論の中に持ち込まれているのです。

ユングがパラグラフ83で注目しているように、大バシリウスはこの疑問をこのように処理しています。

> 同じように、悪の起源が神にあると言うのも不信心なことである。なぜならば、対立物の片方がその対立するもう片方から生じることはないからである。生は死を産み出すわけではないし、闇が光の源でもないし、病気は健康の創造者ではない……。それではもし、悪が産み出されないのでもなく、神から産み出されたのでもないのならば、いったいどこから悪の本性はきているのだろうか。悪が存在していることを、この世に生きている者ならば、誰一人として否定しないであろう。ではわれわれはどう言えばいいのか。それはこうだ。悪は生命を与えられて生きている本性ではなく、魂の中の一状態、徳に逆らった態度をとる状態なのであり、しかもそれは軽率な人たち（light-minded）(*rathumous*) から生じてくる善の低下によるものである……。各人めいめいが自分のことを、わが身の中にある悪事の張本人とみなすがいい。〔訳書65‐66ページ〕

この節の重要な言葉は「軽率な light-minded」(*rathumous*) です。この言葉の文字通りの意味は、だらしない心、ずぼらな、不注意な、です。ユングはパラグラフ85でこの言葉を極めて重要視しています。

バシリウスが一方では、悪がそれ自身の実質を持たず「魂の欠陥」から生じると主張しつつ、他方では悪は実際に存在していると確信しているのであれば、悪の相対的な現実性《リアリティ》の土台となる魂の現実的《リアル》な「欠陥」は、同じように現実的《リアル》な原因のはずである。もし魂がもともと善として創られたものだとすれば、魂は実際に堕落させられたのであるから、それを引き起こした何かも、これが、たとえ不注意、無関心、軽薄にすぎないとしても、現実的《リアル》ということになる。これらは *rathumia* というギリシア語の意味するところだが、だからそれも同じく現実的《リアル》なのである。もし何かあるものが——特

に私はこの点を強調しておきたいのだが——一つの心的状態や心的事実に辿れるとするなら、それは無へと帰せられて抹消されるようなものではないことは極めて明白であり、そうではなくて、心的現実の水準へと移されるが、心的現実のほうが、いうならば、教義が説いている悪魔の実体に比べれば、経験的〔実証的〕に確立するのがはるかに容易である。〔訳書66－67ページ〕

バシリウスの公式（悪の起源はこの軽率 *rathumous*、無思慮、無関心にある）がなぜそれほど興味深いかといえば、それが、心というものを初めて、何らかの実体を生み出す源として表現したものだからです。バシリウスは軽率など取るに足りないものだと言おうとしていますが、もし軽率によって何らかの実体が生み出されるとするなら、それ自身、それなりの実質を兼ね備えていなければなりません。

ユングはこの善の欠如 *privatio boni* という問題を非常に重視しており、その理由をこう述べています。

心理学は、善と悪とがそれ自体何であるのかは知らない。心理学は善悪をただ関係についての判断だとみなしているだけである。「善」とは、ある観点から見て、適切であるもの、受け容れられるもの、価値があると思われるものである。悪とはその反対である。もしわれわれが善と名づけているものが、われわれにとって「現実的《リアル》に」よいものであるならば、われわれにとって「現実的《リアル》に」悪しきものもまた存在することになる。はっきりしているのは、心理学が関わっているのは多かれ少なかれ主観的な判断だということである。すなわち、価値関係を名づけるにあたって避けることのできない心的なアンチテーゼなのである。……ある立場からすると極端に悪い、つまり危険だという事物がある。人間の本性の中にもそのようなものがあり、非常に危険で、そのためにその矛先の向く方向にいる人にはそれに悪いと思われるようなものがある。このような悪を美化しても、それは所詮まやかし

の安心感に浸りたいためだけであろうから、無意味である。人間の本性は、無限の悪を行うことすら可能であり、悪しき行為は、よき行為と同じように現実的《リアル》である。人間の経験が及ぶところ、心が善と悪とを判断し区別する限り、そうなのである。ただ無意識だけが、善と悪とを区別しないのである。（パラグラフ97、訳書71－72ページ）

ここで語られているのは、善と悪との明確な峻別は自我一般の性質 egohood によるものだ、ということです。ユングはさらにこう述べています。

今日、かつてないほどに、人間は自分の中に潜む悪の危険性を見過ごしてはならないということが大切である。悪の危険性は、残念ながらあまりにも現実的《リアル》である。だからこそ、心理学は、悪の現実性《リアリティ》ということを主張しなければならないし、悪というものは取るに足りないとか、全く存在しないとする定義はどんなものであれ拒絶しなければならない。心理学は経験科学〔実証科学〕であり、現実《リアリティ》を扱うのである。

ユングが「経験」とか「経験的〔実証的〕に」という言葉を繰り返し使っていることに気づかれるでしょう。そしてこれは、形而上学的なことに基礎をもつ善の欠如 *privatio boni* の教義とは対照的です。それは経験的〔実証的〕なことではありません。ユングの基本的な論点は、善と悪の現実性《リアリティ》は意識的な自我の判断に基づく、という点です。無意識だけでは区別を行うことはできません。善の欠如は、キリスト教的な心がしかけたある種の無意識的な罠であり、それによって、悪の現実性《リアリティ》については自我の目をくらませたのです。ユングは、キリスト教的な心にあるこの集合的なコンプレックスを分析することに全力を挙げています。この点について、ユングの努力は、善の欠如の理論に対する批判であるだけでなく、至高善 summum bonum としての神の定義そのものも批判しているのです。ユングのアプローチ全体が大規模な抵抗にあうことになりましたが、それは、深く根ざした凝り固まったコンプレックスに触れていることを示唆します。

ユングがヴィクトール・ホワイト Victor White にあてた手紙が参考になります。教父ホワイト White は、ユングが善の欠如と至高善について書いた部分から何がしかを読み取って、ユングが善の欠如の教義を「誤解」していると批判し、ユングの「擬似―マニ教的二元論」を非難して、ユングの「混乱していると同時に混乱を招く文章は、……偉大な科学者が自分の軌道からはみ出た不適切な脱線である」とコメントを加えました。[36]

ユングはこの批判に対し、善の欠如のテーマ全体に関する自分の考えを照らし出すような形で応えています。

おかげで私はしばらくの間『聖ドミニコ修道会研究』における愚者の更正（*correctio fatuorum*［correction of fools］）と取り組むことになって忙しくしておりました。……はるか大バシリウスにまで遡ることを余儀なくされました。……この「善の欠如」の問題は、それがもたらす危険極まりない結果のため、私には憎むべきものであります。それは人間にネガティヴな自我肥大（インフレーション）をもたらし、人間が自分のことを、[37]善の源泉だと思わないにしても、少なくとも、強大な破壊者、神

36　ユングの *Letters*, vol. 1, p.539, note〔『書簡集』〕からの引用。

37　*Letters*〔『書簡集』〕の編者の誤植を、ユングの元々の言葉「善 good」に訂正しておいた。*Letters* の編者は註40で「善」という言葉はユングの書き間違いだとして、「悪」に置き換えている。しかし、それは書き間違いではない。

の美しき創造に破滅をもたらすものと思わずにはいられなくします。この教義は〔堕落した大天使でサタンと同一視される〕ルシファーの虚栄を生み出し、人間の魂を悪の本来の住処としてしまう致命的な過小評価にも多大なる責めを負うものです……。

悪が非現実 **non-reality** である限り、誰も自分自身の影のことを深刻に受け止めることはないでしょう。ヒトラー **Hitler** もスターリン **Stalin** も、単なる「偶然の完全性の欠如」の一例であり続けています。人類の将来は影をどれほど認識できるかにかかっている、といっても過言ではありません。悪は―心理学的にいえば―恐ろしいほどに現実的《リアル》なものであります。たとえ単に形而学上的な次元であっても、悪の力と悪の現実性《リアリティ》を減らすのは致命的な誤りです。これがキリスト教の根源にまで及ぶことを、申し訳なく思います。しかし、悪を非現実なものとして、あるいは単なる人間の不注意として黙殺したとしても、悪は減ることはありません。[38]

このようなユングの考えは、多大なる抵抗を生みました。それに反駁するために何冊もの本が書かれました。抵抗を尊重して粗末に扱わないというのはユング派の基本的な原則です。抵抗と出会った時には常に、特に解釈に対する強い抵抗の場合は、その理由を問わねばなりません。この抵抗は何を意味するのだろうか、と。ユングはパラグラフ98でその問いを持ち出しています。

善の欠如に対する私の批判が当てはまるのは、心理学的経験の範囲においてのみである。科学的な観点から見れば、善の欠如の理論は、誰の目にも明らかなように不当前提 ***petitio principii*** に立脚しており、その場合、周知のごとく、最後に出てくるものは常に最初に差し入れたものでしかない。そのような論証には説得力がない。しかし、そのような論証が行われるのみか、疑いもせず鵜呑みにされ

てしまうという事実には、そう簡単に見逃すわけにはいかない何かがある。これが証明することとは、最初から、「善」に優先権を与えようとする傾向があるということであって、それが適切であっても不適切であっても、全力を挙げてそうしようとする。従って、キリスト教形而上学が善の欠如にあくまでこだわり続けるのなら、そうすることで善を増やし、悪を減らそうとする傾向を常に表にしようとしていることになる。それゆえ、善の欠如は、形而上学的な真実であるということはできる。この点に関して判断を下すことは差し控えたい。しかしながら、われわれの経験という領域においては、白と黒、光と闇、善と悪とは等価的対立物であり、一方は常に他方を前提とするという点だけは主張しておかねばならない。〔訳書73ページ〕

ここではユングが強力な抵抗を調整するために何をしたかが見て取れます。抵抗からわかるのは、ユングが指摘している現実は非常に恐ろしいものなので否定される必要があるということです。確かに、この問題は、厳格に善の欠如の教義を守っている人たちには、議論の対象となるようなものではありません。それゆえユングは、次のように言うことで袋小路から抜け出す道を用意したのです。「善の欠如は、形而上学的な真実であるということはできる。この点に関して判断を下すことは差し控えたい」と。「形而上学的」という言葉は、「心理学的」という言葉よりも状況によく合います。というのも、ユングは心理学的な事柄における判断を想定しているからです。形而上学的な事柄については想定していません。この叙述は、ユングが序言で、「私は医者として、医者の責任感から書く」と言う時の約束を果

38 *Letters*, vol. 1, p.539f.〔『書簡集』〕

たしている一例とみなせます。悪の現実に関するユングの解釈を消化できない人は、経験的〔実証的〕な体験から離れた形而上学的な事実に慣れ親しんだ立場から自由に抗弁します。ユングはそのような人と議論するつもりはありません。ユングはそのドアを特定の人にだけ開いたのです。

私の見解では、ユングが挙げた理由に加えて、ユングが善の欠如をそれほど重要視したのは、自分が後世に向けて書いており、新しい時代《イーオン》の実践すべき義務《アジェンダ》〔agenda、儀式定式書〕を確立しようとしていたことを認識していたからだと思います。そして、自分の仕事に忠実であるために新しい教義を一字一句書き上げ、それがどれほど古い教義と違うかということを認識していたからだと思います。善の欠如の問に対する基本的な反応は一種の試金石であって、それによってどの程度キリスト教時代《イーオン》に属し、どの程度新しい時代《イーオン》に属すかということがわかります。もしヴィクトール・ホワイトのように、ユングが深みを越えて形而上学に首を突っ込むべきではないと信じるなら、新しい時代の理念全体が滑稽なものに映り、現在の時代だけが唯一の生き生きしたリアルな時代だということになるでしょう。

私はそれに対して議論をするつもりは毛頭ありません。というのも、私自身の中に同じような分裂した反応を知覚することができるからです。ユング派の観点には、知的には完全に同意します。論理に関する限り、非の打ち所はありません。でも、情緒的にはそれは恐怖であり、私はそれが全く好きではありません。もし、ユングがやや厳しすぎると思う、世界は究極的には善に味方して積み上げられる、と言える術を見出せるなら、そうしたいです。われわれは二つの時代《イーオン》の移行期にあり、それぞれが自分自身の個人的な体験に合うのは何かと問わねばなりません。

次に善と悪の関係についてここで考えておきたいのは、ユングが引用している偽クレメンスのテクストです。いわゆる偽クレメンス文書は聖書外典の素材となった文書で、ローマの聖クレメンスの名前を借りて書かれ、おそらく二世紀末から流布したものです。[39]ユングは偽クレメンスの説教を引用していますが、それは、そこにはまだ善と悪という互いに相容れない対立物に分裂する以前の神性が描かれているからです。キリスト教の教義が後に展開を遂げるように、その分裂も拡大していきましたが、偽クレメンスの時にはまだ生じていませんでした。ユングはこう書いています。

名前の分からないこの著者［偽クレメンス］は、善と悪とを、神の右手と左手と理解し、天地創造全体も、シジギー、すなわち対立物の対という観点から眺めた。……クレメンス神学は、われわれにとって、「キリスト教の神が善としてのみ定義されるときに逢着する」この対立を心理学的事実に適合するような形で乗り越える助けとなることは否定しようのないことである。

それはキリスト教の象徴体系からユング心理学への橋渡しとなるもので、ユングが探し求めていたものなのです。ユングが引用している創造の本質に関する偽クレメンスの記述には、人間は二つのものの混合物、二つの「練り土paste」から成る化合物だとあります。その後のパラグラフ100では、クレメンスの記述が読めます。

この二つの原理は、その実質を神の外側に持つわけではないし、また何か別の根源（*archon*）があるわけでもない。この二つは神によって動物として送り出されているわけではない。なぜなら両原理は……神と同じ考えを持っていたからである。神によって送り出されたのは最初の四元素—温冷乾湿

39　A. Roberts and J. Donaldson, eds., *The Ante-Nicene Fathers*, vol.8〔『ニケーア以前のキリスト教教父著作集』〕

である。したがって、神はあらゆる実質の父であるが、四元素の混合から生じる知識の父ではない。というのも、これらの知識は外から組み合わされたものであり、選択 choice［*proairesis*］が子どもとしてそれらの中に生まれるからである。〔訳書74－75ページ〕

ユングはそれとなく、偽クレメンスの中にある次のような考えを仄かしているだけです。すなわち、創造の行為において、神は四元素を送り出し、それらが組み合わさると、知識と選択とが子どものようにその中に宿る、という考えです。ここで、選択 choice と訳したギリシア語は目的を意味する言葉であり、その名詞の動詞形は、目的を持つこと、決断すること、を意味します。それゆえ、ここでわれわれが扱っているのは、意識の現象ということになります。意味を曲げることなく訳すなら、クレメンスのこの一節は、「四元素が外から結合されると、意識がその中に子どものように宿る」と訳すことができます。これは、創造主の神が無意識であること、そして神が創造したものがそれ自身から、いわば神の創造の後で、意識を生むこと、そして意識とともに選択が生まれ、次いで善と悪とが生まれたこと、を仄かに言及しています。ユングは言います、「まるで神がそれを意図したわけではないのに、（また、おそらく神はそのことを知ってはいないのに）、四元素の混合が間違った方向に転じてしまったかのように見える」と（パラグラフ102、訳書75ページ）。

ところで、それが悪を創り出したという点では道を誤ったが、それが意識を創り出したという点に関する限り、正しい方向転換でした。これら二つはともに進行します。意識が善と悪の知識を生み出すのです。

キリスト教的神性における善と悪との分離に関するもう一つの拡充は、イザヤの昇天におけるヴィジョンです。これは二世紀の聖書外典とされるキリスト教徒の著作に見られます。イザヤという旧約聖書の預言者の人物を借りていますが、キリスト教的な素材を自分の体験に持ち込んだものです。この著作には二つのセクションがあります。一つはイザヤの荘厳なヴィジョンを記述したもので、七つの天を天使に導かれて巡行します。もう一つのセクションは彼の殉教を記述していて、木を切り倒すときに使うような鋸で二つに挽き切られます。この二つの部分には衝撃的ともいえるほどの格差があります。しかし著作の中で述べられているように、彼が殉教させられた理由は彼がこのヴィジョンを見たからでした。このことから、ある種の啓示的な体験には心理学的な犠牲をともなうということが示唆されます。何人かのキリスト教殉教者は、鋸で切断されるという同じイメージを体験していました。そのようなイメージは、教会が確立され教義が定まりつつあるときにキリスト教者の心に生じていたことを象徴的に表現しています。心が別々の部分に引き裂かれつつあったのです。

ユングはパラグラフ104〔訳書76‐77ページ〕でイザヤの昇天に言及しています。[40] ヴィジョンの中でイザヤは、天使に導かれて、天を次々と昇っていきます。天の性格は上昇するにつれて変化します。第一天では、賞賛が続きます。第二天ではさらに賞賛が続きます。これら下方の天のことは、そこで行われていることも含めてよく知られていますが、イザヤが次に辿り着いた第三天のことは誰も聞いたことがない世界でした。下方の天では、天使がいくつかのグループにわかれていました―右手の天使と左手の天使に。上方の天では、左手の天子はもういなくなり、右手の天使だけになります。

40 Edgar Hennecke の *New Testament Apocrypha*, book II〔『外典福音書』〕では、このテクストの増補版を見ることができる。

イザヤが第七天に着くと、そこを大変気に入ったのでもうそこを離れたくないと思いました。これは、ユングの死の間際の体験に対する反応と同じです。[41] しかし、ユングが言われたのと同じように、天使はイザヤに告げます、「申し訳ありません、まだあなたの番ではありません。あなたは戻らねばなりません」。そしてイザヤは戻らねばならなくなりましたが、戻る時に、キリストが一緒に降りてくるのを目撃しました。キリストが地上に降り立つと、彼は処女マリアの子宮に入り、そこから彼の全運命が展開することになりました。この話には多くの示唆が含まれています。イザヤの旅がキリストの降誕を助けたかのようです。

同じ現象がペルペトゥアの受難にも起こりました。これは『アイオーン』ドイツ語版に付随しているエッセイのテーマでもあります。[42] 聖ペルペトゥアは殉教させられましたが、その体験の最中に大きな梯子を昇るヴィジョンを見ました。ここにはイザヤの話と同じテーマが見られます。イザヤのヴィジョンに関する限り、上方の領域と下方の領域とは当時はまだ完全には分裂していなかった、とユングは強調しています。まだ両者の間には相互浸透があり、それはクレメンスも語った神の右手と左手に相当するものですが、後世になって教義が発達して初めて、分裂は全体に及ぶ取り消せないものとなりました。それはたとえば最期の審判を描いた中世の絵画にも見られる通りです。

41 *Memories, Dreams, Reflections*, pp292f.〔『ユング自伝2』128－130ページ〕参照。
42 Marie-Louise von Franz によるこのエッセイは英訳され、*The Passion of Perpetua* というタイトルで出版された。〔『アイオーン』の邦訳版には「第二部ペルペトゥアの殉教」として収載されている〕。

キリスト、自己のシンボル（承前）

ユングは、自己の象徴としてのキリストについての章の中で、ヒポリュトスとその著書*Elenchos*、つまり『反証』について言及しています。この著作は、*Phylosophumena*と呼ばれることもあります。ヒポリュトスは初期のキリスト教父の一人で、一七〇年に生まれ二三六年頃に亡くなりました。彼はローマの長老で、グノーシス派の異端を論駁する非常に包括的な論文を書きました。それらを攻撃するのに、あらゆるグノーシス派についてかなり詳細に述べました。その結果として、彼の著作は、意図せずしてわれわれがグノーシス派を理解する上で最も優れた情報源の一つとなりました。ここから学ぶべき心理学の教えがあるでしょう。

初期のキリスト教父たちはグノーシス主義者を激しく嫌い、グノーシス派のあらゆる文献を見つけ出して破棄しました。一九四五年にナグ・ハマディ文書が発見されるまでは、実際、グノーシス派の原書は全くありませんでした。グノーシス派について知られていたことは、キリスト教の異端狩りを行った人々が述べたことに由来するもので、ヒポリュトスの『反証』さえも失われていました。それは一八四二年になってようやく再発見され、ギリシア沖の島、アトス山にある修道院の図書館でその原稿ありますが、ナグ・ハマディ文書の発見が二十世紀で、ヒポリュトスの異端についての著書の発見が十九世紀であったことは非常に重要です。[43] これらの事象には、歴史的な共時性があります。

本章最後の部分のユングの資料に戻るために、まずヤハウェ信仰の逆説的な神イメージの問題を取り上げましょう。以前の論争の中でユングは『偽クレメンス説教集』を引用していますが、それは「神の右手と左手」として善と悪とを取り入れた神イメージを描いています。ユングは、このテクストはユダヤ人キリスト教徒とつながりがあることに気づきました。それからユングは、当時ユダヤ教において精緻なものとなりつつあったヤハウェの神イメージを調べました。ユングの二、三の具体例は、二、三世紀のユダヤ教からのさまざまな出典から集めたもので、ヤハウェの逆説的な神イメージの概念を描いています。出エジプト記の出来事について「滅ぼす者たちがいったんわがもの顔で振舞えるようになると、彼らは善人と悪人の区別をしない。いやそれどころか善人にさえも手をつけ始める」（パラグラフ106、訳書78ページ）と言及しています。

これはエジプト人の初児を処刑した、復讐の天使にも当てはまります。実際、滅ぼす者たちは善人と悪人の区別をせず、それどころか善人にさえも手をつけ始めるので、その特別な夜には、彼らの目の届かないところにいる方がいいのです。別のテクストには次のようにあります。ヤハウェの激怒の瞬間には身を隠すべきだと。鎮まることのない怒りの瞬間に呪いが発せられたら、呪いが降りかかることになる、とヤハウェが警告しているからです。つまり、神の怒りに火がつくその時に、自分が言うことや言われることには非常に注意を払う方がよいのです。別のテクストは「神の左手は粉々にする、そして右手は神々しく救う」（パラグラフ107、訳書78ページ）と述べています。

これらの引用は、ちょうど逆説的なヤハウェの神イメージが意味するものを説得力をもって描いていて、これらのイメージは直接心理学に当てはまります。例えば「神の怒りの瞬間に発せられた呪いは効力を持つ」というのは、次のような心理学的事実に当てはまるでしょう。ヤハウェのレベルまで心《サイキ》が活性化されるほど真剣に立腹するならば、その瞬間に起こることは極端な力と重要性を持つのです。

滅ぼす者が善人と悪人とを区別しないという言述は、自己の怒りは無意識の現象、つまり自然の力である、という心理学的事実に対応します。竜巻は善人と悪人とを区別しませんし、善人に先に被害を与えてしまうかもしれません。同じことが活性化された自己には当てはまります。

神イメージや自己の中に対立物が存在するという考えに従っていくと、次は対立物の四者一組としての自己というユングのテーマに行き着きます（パラグラフ115－117、訳書82－83ページ）。図9は、ユングの、二つの異なる対立物のペアが交差する図を示していて、これらは特にキリストのイメージと関係しています。一つ目は、神と人間の一体化したものとしてのキリストイメージに関係していて、人間性も神性も、永遠性も歴史性も、ともに兼ね備えています。

教義に従えば、キリストは前実在的な存在なのです。一方ではキリストは創造に先立って存在し、他方ではキリストは時空の中、歴史上のある状況の中に生まれ、それゆえ特定の歴史的存在だったのです。

43　英語で読めるものとしてはA. Roberts and J. Donaldson, eds., *The Ante-Nicene Fathers*, vol.5〔『ニケーア以前のキリスト教教父著作集』〕

図９　キリスト像に関連した対立物

左側はキリスト教の教義のキリストを記述している。右側はキリストとサタンによって表される、善と悪の対立物を含むものである。

ユングはその出来事についてこう描いています。つまり、歴史的、個人的な存在でありながら、しかも永遠でもある人物、普遍的であると同時に独自の存在であると。キリストの普遍性は、すべての人間の中に内包されている内的な人物として象徴的に表されています――「彼はブドウの木であなた方はその枝である」。

次にユングは二つ目の四者一組を説明しています。キリストとサタンが全体を作ると考えるなら、この四者一組が当てはまるでしょう。その場合、善と悪とが一つの極を構成します。精神性と物質性とがもう一つの極を構成します。なぜならキリストは霊（spirit）なのですが、受肉によって体をもつものとなり、〔精神（spirit）と体という〕対立するペアを一つにするからです。これらの図は、ただの興味深い抽象概念のように見えるかもしれませんが、概念以上のものなのです。というのは、これらは時に夢のイメージと符合するからです。このような形で対立物が結びつく夢のイメージには、警戒するべきです。それらは自己のイメージを示しているのです。

矛盾する神イメージというテーマについての別の素材が、ユングのバシレイデスの三重の子性 threefold sonship についての考察の中に現れています。この課題はパラグラフ118〔訳書83-84ページ〕で取り上げられていますが、一つのパラグラフに凝縮されていて、この本自体がそうなのですが、本当に理解できるものにするには綿密な読み解きが必要です。バシレイデスというのは、ヒポリュトスが考察しているグノーシス派の一人です。彼はユングにとって特に重要な人物の一人で、ユングは自著の『死者への七つの語らい』をバシレイデスの手によるものとしています。[44]

バシレイデス個人については何も知られておらず、分かっているのは優れたキリスト教グノーシス派の師であること、二世紀前半に活躍し教えていたこと、多くの著書を著したこと、くらいです。彼は福音に非常に多くの注釈を書き、グノーシスを系統立てるのにキリスト教の素材を利用しました。彼の考え方の一つがいわゆる三重の子性でした。ユングは特にこのイメージに関心を持ち、何箇所かで言及しています。[45]

図10は、そのイメージを図示しています。三重の子性という考えは、初めは非実在の神、潜在的に存在しているだけでまだ顕れてはいない神性があるというものです。この神は自身から一種の創造的な「言葉」を発し、それが宇宙の種子、あるいは三重の子性を生み出します。つまりそれが子性と呼ばれるものです。発出という言葉を使うこともできますが、子性という方が少し人格化されています。

第一の子性はとても洗練されていて純粋で、即座にその起源である非存在の神のもとに戻ります。第二の子性は第一の子性よりは粗野で太っていますが、翼がついていて飛ぶことができるので起源へ戻る

---

44 *Memories, Dreams, Reflections* (paperback edition), appendix 5.〔『ユング自伝2』付録V、243 - 261ページ〕参照。

45 例えば、*Mysterium Coniunctionis*, CW14, par. 124.〔『結合の神秘I』144 - 147ページ〕を参照されたい。

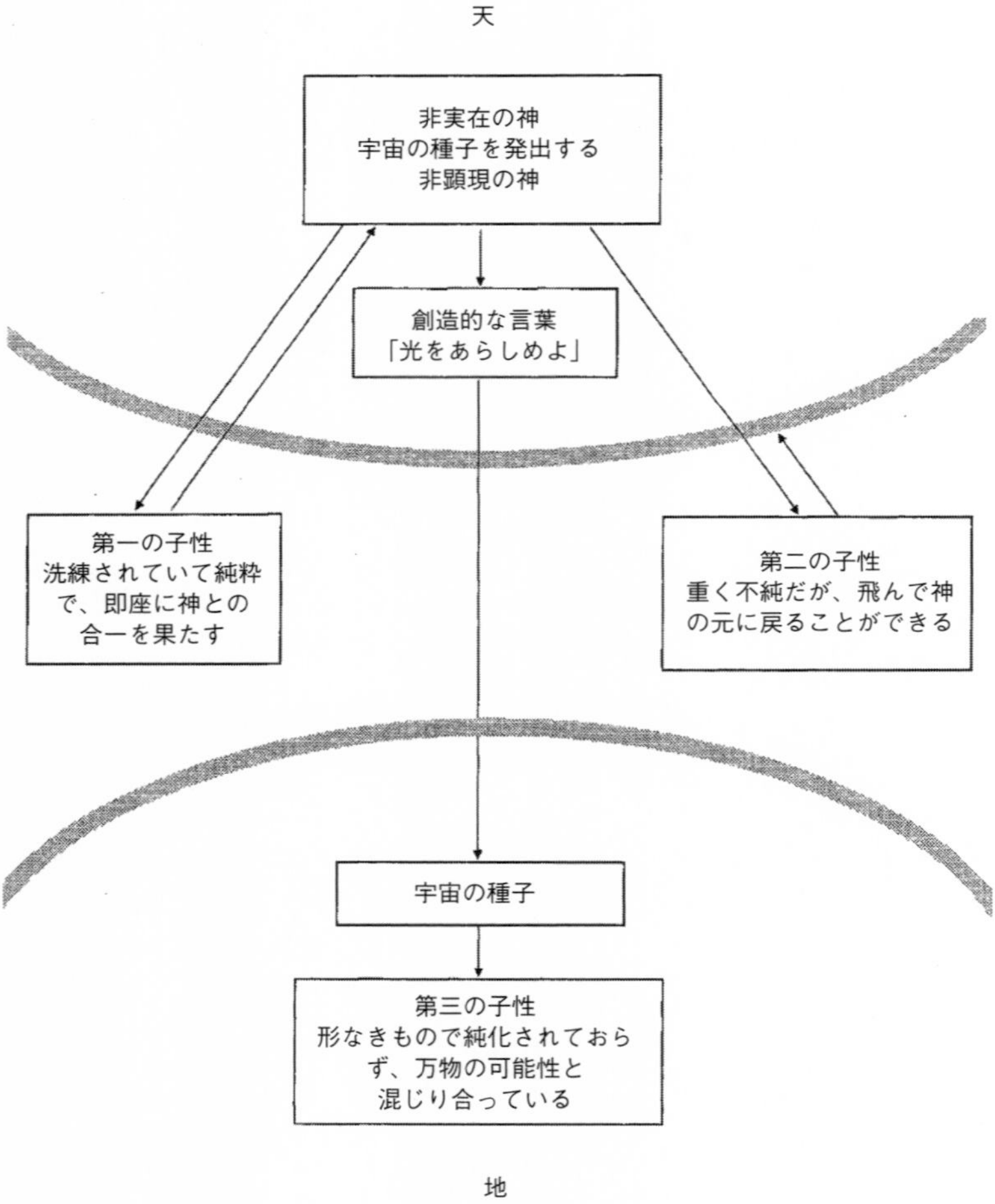

図 10 バシレイデスの三重の子性

非顕現の（「非実在の」）神による世界の創造というバシレイデスのイデアは、個々の心が無意識から創造されるというイメージを提供している。

途上にあります。それは宇宙の種子と起源である非実在の神との中間の位置にいます。第三の子性は、われわれの視点から見れば最も興味深いのですが、形なきもので純化されておらず、識別されていない万物の種子と混合しています。これは雑多な種子と呼ばれるもので、まだ発芽していない姿を現していない世界の苗床なのです。これはあらゆる可能性の母体です。

　ユングは、この三重の子性についてパラグラフ118〔訳書83－84ページ〕で簡潔に述べていて、心《サイキ》のある側面の本質に関して非常に示唆的であると考えているのは明白です。それは自我の発達のイメージとして考えることができます。自我はご存知のように、無意識の息子ないしは娘です。このバシレイデスの創造神話が語っているのは、普遍的な無意識からの個人の心《サイキ》の出現は三重のプロセスであるということです。第一部（第一の子性）は、原初の全体性からは決して分離しない。事物の生まれていない始原の状態、非実在の神にくっついて離れません。第二部は、一種の中間的な位置にあります。第三部が完全に物質へと降下します。第二部が唯一実際の意識の部分です。第一部は完全に原初の全体性と同一化しています。第三部は、物質に落ちること、形のないものに落ちることと記述されていますが、いくつかの見方があります。心の中でも体に宿る側面と見ていいかもしれません。ユングは、パラグラフ120で、もう一つ別の理解の仕方を述べています。

　第三の子性のこのようなイメージは、中世の哲学者の息子 *filius philosophorum* や大宇宙の息子 *filius macrocosmi* にある程度似ており、彼らも同じように物質の中に眠っている世界霊魂 world-soul を表している。バシレイデスの場合でさえも、肉体は特別な思いがけない意味を獲得している。というのも、その中に、その物質性の中に顕現した神性の三分の一が宿っているからである。このことは、物質が

かなりのヌミノース性を備えていると断言していることに他ならない。これは、私の思うに、錬金術そして―後には―自然科学において物質が持っていると想定されることになる「神秘的な」意義の先取りである。〔訳書85ページ〕

これは、ユング派の考え方の重要な側面です。自己のある側面が物質の中に落ち込み、物質にヌミノースをもたらしますが、それは錬金術、自然科学両方の現象に反映されています。錬金術師たちは、錬金術のレトルトの中で生じる物質の変容の神秘に心を奪われていたので、錬金術においてこのことは明々白々でした。しかしながら、立ち止まってそのことを考えると、これと同じことが、錬金術に続く科学的発展のすべて、化学、物理、生物の発展にも同様に当てはまるのがわかるでしょう。科学者たちの心を奪い、彼らに物質の秘密を発見するという仕事に自分のエネルギーを注ぎ込ませる魅力もまた、物質のヌミノースを反映しています。われわれは科学革命全体をこのように見ることができます。バシレイデスの三重の子性は、他の多くの現象だけでなくそのような特殊な現象にも光を当ててくれます。

別のイメージが、パラグラフ118〔訳書83‐84ページ〕の最後の部分に現れていますが、これはたぶん出典に当たらなければ理解できないようなものです。ここでユングが行っているのは、三人のキリストという、バシレイデスの別の考えを持ち込むことです。このイメージは、バシレイデスの宇宙概念に由来するもので、図11に示されています。

一番上には非実在の神の領域、超‐俗界の領域があり、天界の蒼穹が天井です。この領域のすぐ下は、八個一組の支配者《アルコン》（八の支配者）が住まう場所です。支配者《アルコン》はエーテル〔天空上層の空間〕に住み、その領域の底が、月の軌道です。その下はまた別の支配者《アルコン》、七個一組の支配者（七の支配者）の領域で、空

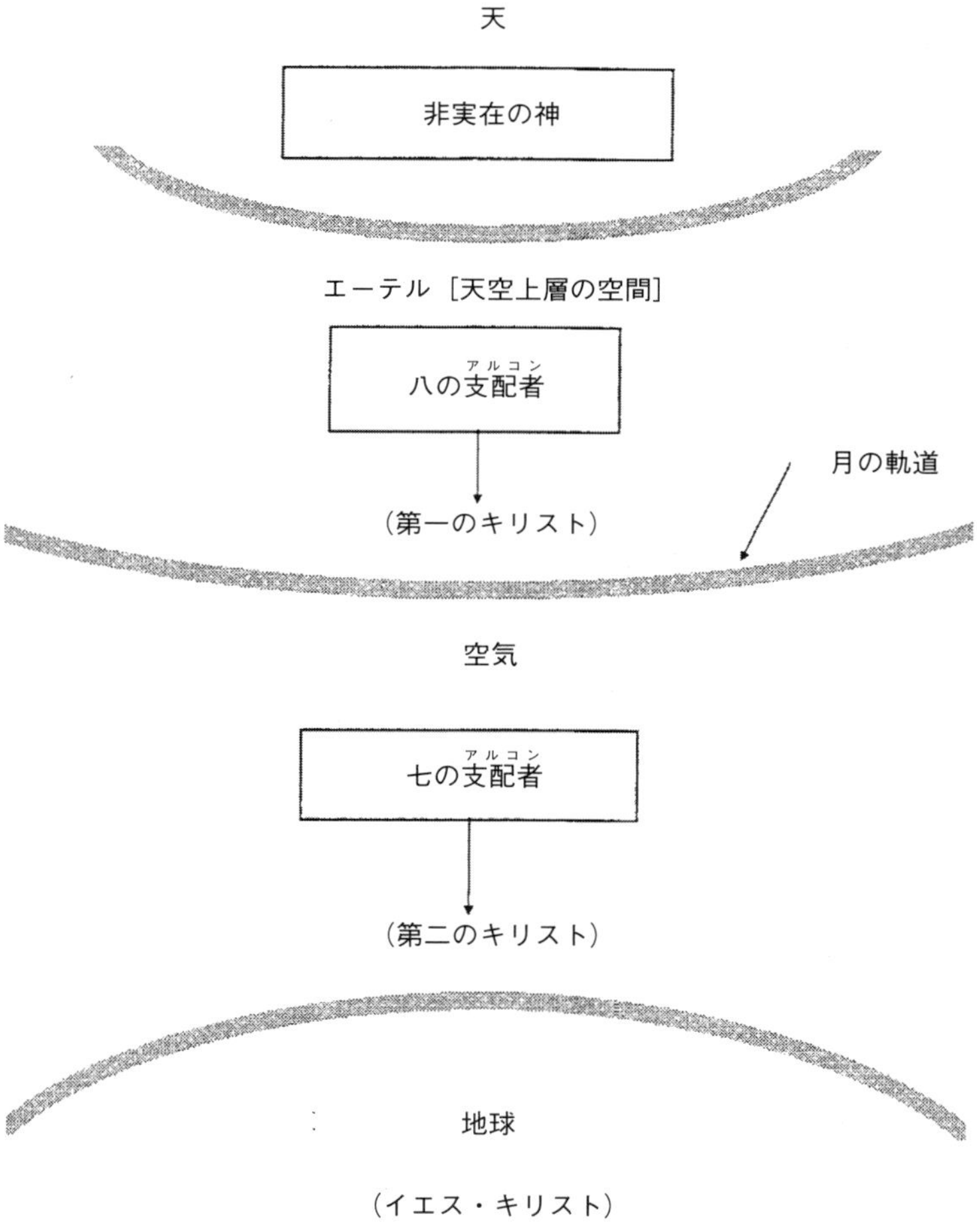

図 11　バシレイデスの宇宙の概念

叡智が「非実在の」神から三人のキリストへと漏れ落ちる。この過程で、イエス・キリストは地上の第三の子性の原初的混沌に意識をもたらす媒体となる。

気の領域を占有しています。その下が地球です。

　宇宙のこのモデルの文脈の中で、バシレイデスは三人のキリストのイメージについて描写していて、それについてユングがパラグラフ118〔訳書83‐84ページ〕の最後で概略を述べています。その考えとは、八個一組の支配者には子どもがいてそれがキリストであり、七個一組の支配者にも子どもがいてそれが第二のキリストである、というものです。何がしかの智慧が、非実在の神からもれ落ちて来て、それを第一のキリストが掬い上げると、それは、八個一組の支配者《アルコン》よりも崇高な神がいる、と告げました。そこで、第一のキリストは、父のところへ話しにいきました。そのことを知った父は非常に狼狽しました。というのも、父は自分が最高だと思っていたからです。その智慧は父から、第二のキリスト（七個一組の支配者《アルコン》の息子）へと漏れ落ち、そのとき彼もより高い神の存在を知り、父にそれを告げました。息子は、父よりもこの知識を早く受け取ったので、息子の方が父よりも多くを知ることになりました。七個一組の支配者《アルコン》もまた非常に狼狽しました。支配者《アルコン》たちがこの崇高な神について知ったとき恐怖に慄いた、とテクストは述べています。しかし智慧はそこでは止まりませんでした。なぜなら第三のキリストが地上で創られたからです。そのキリストこそイエス、マリアの子でした。智慧はイエスに浸透し、彼は世界に崇高な神の存在を告げたのです。

　以上がバシレイデスの三人のキリストのイメージです。マリアの子イエス、つまり第三のキリストは、ここ地上の物質の中に消えたこの不純な第三の子性がその後を継ぐと想定されているのは、形のない状態から回復するためである、ということの一例です。この第三の子性の純化が、パラグラフ118に描かれています。

マリアの子である人間イエスが個性化の原理（*principium individuationis*）であるということは、非常に早い時期から知られ、言われてきました。ヒポリュトス述べるところのバシレイデスによれば、

「さて、イエスは種族（natures）の区別（discrimination）〔*phulokrinesis*〕の最初の犠牲となった。そして受難が起こった理由はほかでもない、雑多な事物を区別するためだった。というのも、この物質の中に、と彼はいうのだが、子性が無定形〔*amorphia*〕のままで取り残されていて、構成要素へと分別〔*phulokrinethenai*〕する必要があり、それと同じやり方でイエスも区別されたのである、と。〔訳書83ページ〕」

この一節がユングにとってとても重要だったということがわかります。というのは、ユングはこれを『アイオーン』の題辞として用いているからです。タイトルページには、ヒポリュトスが引用され「このようなことが起こったのは、彼らに言わせれば、雑多な事物が混じっているのを区別する最初の犠牲者にイエスがなるためである」とあります。ここでやらねばならないことは、これが何を意味するかを読み解くことです。

ここには個性化と意識の生じ方に関する深遠なイメージがあります。雑多な事物とは何を意味するのでしょう？　これは第一質料、混沌、三重の子性の分化されていない状態と関連があり、宇宙の苗床—万物の雑多な種子—と同じ状態なのです。第三の子たる身分は、無定形で、いかなる形も構造も持たないのですが、いかにして形を獲得し、自らを純化するかを学びます。それは第三のキリスト、マリアの子イエスの例から学ぶのです。多くの箇所でユングが述べているように[46]、これは、磔刑のイメージを通して達成され、原初の無定形の状態に十字架体験を強いることで形を与えます。

十字架には対立物を分離する効果があり、区別をもたらしますが、同時にそれらを秩序付け、一つにします。脚注86でユングは次のように述べています。ヴァレンティニアヌスのホロス *horos* の教義では、十字架はホロスと同じものとされています。ホロスとは境界、限界、フェンスを意味する言葉です。これは、三重の子性がどのように分化を被るのかについてのアイディアを与えてくれます。それは、活発になった全体性のイメージとの出会いを通してなされますが、全体性のイメージには、対立物を区別すると同時に内包する意識的な力があります。十字架のイメージはまさにそれを行います。

自己の概念をキリストのイメージと対比すると、完璧 perfection に対抗するものとしての完全 completeness というユングのテーマに導かれます。パラグラフ123〔訳書87-88ページ〕でユングは、テレイオーシスについて述べています。完璧という意味においてのテレイオーシスへの努力はかなり自然なことですが、テレイオーシスには完全という別の意味もあります。ユングは信者に命令する聖書の一節「それゆえ、あなた方の天の父が完璧なように、……あなた方も完璧な者になりなさい」(マタイによる福音書5：48, DV)について言及しています。これはキリスト教の完璧、一面的な善への命令ですが、これは teleiosis という言葉を「完璧」と訳すことに準拠していて、これは全く正しくないのです。テロスは目標、目的あるいは達成を意味し、英語の teleology (目的論) という言葉の語源になっています。テレイオーシスとは、目標を達成した、円熟した、完成した、達成した、十分に成熟した、という意味です。ですから、テレイオーシスは完全性、全体性の状態ということになるでしょう。聖書のこの部分は、おそらく次のように訳す方がよいでしょう。「それゆえ、あなた方の天の神が全体で完全なように、あなた方も全体で完全な者になりなさい」と。第三のキリストはこの言葉を第三の子性に伝え、いかにして無定形の状態から抜け出し、その始原との関係に戻るかを知らせるのです。

『アイオーン』のこの章で生まれた見解でこれと関連する最後のものは、意図しない個性化、あるいは抑圧された個性化という考え方です。ユングはこれをパラグラフ125で仄めかしています。そこでユングは、われわれに生来課せられている個性化の仕事について述べていますが、それを、自分の全体性や完全性を実現することに縛り付けるような個人的専心とみなすべきだと言っています。

彼がもしそれを意識的、意図的に行うならば、その人は個性化が抑圧された結果生じる一切の不幸を避けられる。すなわち、その人が完全性を自分の意思で進んで引き受けるならば、完全性が本人の意に逆らってぶつかって来て否定的な形をとるといった事態を経験しなくてすむ。このことは言葉をかえて言えば、こういうことになるだろう。深い立抗の底へと降りていく定めにある人は、あらゆる用心をしながらそれを始める方が、後ろ向きに穴の中に落ちてしまうよりもはるかにいいということである。〔訳書90ページ〕

かつてユングは、私を訪れる人はみな私に命を賭けて来たのだ、と言ったことがあります。私はこのことを次のように理解しています。ユングの中では個性化がとても強く働いていたので、患者が彼の分析を受けるといつも、必然的に患者の中に個性化が布置されたのだ、と。影響を受けずして、そのような元型的な力の領域に近づくことはできません。もしも患者が、彼ないしは彼女の中に布置された課題

46　例えば *Aion*, par.79〔『アイオーン』63－64ページ〕、*Psychology and Religion*, CW11, par.433.〔『心理学と宗教』268－269ページ〕にある。

を意識的に受け入れなければ、その人は抑圧された、意図しない個性化の状況に捉まってしまいます。そういう抑圧された個性化の衝動は、危険なまでに破壊的になりうる。思うに、このダイナミズムが、絶えず事故を起こしやすい、慢性的に「不幸な」人々の背後にあるのかもしれません。極端な場合、抑圧された個性化は、あなたを殺してしまうかもしれません。意図しない個性化のもう一つの形は、「外在化された」個性化とでも呼べるようなものです。ユングもまたパラグラフ126で、このことを仄めかしています。

内的な状況が意識化されない時にはそれが運命として外的に生じることとなる、と心理学の法則は述べている。それはつまり、個人が分けられないままで自分の内面の対立を意識しないならば、外の世界がその葛藤を表して、二つに分裂してしまうということになるに違いない。〔訳書90ページ〕

ユングはそこで東洋と西洋の政治的な分裂について言及していますが、この現象の縮小版も起こります。もし、個性化のプロセスで対立物が活性化されたならば、そしてもしその人がそのことについて、そしてその葛藤について無意識ならば、その人の周りに無意識の対立物が現われる、と考えるのです。そうなると内からではなく、外から葛藤がその人に打撃を加えます。私は、降りかかってくるそのような外的な出来事を常に、「外的な夢」として考えようとします。私は、それらが夢と同じように心理学的な意味を担っていると思いますし、私はそれらを夢と同じように解釈するのです。

双魚宮

魚として象徴されるキリストは、『アイオーン』の残りの部分を貫く主要テーマです。春分点歳差運動の議論から思い出されるように、[47] 約二〇〇〇年前、春分点の太陽は白羊宮の牡羊座から双魚宮の魚座へと移りました。この移行がキリスト教時代《イーオン》の始まりと対応していますが、その時代も、太陽が魚座から水瓶座へと移るにつれて終わりを迎えつつあります。

ここにおけるユングの基本的な考えの一つは、キリストの人物像の周りに集まった魚の象徴は、当時始まりつつあった占星術的な意味での新たな魚の時代と、共時的に並行している、というものです。キリストはその時代《イーオン》の一種の人格化といえます。キリストを魚として表象することは、太陽が魚座に移るという一般的な知識からなされたものではなく、むしろ、共時的な並行性によるものです。豊かなデータから、初期キリスト教徒は明示的にキリストを魚と同一視していたことがわかります。魚の記号は、キリスト教徒同士を同じとみなすための秘密の守護符として用いられました。（その記号は、今でも周り

47　本書27 - 29ページ参照。

に残っています。たとえば、車のバンパーステッカーにみられます)。キリストの名前の一つが*Ichthys*でした。ギリシア語で魚を意味する言葉ですが、それを説明するために一種のアナグラムが作られました。「イエス・キリスト、神の子、救世主」というギリシア語の語句の頭文字を並べると*Ichthys*という言葉ができます。アウグスティヌスは『神の国』の中でこのアナグラムに言及しています。

「魚」[という言葉]によって、キリストが神秘的に理解される。というのも、キリストは魚が水の深みでも生きられるのと同じように、この死すべき人間たちの深淵で罪なく生きているのだから。[48]

新約聖書はいくつかの場所で魚の象徴体系を暗示していて、それもまた、キリストと魚とのつながりを説明する助けとなります。キリストは釣り人を選んで自分の門弟とし、こう言います、「私についてきなさい。あなたを人間をとる漁師にしてあげましょう」(Matt.4:19,JB)。もう一つの例は、五つのパンと二匹の魚の奇跡、それが増えて大勢の人の腹を満たすという奇跡ですが(Matt.14:15-21)、ここから初期キリスト教会の聖餐の食事として魚が使われることになった可能性が高い。一網に奇跡的なほどの魚が獲れた(Luke 5:4-6)のも、もう一つの例です。魚の象徴のこのイメージは『アイオーン』の中では繰り返し出てきます。

『アイオーン』を貫くもう一つの主なテーマは、キリストの二重の側面です。この章から、この二番目のテーマも始まります。双魚宮というのが二重のサインです。それは二匹の魚を表し、一つは垂直に、もう一つは水平に向いているからです。この二重性は、キリストのイメージがその最初期においては二重性をもって現れていたという事実と並行しています。ユングがパラグラフ130〔訳書95ページ〕で指摘するように、キリストの二重の側面の前兆は古代エジプトの敵対する兄弟、ホルスとセト、善い兄と悪い弟のペアです。これはキリストとサタンのペアと並行しています。
ユングはパラグラフ130で、この並行性を更に詳しく述べています。「ここで古代エジプトの敵対する兄弟、ホルスとセト、犠牲にするものと犠牲にされるものとのペアを思い浮かべる人もあるだろう」。ユングが書いているイメージは、その前の部分で言及しているのですが、セトは犠牲にされるものとして現れ、奴隷の杭につながれます。ホルスは手にナイフを持ってその前に立っている。ユングは、古代エジプトの神話において、犠牲にされたのは悪者の方だったと指摘しています。キリスト教版ではこれが逆転します。善い者の方が犠牲にされるのです。註40でこの記述に続いて、ユングはこう述べています。

十字架磔刑は奴隷に対する処罰としてよく知られていた。十字架に磔にされる［キリストの］代わりに、蛇のまきついた十字架が中世の芸術作品にはしばしば登場するが、この伝統を知らない現代人の夢やファンタジーのイメージにもこれが出てくる。この種の典型的な夢は次のような夢である。夢見手は劇場で受難劇を見ている。救世主を演じる役者がゴルゴダへ行く途中で突然蛇かワニに変身する。

この十字架の蛇のイメージは、夢にも時に現れます。これは心理学的な変容を表す象徴的なイメージで、蛇とか魚、トカゲ、その類のものによって表される冷血動物の原初的な心が犠牲にされるのです。これは、キリスト教象徴体系の非常に際立った特徴ですが、もともとは心の中から土着的に出てきたも

48 Book 18, chap. 23.

のであり、その同じ所からキリスト教の象徴体系も出てきたのです。テルトゥリアヌスは「魂は、その本性がキリスト教的なのだ」[49]と言いますが、今、心理学的な意味でこの言葉を理解するなら、この種のイメージは、心の中から自発的に産み出されてくることを示唆するものといえるでしょう。

古典的な神話学では、別の種類のペアが二人の兄弟というイメージで表現されています。カストールとポリュデウケースです。一人は死すべき運命にあり、もう一人は不死です。善悪の二分法は存在しません。これらの二人の兄弟は、占星術では双子座になったとされます。同じような二重性もしくは双子というイメージがグノーシス的な著作『ソフィア信仰』Pistis Sophia においてキリストにも適用されました。ユングはそこからキリストの幼少期についての話を引用しています。マリアがイエスにこう話しかけます。

あなたが幼くて、聖霊があなたを訪れる前のことです。あなたはヨゼフとぶどう畑に行っていました。そのとき聖霊が高いところから降りてきて、家にいたわたしのところにやってきました。あなたにそっくりでした。わたしはそれが聖霊だとわからず、あなたなのだと思いました。すると聖霊が言いました。『イエスはどこにいますか？　わたしの兄弟は？　わたしは会いたいのです』。そう言われて、わたしはどぎまぎしてしまいました。そしてこれは幽霊だ、わたしを誘惑しようとしているのだ、と思いました。そこでわたしは彼をつかまえ、ベッドの脚にくくりつけました。家の中にあったベッドです。それからあなたたち、あなたとヨゼフのいる畑へと出掛けてゆき、ぶどう畑にいたあなたたちを見つけました。ヨゼフはぶどう畑に支柱をつけているところでした。たまたまあなたはわたしがヨゼフに話す言葉を聞いて、その言葉の意味がわかって、よろこんで、言いました。『彼はどこにい

ますか？　会いたいなあ。わたしはこの場所に彼が来るのを待っていたのです』。ヨゼフはあなたのその言葉を聞くと仰天しました。そして三人ですぐにもどり、家の中に入り、聖霊がベッドにくくりつけられているのを見ました。わたしたちはあなたと聖霊を見つめ、あなたが彼にそっくりだと思いました。ベッドにくくりつけられていた聖霊は、いましめを解かれました。聖霊はあなたを抱きしめ、あなたに接吻しました。あなたも聖霊に接吻して、あなたたちは一つになったのです」。（パラグラフ131、訳書95－96ページ）

この特別なイメージは、仮現説と呼ばれる初期キリスト教の異端のイメージです。この教義によると、キリストの本性 nature、イエスの神的性質が、普通の人間に降りて来る、それもある特定の時間、たいていは洗礼の時に降りて来る、と考えられました。それがイエスの中に入り、イエスを通してその仕事を実行し、仕事が終わり、イエスが十字架に架けられると、イエスを見捨てて離れて行った。イエスを苦しめることになったこの仕事の結末は、その霊 spirit が彼を通してなしたことでした。私はこのイメージは個性化の本質 nature を理解するのにとても重要なイメージだと思います。自己は自我との関係においてまさにこのように振舞います。自己は自我に降りてきて、自我に特定の課題を課し、自我はそれをとてもやりたくないと思い—それはたいてい煩わしいことなので—それから霊（spirit）は勘定を払うために自我を離れます。

『ソフィア信仰』Pistis Sophia からのこの引用にユングはこうコメントしています。

49　*Apology*, chap.17.〔『護教論』〕

ここに抜き出した部分の文脈からわかるとおり、ここではイエスは「土の中から発生した真実」であり、イエスにそっくりの聖霊は「天から見下ろしている正義［*dikaiosune*］である」。（パラグラフ**132**、**訳書96ページ**）

ここでユングは、引用した部分の前の一節に言及していますが、そこではマリアが詩篇85：11の一節を繰り返し、それからキリストの幻影が降りてくるという出来事について語ります。詩篇85：11〔訳書では85：12〕はこうです。「真実は大地から芽生え、正義は天から見下ろしています」（AV）。ユングは続けてこう言います、イエスは従って二重の人格として考えられたが、一方は大地から生まれる混沌あるいはヒュレー〔*hyle*、質料〕から生じ、もう一方は天からプネウマ（霊気）として降りてきた、だから、真実truthは大地から芽生え、正義justiceは天から見下ろしている、と。実り多いイメージです。

これら二つの言葉、真実と正義、は旧約聖書では興味深い使われ方がなされています。基本的な考え方として、真実とは自分の現実に対して誠実で信用できて忠実であることに関わるものです。心理学的には、真実とは正真正銘であることgenuine、自分の偽りない姿を意味します。一方、正義とか正しさは、根本方針principle、正しい行為の律法、既に確立されている精神的なspiritual標準などに従うことです。こうしてみると、これらは対立物のペアに非常に近いものであることがわかります。正真正銘の「偽らない姿」は自己の大地に根ざした具体的な現実から出てくるものですし、精神的な正しさは上から来るものです。ですから、キリストが天の同胞と一つになることを述べているこの節は、真実と正義あるいは正しさとが一つになることと対応しているのです。

これと同じイメージは―おそらく自発的に現れたのだと思いますが、ミルトンも使いました。コーモス Comos〔飲酒享楽をつかさどる翼のある神〕という仮面劇の最後の行で、美徳・忠実・誠実・真実の生き物が人格化した女性について述べています。ミルトンの締めくくりはこの美しい行で、美徳の女神がうまくいくことを願って、でももしそうならなければ、「おお、美徳の女神がもし弱々しければ、天そのものが女神のところに降りてくるだろう」と言っています。全く同じイメージです。下から芽生えてきた本当のものは上からの反応を引き出して一緒になるというイメージです。

地上から見て二つの惑星が非常に接近してきたように見える時、それらは合 conjunction と呼ばれます。これはめったにない出来事です。とても人目を惹くので、集合的な投影を呼び起こすのが普通です。ユングは、惑星の合とそれに続いて生じた集合的な心の投影についていくつかの言及をしています。たとえば、土星と木星の合は紀元前十三世紀に起こりましたが、モーセの誕生の前兆と考えられました。十二世紀には、魚座で生じた木星と土星の合の時に救世主が到来すると予言されました。紀元前七年の魚座での木星と土星の合がキリストの誕生のサインだったと考えられたからです。ユングは、木星と土星の合について、土星は悪の惑星と、木星は正義の惑星、至高の存在と考えられたので、これら二つの惑星の合は、極端な対立物—善と悪、生と死との結合であると述べています。この点で、それらは双魚宮の二匹の魚の象徴体系に対応します。ユングも、双子座で木星と魚座の合が紀元五三一年に起こった事実に言及していて、聖ベネディクトが紀元五二九年に最初の修道院を創立したことと共時的につながっていることを見出しています。その根底には、対立物が一緒になる時にはいつでも結合 coniunctio が生じ、何か重要なことが起こると予期される、という考え方があります。

これは中世の伝承にも示されていますが、それによれば、偉大な宗教は惑星の合に由来するとされます。ユングもこれに言及しています。

ユダヤ人の宗教は木星と土星の合に、イスラム教は木星と金星の合に、キリスト教は木星と水星の合に、反キリストは木星と月の合にそれぞれの起源を持っているという（パラグラフ130、訳書**95**ページ）

これら四つの合はすべて、心理学的に示唆するところがあると思います。この象徴体系から生じる考え方としてもっとも明白なことは、ユダヤ教は、木星と土星という対立物のうちでも考えうる最大の状況の結果を内包し、また結果そのものでもあるということであり、また、木星と金星の合からイスラムが派生したことは最大のエロスの内容を含んでいることを示唆するということで、私は実際そうだと思います。アラビアのイスラムはエロスの宗教であり、イスラムの国々の多くの国旗に三日月があることを説明する一助となると思います。木星と水星の合からキリスト教が派生したことは、精神性《スピリチュアリティ》を最大限強調することを示唆しますが、これもその通りだと思います。肉体性を最大限に否定しています。木星と月との合の結果として生まれた反キリストは、それが月の象徴体系にまつわるとても曖昧な物をすべて取り込んでいるということを示唆します。[50] 月はとても疑わしい実体ですから〔満月から新月まで形を常に変えていることからの連想〕。

『アイオーン』の随所で、ユングはキリスト教時代《イーオン》の重要な出来事への言及を多数行っていて、その時代《イーオン》のパターンが徐々に目に見えてきます。図12（116ページ）はこのパターンを大まかに概観したものですが、この後の章でユングが提供している生《なま》のデータの洪水におぼれないための助けとしてください。この図はおよそ二〇〇〇年単位で歴史を示しています。心理学的に重要な出来事の主なものは、これら二〇〇〇年の経過の中でもある種の節目の時期に集中する傾向があります。それらが集中しているのは大体、四分の一の時点に相当する紀元五〇〇年、半分に相当する紀元一〇〇〇年、四分の三に相当する紀元一五〇〇年、そして後端の紀元二〇〇〇年です。

これは集中現象といえます。厳密なものではありませんが、集中の度合いが強まるのはこれら4つの節目の周囲で生じる傾向があります。紀元一〇〇〇年は特に重要です。というのも、第一の魚が終わりを迎え、第二の魚が始まりを迎える時期だからです。五〇〇年頃に前半の時代が頂点を迎えます。一五〇〇年ごろに、その時代の反キリスト的な側面がまさにその本領を発揮します。ユングが特に重要と考えているのが、修道院制度の始まりです。これは聖ベネディクトが五二九年に最初に修道院を創設したことに始まります。そしてフィオーレのヨアキム。彼については後で論じますが、紀元一〇〇〇年の少し後で生まれた人物です。紀元一〇〇〇年の前後には、カルトと異端が花盛りの時代でした。一五〇〇年ごろには、われわれにも特になじみのある出来事が生じました。ルネサンス、宗教改革、そして科学の出現です。もう一つ重要な事項として、歴史上の医師ファウストが一四五〇年から一五四〇年に生きたと考えられていることです。ファウスト伝説が始まったのはこの時期です。

この文脈では、四八〇年から五四七年まで生きた聖ベネディクトについて、いくつか付け加えておきたいことがあります。ユングは五三一年に双子座で木星と土星の合があったことに注目しました。これをユングはベネディクトが五二九年に最初の修道院を創設したことと結び付けています。ベネディクト

50 *Mysterium Coniunctionis*, CW 14 espec. par. 154-233〔『結合の神秘Ⅰ』の特に171‐234ページ〕にある、月の象徴に関するユングの広範な素材を参照されたい。拙著 *Mysterium Lectures*, pp.105-129.『神秘講義』も参照のこと。

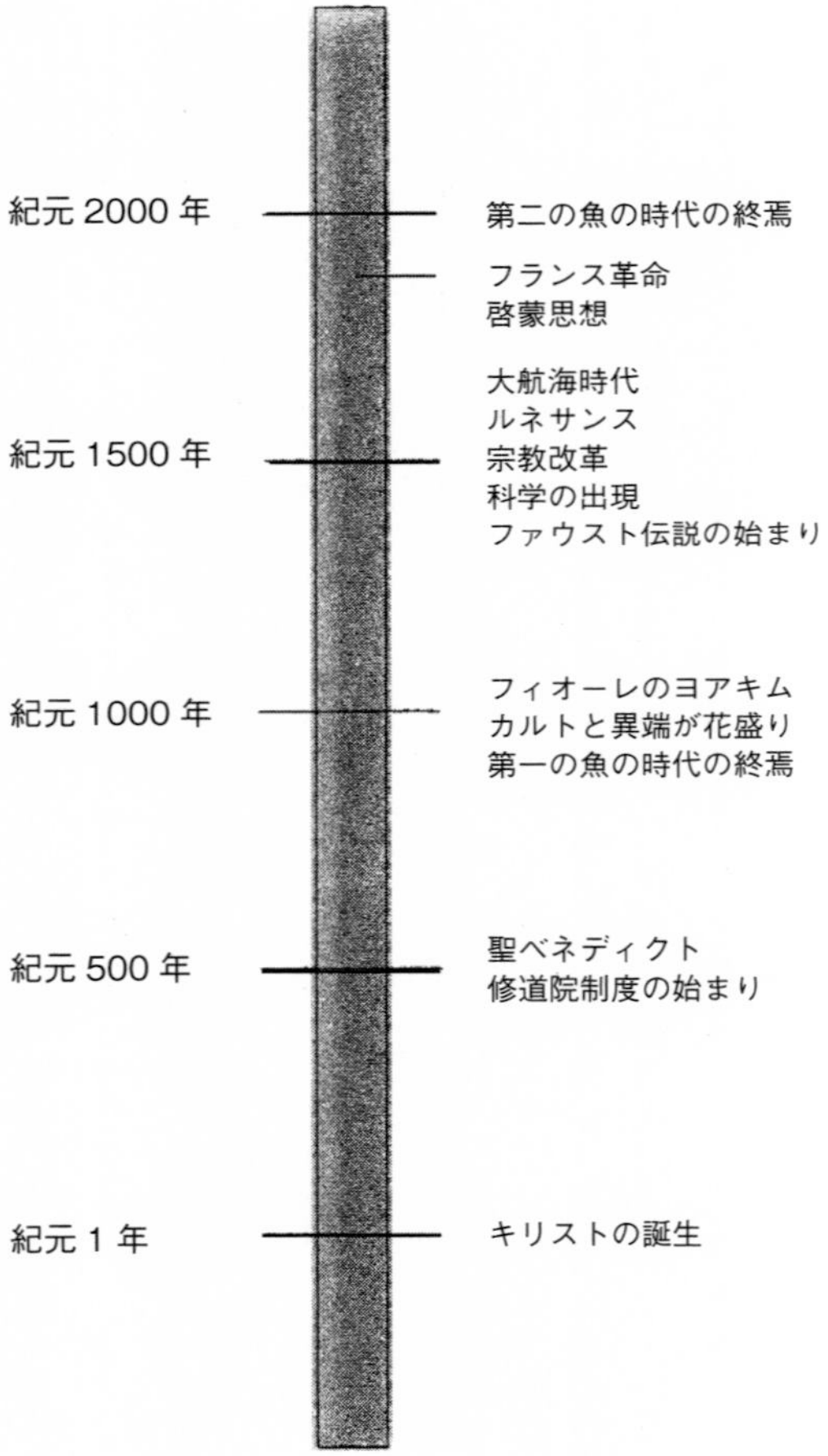

図 12　魚座の時代《イーオン》のパターン

魚座の時代の年表。時代の節目となる点と歴史的出来事との関連を示す。

は西洋修道院制度の父でした。彼は、最初に住んでいたローマが規範を軽視していることにショックを受け、洞穴で隠遁生活を送るために若い時に隠遁しました。聖者の風評を得て、多くの門徒が彼の周りに集まり、ついにモンテカッシーノで修道院を創立し、有名なベネディクト会則を確立しました。この会則は西洋修道院制度の手本となる規範になり、それ以来ずっとそうでした。この会則は修道院生活を始め、続ける方法を知るために必要なことがすべて書かれています。会則で述べられていることの理念は、その内容の一覧を読めば掴むことができます。

修道士の資質。大修道院長はどのような人間であるべきか。……よい仕事の道具。**従順について。沈黙について。謙虚について。**夜の祈りでは何度詩篇を唱えるべきか。……どの季節にアレルヤを唱えるべきか。**神の仕事を昼間にどのようになすべきか。**……祈りにおける崇敬の態度。……修道士はどのように眠るべきか。**罪による破門について。**……何度間違いを指摘されても改めようとしない人について。……修道院の道具と資産について。……病気の同胞について。**週ごとの読み手について。食べ物の測定基準について。**……食事の時間について。……毎日の手作業について。……修道士は手紙やその他のものを受け取るべきかどうか。**同胞の衣服と履物。**……巡礼の修道士をどのように受け入れるか。**同胞がもし不可能なことをやるように命じられたら。同胞を相互に従順にさせること。**[51]

以下は謙虚を学ぶことに関する教示です。

謙虚の第二段階は、人が自分の意思を愛するのではなく、自分の欲望が満たされることを喜ぶので

51　*The Rule of St. Benedict*, pp.1ff〔『聖ベネディクトの戒律』（古田暁訳、すえもりブックス、二〇〇一年）〕

もなく、主の言われることを実行するのを愛することです。自分の意思を行うのではなく、私を送り出してくれた主の意思を行うようになる……。

謙虚の第三段階は、神の愛を求める者は高き者に身を委ねて完全に従順となり、主に倣う。主について、使徒はこういっている。彼は死に従うことすらあったと。

謙虚の第四段階は、この従順に際して困難や否定、あるいは不正にすら出会っても、平静な心を保ち、しっかりと忍耐して、耐え続け、うんざりしたり逃げたりしてはならない。聖典にもこうある。最後まで耐え続けたものは救われる、と。そしてこう繰り返されている。心に勇気を持ち、主を待つようにと。[52]

修道院制度の基本的な原則は、清貧、純潔、従順です。修道院制度は巨大な集合的プロセスとなり、何世紀にもわたって続きました。何百万という人がそれらの時代の中で修道院生活に参加しました。われわれの立場からは、修道院生活の影の側面が特に目につき、それを人生からの逃避だと見ようとしますが、それが盛んだった当時には、異なる意味合いを持っていたと私は思います。というのも、それは巨大な集合的作業を産み出し、本能的な心を飼い馴らすことに取り組み、情欲を飼いならし、対極にある精神的なものに従わせようとしたからです。

清貧、純潔、従順を強調することは、人が望むのものすべてに根本的な欲求不満となります。それは欲望すべてを網羅しています—貪欲、色欲、権力欲、とすべてを網羅しています。従順であるために、欲望を力に従わせなければなりません。修道院の現象は、集合的な心の変容にとって、何世紀にもわたって深い役割を果たしたというのが私の見方です。ユングがそれを非常に重要視し、木星と土星の合が実際にその前兆となったと述べた理由もここにあるのではないかと思います。

52 Ibid., p.43〔同書〕

双魚宮（続き）

キリスト教時代《イーオン》のパターンの二つ目の節目は、西暦一〇〇〇年頃に来ます。その当時の特徴は、多くの異端宗派が興り、また著名な聖霊の代弁者、イタリア南部の町フローラ（フィオーレとも言います）出身のヨアキムが現れたことです。

フローラのヨアキムは、一一三二年頃から一二〇二年頃まで生きました。彼は修道士の体制を築き、一生の間にかなりの名声を得ました。彼の思想は、当時の精神的な動きに、そして歴史的にも深い足跡を残しました。彼の個人的なことについてはあまり知られていません。イタリア南部で生まれ、一生の大半をそこで過ごし、聖地へ巡礼に出ました。シトー会修道士となりましたが、修道院から離れ、孤独で観想的な人生を送るため山中に隠遁しました。

ヨアキムの内的生活は豊かで、言い伝えによれば非常に重要な三つの啓示があったということですが、それ以上はあまり詳しく知られていません。一つ目〔の啓示〕は明らかに巡礼中に生じました。二つ目は、ヨハネの黙示録を研究していた失意の時期の後、イースター前夜に生じました。この時は、ある期間閉塞感を感じた後、突然心が透明感に満ち溢れました。三つ目は、このことで彼はよく知られているのですが、聖霊降誕での体験でした。それは三位一体のドグマ〔彼は生涯を通して取り憑かれていた〕に関する疑念に苦しんだ時期の後、彼はプサルテリウム psalter〔シタールに似た弦楽器〕という、太古のハープの一種のヴィジョンを見ました。詩篇が psalter とも呼ばれるのは、その歌にはしばしばこの弦楽器の伴奏がついたからでした。ヨアキムのヴィジョンは、十本の弦が張られたプサルテリウムのものでした。その楽器の形は三角形で、三位一体を意味していました。そのヴィジョンが、三位一体についての疑念を解き、これはついには彼の主要な教義の主題となりました。

三位一体は、キリスト教的神性を表現する静的な実体として考えられてきましたが、彼の斬新な考えでは、〔三位一体は〕一つの歴史的なプロセスとして理解しうるということでした。教父の時代が歴史に姿を現したのは旧約の時代、キリストよりもおよそ一千年前のことだと考えました。ヨアキムはその時期を、法と恐怖の時代としました。神の子の時代は、新約の時代と考えられますが、キリスト教時代《イーオン》の、初めの一千年の間に起こりました。それは恩寵と信仰の時期として述べられました。ヨアキムによれば、聖霊の時代は西暦一〇〇〇年頃に始まったと考えられ、その時代は愛と精神という特徴で説明され、聖霊は個人の中に顕われ、宿るとされました。

三位一体を定義する信条全集というのがあり、ユングは一二一五年に開催されたラテラノ公会議の信条から次の特別な記述を引用しています。ここでは、次のような言葉で三位一体の説明をしています。

「**われは固く信じ、心から告白す、一人の、まことの神のみが存在し、神が永遠で、測りしれず、全能で、不変で、捉えられず、語られざることを。されど父と子と聖霊の三つの位格は一つの本質、実在あるいは本性であり、徹底的に純一なることを。父は何者からも生まれず、子は父からのみ生ま**

れ、聖霊は両老から等しく、初めも終わりもなく発出せり。父は生み、子は生まれ、聖霊は発出す、本質を等しく、平等に、一全能にして等しく永遠に」[53]。

これは三位一体の最も初期の教理に関する定式です。ヨアキムの偉大な貢献は、この象徴体系を現世との繋がりの中に翻訳したことでした。ユングもまた三位一体の象徴体系を現世のプロセス—心理学的発達のプロセス—の中に翻訳したという意味において、ヨアキムはユングの先駆者でした。三位一体についてのエッセーの中で、ユングは父、子、聖霊の象徴体系を三段階の発達プロセスとして考察しています。「父の世界は、全宇宙 the whole of Nature との原初的な一体化と特徴づけられる時代の典型を表し」[54]、批判的な判断や道徳的な葛藤からは遥か遠く隔てられた時代です。それは、幼少期の状態にある人間です。それは原始的な一者性 oneness という心理学的な状態に対応しています。子の世界について、ユングは書いています。

［子の世界において］人は救済、および父とまだ一体であった頃の完全さの状態に憧れたのである。父の国に帰ることを人は夢みたが、その国は永遠に失われてしまった。なぜなら人間の意識が逆戻りできないほどに増大し、自立してしまったからである。……

したがって「子」の状態はこの上ない葛藤状態である。……「律法からの自由」は、対立の激化を

53 “A Psychological Approach to the Dogma of the Trinity,” *Psychology and Religion*, CW11, par. 219.〔「三位一体というドグマへの心理学的アプローチ」『心理学と宗教』128 - 129ページ〕

54 Ibid., par. 201.〔同書118ページ〕

招く。[55]

この状況は二という数字の意味に相当し、対立物の葛藤を象徴しています。聖霊は三という数字の象徴体系へとわれわれを連れて行き、聖霊の世界についてユングは次のように述べています。

第三段階に進むことは、事実上の無意識への従属ではないにしても、無意識を認識することに近いものを意味している。……ちょうど第一段階から第二段階に移行する時に、子どもっぽい依存を犠牲にすることが要求されるように、第三段階への移行では、排他的な独立心が放棄されねばならない。

この第三段階は、自我意識を上位の全体性と一つにすることを意味する。その全体性を「私」であるということはできない、むしろより包括的な存在として思い描くのがもっとも適切である。[56]

このように、ヨアキムの歴史的な三段階のプロセスと、ユングの発達的な三段階のプロセスにはかなりの類似性があります。一つの驚くべき類似点は、ヨアキムが聖霊という最後の時代を、霊的な教会、*ecclesia spirituals* と彼が呼んだものにおける先導役と考えたということです。ユングはこの言葉を使っていて、それは錬金術に出てきます。各々の個が聖霊と独特の関係を持つあの教会に対応するものです。ヨアキムの観念は心理学的な考えの前奏曲です。ユングは『アイオーン』の中でヨアキムの時代を次のように述べています。

皆が霊気《プネウマ》［姿を現した聖霊のこと。カルトや異端がいたるところで発生した時代だった］のあわただしく吹きまくる風を感じ取っていた。……カタリ派、パタリーニ、コンコリザネス派、ヴァルドー派、リヨンの貧者、ベギン会修道士、自由霊兄弟会、「神を通じてのパン」派、その他ありとあらゆる名のついた宗派（パラグラフ139、訳書100ページ）。

これらの異端派の典型はカタリ派で、これはある地域ではアルビ派とも呼ばれていました。十一世紀、千年紀の変わり目頃に起こり、ヨーロッパ中に広がりました。それは、ネオ・マニ教のラディカルな二元論で、あらゆる物質は悪であると信じており、この宗派のある一派は、サタンは独立した神格であるべきだと信じていました。

カタリ派は、キリストの仮現説を教義としていて、キリストは、幻の肉体をもつ天使に過ぎないので、本当に受難したわけではないと信じていました。彼らのラディカルな二元論は、神の子が、悪いものである物質の中に具体的に入るというのは認めることができず、それは唯の幻影、唯の「見せかけのもの」でなければならなかったのです。彼らは極端に厳格な教義を持っていました。あらゆる動物から作った製品を使うことを禁じていました。彼らは自分たちのことを「汚れなき者」と呼びますが、これは「カタリ cathars」という言葉の意味です。人間は悪の世界から見ればよそ者で、ここでは一時逗留者に過ぎず、この世界の物質で自らを汚してはいけない、と考えていました。

彼らは極端な禁欲主義を実践し、結婚を非難しましたが、グループによって異なる基準を適用しました。信者たちは、完璧者と信仰者という二つのグループに分けられました。完璧者は、慰めの式 *consolamentum* というイニシエーション儀式によって、それ以外〔の信仰者たち〕と区別されました。それから彼らは黙想に耽り、非常に崇高な道徳基準を維持しました。もちろん禁欲主義的な実践に従うと

55 Ibid., par. 203, 272〔同書118 - 119、162ページ〕
56 Ibid., par. 273, 276〔同書163 - 164、165 - 166ページ〕

人類は一世代で滅びますが、第二のグループ、つまり信仰者はより自由を認められていました。この慰めの式《コンソラメントゥム》という言葉は、完璧者たちのイニシエーション儀式の一部でしたが、慰め元気付けるという聖霊の機能を意味しています。それはキリストによって約束された聖霊 the Paraclete〔弁護者・仲裁人慰め主などの意味がある〕と考えられ、キリストが去った後現れるとされたキリストです。イニシエーション儀式は、聖霊の洗礼になると考えられていて、それは慰めの式《コンソラメントゥム》をもたらす洗礼と考えられていました。慰めの式《コンソラメントゥム》という言葉は、ユングの往復書簡の一つに現れ、そこでユングは、ヨアキムの新しい時代、新しい福音のヴィジョンについて語っています。[57]「大きな激しい分裂がちょうど始まったとき」にヨアキムはヴィジョンを見、ユングが言うには、そのようなヴィジョンは神の恩寵、「慰めの式《コンソラメントゥム》」の一種と見なされるようです。それゆえ暗黒の時代、全く希望のない状態に、人々が取り残されたというわけではありませんでした。ユング自身の慰めの式《コンソラメントゥム》の体験との類似を読み取ることは難しくはありません。ユングのその体験は、おそらく個人が担うことを求められる以上の意識に直面した際に、慰めとして作用しました。

カタリ派とその時代の他の異端はすべて、共通してこのような性質を持っていました。ユングはパラグラフ139で、もう一人の学者から引用しながらそれらを要約しています。

［これらさまざまの異端派は］自分たちは、生まれつき区別なく自分たちが神である……永遠である……と信じている。神も神性も自分たちは必要としないと信じている。自分たちが天国そのものだと信じている。新しい岩の中でも不変で、どんなものにも一喜一憂しないと信じている。毎日説教される福音書の真理よりも、むしろ内的衝動に従う義務があると信じている。……福音書には真実ではな

い詩的なことが記されていると信じている。〔訳書100‐101ページ〕

ユングは以下のようにコメントしています。

これらの僅かな例だけでも、このような動きを活性化したのがどのような精神だったのかを示すのに十分である。それらは自らを神と同一化する（あるいはされた）人々から成り、彼らは自らを超人だと思い、福音書には批判的なアプローチをし、霊魂の煽動に従い、天の王国が自らの中にあると理解した。それゆえある意味、彼らの外見はモダンだったが、今日の苦難である合理主義的、政治的な精神病の代わりに宗教的なインフレーションを起こしていた。〔訳書101ページ〕

ユングは、ヨアキムの現象と聖霊運動の活性化のことを、第二の魚の最初の活性化が宗派に現れたものと理解しました。ここで第一の魚とはキリスト、第二の魚は反キリストです。ユングがパラグラフ143で関心を惹こうとしている一節〔訳書104‐105ページ〕は、異端を「新しい岩の中での不変、不動性」と信じていると説明している部分です。それから彼は、この新しい岩を哲学者の石と類似するものとして語り、キリストと岩とが象徴的には同等であると言及していると述べています。ユングはまた、シナイ砂漠でモーセが出くわした岩から流れ出た水も暗示しています（出エジプト記17: 5-6，民数記20: 7-13）。その聖なる岩はキリストと同等とされ、磔刑の際脇腹が刺し貫かれると、そこから生きている水〔血〕が溢れ出ました。ユングはまた、岩から湧き出る水を錬金術の永遠の水 *aqua permanens* と同等のものとして述べています。彼は次のように要約しています。

57 *Letters*, vol. 2, p.136.〔『書簡集』〕

新しい岩がキリストに代わって登場するわけであり、永遠の福音をキリストの福音の代わりにしようとするわけなのである。聖霊すなわち三位一体の第三人格が宿ることによって、子たる身分はそれぞれの人間に移されることになる。そして精霊を持っているものはそれぞれが石、新しい岩となる。これはペテロの手紙12：5「あなた方自身も生きた石として用いられるようにしなさい」とも符合する。これは聖霊《パラクレテ》とfiliation［子になることという意味である］についての教義が発達してゆくとたどる当然の一帰結に他ならない。ルカによる福音書6：35に「あなた方はいと高き方の子となる」と述べられている。（パラグラフ144、訳書105ページ）

これはすべて個性化の象徴体系であり、個人は、確かな不変性を授ける内的な岩を見つけます。その岩は聖霊と結びついた結果として、投影されたり普遍的に外在化されたりするのではなく、自らの中に見出されます。

ユングは『ヘルマスの牧者』の中の「生命ある石」を材料とする継ぎ目のない塔（教会）の建造」（パラグラフ144、注70、訳書398ページ）との比較を仄めかしながら、この新しい岩の象徴体系の別の特徴についてそれとなく言及しています。

「牧者」のヴィジョンはキリスト教時代《イーオン》の初期に起こりました。ヘルマスは、眼前に、水上に正方形の輝く石で立派な塔が建てられているのを見ました。六人の若者が四角に建てていました。何万ものほかの男たちが、あるものは海の深みから、あるものは大地から、石を運んでいました。深みから取ってきた石は、例外なく建物の中にそのまま置かれました。というのは、それらはすべて石同士がうまく繋ってぴったり合うような形になっていたからです。そして石のそれぞれがしっかりと繋がったのでその接続部分は見えず、その塔は一つの石で建てられていたかのように見えました。
このイメージは、あらゆる方向から持ってきた石からできており、縫い目のない一つ岩からなる一つの建造物を作るために集められたのです。ヘルマスは、このヴィジョンを自分に見せている女性に「これは何か」と尋ねると、あなたが目にした建築中の塔は教会です、と彼女は答えます。それで、教会はキリストの岩のようなイメージを引き継いでいるのです。
このイメージに関する現代の夢は、キリスト教時代の初期に訪れたヘルマスのヴィジョンと興味深い対照をなしています。

たくさんの石があり、ほとんどまっすぐに立っていて、私に見えるところで円形に削られています。石は生きていて怒り、カササギのように叫んでいました。石は、誰かが石の一つを取り除こうとすると怒りましたが、もしも個 individual になるのならば、自分自身の石を石の塊から取り除かなければならない、と誰かが説明しました。そこで、私は自分の石を取り除きます。私に話し掛けていた人が、私の石の真ん中に小さな黒い斑点があることを指摘し、どの石にもその中心があり、その中心が塊全体と同じなのだと説明します。

これは新しい時代《イーオン》が求めていることの素晴らしい例です。ヘルマスのヴィジョンは、われわれの時代の始まりに相応しいものでした。というのは、ちょうど二〇〇〇年前、教会は建築中だったからです。個人は、石が集合的な形の中に現実化されるように、いわば自分の内的な石を引き渡さなければならないのでした。しかし現代は、その塊は分解されねばならないので、その集合的な岩の中に封じ込められているところから去り、自分自身の個人の石を見つけ、霊的な教会 Ecclesia spiritualis の成員になるのです。

この問題はまた、キリストの魚の象徴体系によって仄めかされています。ユングは、こう述べています。

キリスト教の魚のシンボルは西暦二〇〇年頃アレキサンドリアに始めて出現したという。……すでにかなり早く、洗礼盤が魚の池piscinaとして描かれていた。このことは、信者たちが魚であったということを意味するが、実際これは福音書も示していることである（パラグラフ145、訳書106ページ）。

これは非常に重要な象徴イメージであり、宗教の信者たちが教会という池の中を泳ぐ魚であるとするものです。テルトゥリアヌスは、自らのエッセーの中で、特に洗礼について述べています。「われわれ小さな魚は、我らがイクトゥスIchthys、すなわちイエス・キリスト、の例に倣って、水中で生まれ、安全に過ごすには永遠に水中に住まうより他に方法がない」[58]と。

同様の考えがユダヤ教にも適用されました。「ユダヤ人、とりわけ法に忠実なものたちは、律法の中を泳ぐ小さな魚であり、その律法の中で生きられるのは自分たちだけである」と。[59]これはちょうどテルトゥリアヌスの、キリスト教徒がキリスト教的な魚の池の中を泳いでいるというイメージと同じです。

この文脈においてユングはパラグラフ147で述べています。

象徴体系は、キリストと信者たちを表す魚、愛餐《アガペ》（宗教的な食事）〔初期のキリスト教徒が同胞愛のしるしとした会食〕**で食される魚、養魚池に身を浸す洗礼などに示されている。一見すると、これらすべては以前から存在してきている魚の象徴や神話素が救世主像を同化したという事実を指摘しているにすぎない。つまり、当時の精神世界の中にキリストが吸収されたということに他ならない。しかし**

ながら、キリストは新しい時代とみなされたのであるから、占星術に通暁していた者にとってははっきりしていたのは、キリストは双魚宮時代の最初の魚として生まれるとともに、去っていく時代の最後の雄羊（［*arnion*］子羊）として死ななければならなかったということである。〔訳書106 - 107ページ〕

ユングについても似たようなことがいえます。われわれは宝瓶宮《ほうへい》の時代に入ろうとしていて、双魚宮の時代を去ろうとしています。それゆえある意味ユングは、最後の魚であり最初の水瓶ということになります。これら二つの移行のイメージには非常に重要な象徴体系があります。魚は水という媒体（medium）の中に住み、水の中に含まれています。宝瓶宮は水を携え、心《サイキ》との全く異なる関係性を示しています。面白い小話を思い出しますが、それは同時にかなり深遠なものです。「誰が水を発見したの？」というなぞなぞです。答えは「分かりませんが、それを発見しなかった人は誰だか分かりますよ。それは魚です」というものです。

パラグラフ147に沿って読み進めると、二対であること、二重性の繰り返しという、また別の興味深い事柄があります。「マタイによる福音書27：15以下は、この神話素を古くからあった季節の神の供儀という形で伝えている」。この引用部分は過越し祭に罪人を釈放する習慣について言及しています。ピラトは罪人バラバを連れ出し、群衆に尋ねました。「お前たちは誰を釈放して欲しいのか？イエスか、それともバラバか」と。つまり、これは二重の出来事であり、この一節を直訳すると二重性がどれほど完

58　A. Roberts and J. Donaldson, eds., *The Ante-Nicene Fathers*, vol.3, p.669〔『ニケーア以前のキリスト教教父著作集』〕
59　E.R. Goodenough, *Jewish Symbols in the Greco-Roman Period*, vol.5, p.33〔『ギリシアーローマ時代のユダヤ象徴』〕

全に顕わになるかがわかります。それを直訳している唯一私の知る聖書は、新英訳聖書（NEB）です。別の訳では、この非常に意味のある心理学的事実が曖昧になっています。NEBではピラトの質問を次のような言葉に訳しています。「私にどちらを釈放して欲しいとお思いなのでしょうか？　バラ－アバスと呼ばれるイエスなのか、それとも救世主と呼ばれるイエスなのか？」つまり、彼らは同じ名前を持つ二つの個でした。最初の名前が文字通り意味するのはイエス、つまり父の子であり、二つ目のは救世主イエスなのです。それらは二者択一的なものだったのです。

さて魚の時代としてのキリスト教時代《イーオン》のイメージに戻ると、図13は、黄道、太陽が天空を通り過ぎるのに辿る道との関係において、二匹の魚が伝統的な天文学上の表現の中にどのように描かれるのかを大雑把に示したものです。われわれは、春分点歳差を扱っているので、黄道は、何世紀にもわたる春分時の日の出の点の動きを示しています。ユングは、アルファ星（113番星とも呼ばれます）について述べています。太陽がその点に達したのは、紀元前一四六年でした（パラグラフ149、注83、訳書400ページ）。太陽が水平の魚の中心点あたりに達したのは、西暦一五〇〇年頃でした。

その時、集合的な心《サイキ》においてある絶対的な心理学的爆発が生じ、あたかも聖霊が復讐の念をもって降下したかのようでした。宗教革命、ルネサンス、大航海時代、科学と芸術の誕生、それまで触れることの出来なかったあらゆる聖典の批判的な調査、そのときまであえて行われなかった人体の研究が生じました。一五四三年にはヴェサリウスが解剖のために絞首台から死体を奪い、人体解剖の初めての主要な研究をもたらしました。もはや何も聖なるものではなくなったのです。聖霊が降下し、あらゆるものが混乱状態になりました。

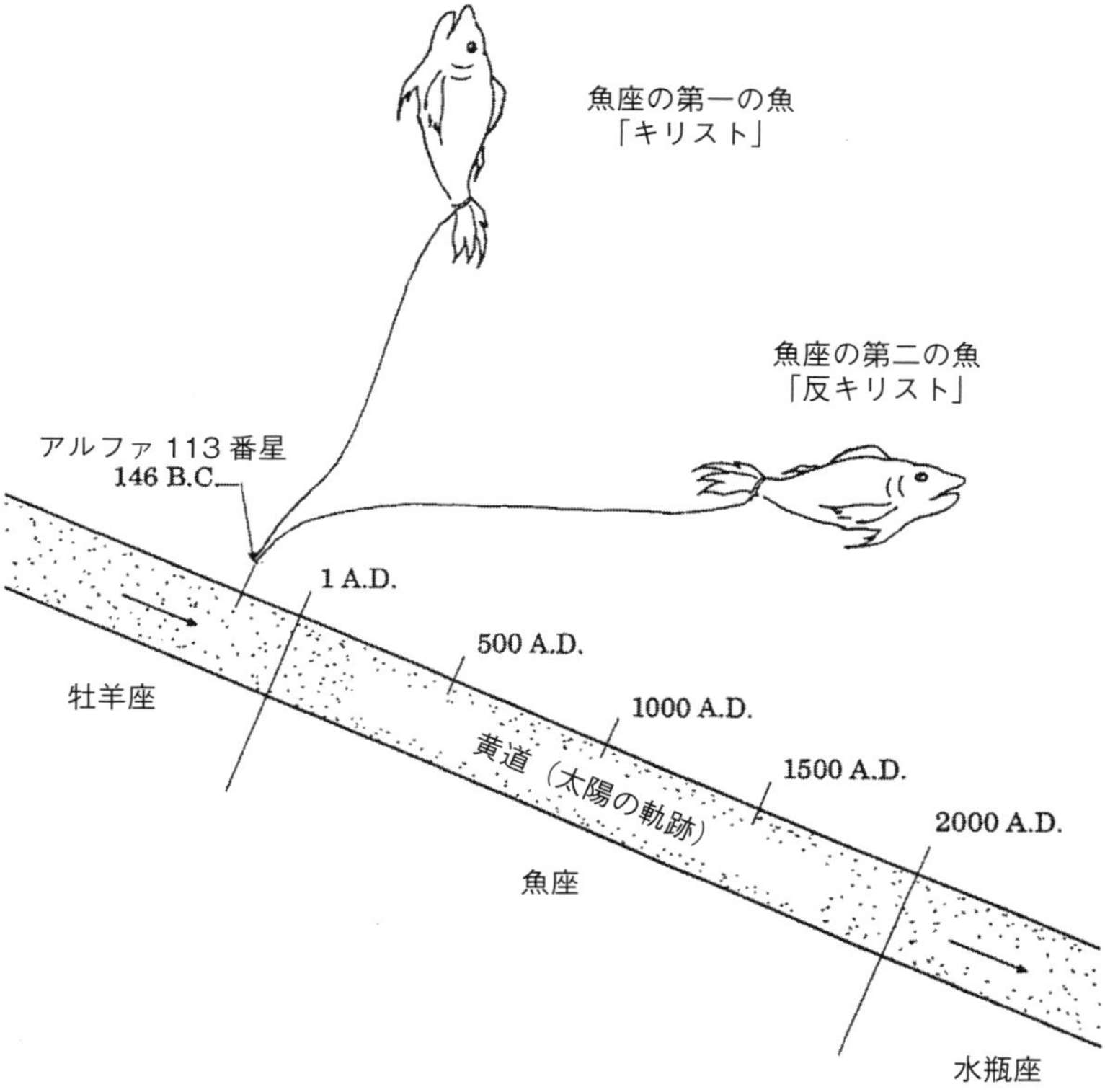

図 13　魚座時代の太陽の動き

図は、太陽の春分点の位置が、キリスト教時代の世紀を通して、魚座の星の配置を背景にしてどのように遷移したかを示す。黄道は、太陽の春分点の位置が、何世紀もかけて動いた軌跡を表す。

11. パラグラフ150 - 161

ノストラダムスの予言

ユングは第七章の最初のパラグラフで、ノストラダムスに関する議論を用意して、簡潔に概要を述べています。

われわれの宗教の歴史の流れだけでなく、われわれの心の発達の本質的な部分も、双魚宮の星位を通る春分点の歳差運動から、時間的にも内容的にもある程度まで予言された。その予言は、既に見たとおり、実際になされ、十六世紀に〔換言すれば一五〇〇年という節目の時に〕教会が分裂したという事実に符合するものであった。その後、エナンティオドロミアが始まった。それは、上方を志向する「ゴシック的」努力とは対照的に、外側へと向かう水平運動と記述されるだろう。すなわち、自然を発見し征服する航海が始まったのである。垂直なものに水平なものが交差した。そして人間の精神的道徳的な発達は、徐々に明確な形を取りながら反キリスト的な方向へと動いていった。〔これは、天の赤道点が二つの魚を通過する動きに対応している。最初は垂直の魚を通過し、二つ目は一五〇〇年頃だが、水平な魚を通過する〕。そうして、今日われわれは、西洋文明の危機に直面しており、その先行きははなはだ心もとないように思われる。〔訳書111ページ〕

ユングはその後、ノストラダムスの占星術的な予言に移ります。『アイオーン』の読者には明白なことですが、ユングは非常に広く網を投げかけています。この場面にノストラダムスを持ってくると想像する人がいるでしょうか。でもここでユングはそれをしています。

ユングが『アイオーン』の一章に値すると考えたこの人物は、一五〇三年に生まれ、一五六六年に亡くなりました。ですから、まさに一五〇〇年という節目の時に生まれたわけです。両親はフランスのユダヤ人で、国外追放のおそれがあったので、キリスト教に改宗しました。ノストラダムスはきわめて劇的な人生を送りました。父方祖父も母方祖父も、医者にして占星術師でした。この組み合わせは、当時、よく見られたものです。彼らが仕えていた公国はフランス王家に匹敵するほどでした。

ノストラダムスは早熟の子どもで、教育は祖父の監督のもとで行われました。祖父の見るところでは彼が一番でした。彼はモンペリエの医学校に通い、優秀な成績を収めました。その後数年を医者として放浪し、成功を収めました。これも当時はよくあることでした。特に、伝染病の犠牲者を果敢に治療したということで評判もうなぎ上りでした。三〇代前半に、妻と二人の子どもとともに身を落ち着けました。数年後、疫病が家庭を襲い、家族は彼を残して皆亡くなりました。その後十年ほど医者として放浪し、四十四歳の時に裕福な寡婦と再婚しました。彼は宮廷の侍医となり、徐々に韻文形式の詩の形で予言を書くようになりました。最初は、翌年のことについて、そして、徐々に予言の範囲を広げていきました。公刊された予言はとてもよく知られたものですが、きわめて曖昧で特定するような言い方をあまりしていません。ノストラダムスの語るところによれば、書き始めたのは、あるいは少なくとも公刊を始めたのは、ようやく五十一歳になってからです。曰く、気づいてみると「説明できない新しい熱狂が心の中から制御できない形で噴出してきて、ついには熱狂となって、［予言を］書き始めることになった」[60]と。

ノストラダムスは実際に、活性化した無意識に捉えられていたのです。予言の序の中で、息子にあてた手紙として書かれているのですが、自分の予言を書くことは長い間差し控えてきた、というのも、人がそれを耳にすれば腹立ちを覚えるだろうから、と言っています。彼はキリストの言葉を引用しています。「聖なる物を犬に与えるな、自分の真珠をブタに投げ与えるな」と。しかし彼は心を変えました。その理由は、明らかに、彼が内的な熱狂を体験していたからです。興味深い言葉を彼は残しています。「後に、卑俗な降臨のために、譲歩することに決め、暗いなぞめいた文章で人類の将来の変化の原因について語るのである」と。[61]

「卑俗な降臨」という言葉は、通常、ノストラダムス研究者によるとフランス革命を指すものとされています。しかし私は、「降臨 advent」という言葉の使用は、むしろ、反キリストの到来を彼が思い描いていたことを示唆するのではないかと思います。別の場所で彼はこう告白しています。「週に何度も私は恍惚に襲われた」。[62]さらに、自分の計算結果を「確定した時に、天界の運動を情動と組み合わせて行ったが、その情動は先祖から私に手渡されたもので、機会あるごとに私を襲ったものである」[63]と彼は

60 Charles A. Ward, *Oracles of Nostradamus*, p.8.〔『ノストラダムスの神託』〕
61 Edgar Leoni, *Nostradamus and His Prophecies*, p.123.〔『ノストラダムスとその予言』〕
62 Ibid., p.127.
63 Ibid., p.329.

言います。換言すれば、ノストラダムスは、言うならば、占星術的なイメージやパターンについて黙想していたのであり、その黙想の最中に彼を捉えた強い情動を、彼自身の気質の中にある祖先から引き継いだものと同一視していたのです。

別のところでは、ノストラダムスはこう述べています。

秘密の予言が私に浮かんでくるのは、火の微細なスピリットによって、時には、覚醒したまま星の最果てを瞑想している時に理解が乱される中からである。口から出た言葉が書き留められ、書きながらおそれはなく、過度に冗長になる様子もなく、……というのもこれらのことはすべて、偉大なる永遠の神の神聖な力から出てきたものだからである。[64]

ですから、彼は完全に、自分の予言が神に吹き込まれたものだと確信していました。こういう背景を理解した上で、ユングが引用することになったある一つの特別な予言を見て見ましょう。

ある年について、詳細に述べて、とりわけ［様々な占星術の合］によって特徴を明らかにした後で、彼はこう書き記す。「そしてこの年の初めにキリスト教教会は、かつてアフリカで行われたよりも激しい迫害を体験することになる。迫害は一七九二年まで続くだろう。その年は広く世間に時代の革新と見られることになるだろう。……そしてその頃には、それらの地方では、地獄の力が湧き上がってきてイエス・キリストの教会と対抗することになる。これが第二の反キリストとなり、上述の教会や真の代理人を世俗の諸王の力を借りて迫害することになるだろう。世俗の諸王は無知なるがゆえに、狂人が手に持つ鋭い刃物よりもさらに鋭い舌先に唆されてしまうだろう。……聖職者たちの迫害は、東方の諸王と結託した北方の力に始まりがあるだろう。そしてその迫害は十一年、あるいはそれを少

> し下回るくらい続き、その頃に要の北方の王は敗れるだろう」。（パラグラフ151、訳書111－112ページ）

この一七九二年への言及は、通常、フランス革命を指すものと理解されています。これに関して、ユングは、一七八九年という年につながる他のいくつかの事実を概観した後で、こう述べています。

> いずれの年も示唆的である。後で起こったことを知っていれば、その頃に生じた出来事が現代の発展の重要な先駆けであったことは確かなものとなる。「理性の女神」の戴冠は、実際、反キリストの流れを予期するものであり、以来、その流れは続いている。

ユングは、女神の理性の戴冠について何度かそれとなく触れていて、それを象徴的な出来事として、歴史的に極めて重視しています。私が見つけた中でこの出来事に最も近いのはウィル・デュランの『ナポレオンの時代』の中に書かれている出来事で、こう書かれています。

> サンスキュロット〔フランス革命当時の過激共和党員〕の群集が一七九三年十月十六日に聖ドニの大修道院に来襲し、そこに埋葬されていたフランス王家の棺を空にして、棺の金属を溶かして戦争に利用した。十一月十日、労働階級の住む街区とパリのイデオロギーの根城から出てきた男女が、宗教的な装いのドレスを纏って列を作って町を行進した。国民公会のホールに入り、代理人を説き伏せて、ノートルダム教会大聖堂でその夜行われる祝名節に参加する確約を得た—そして、ノートルダムを理性の寺院と改名した。そこには新しい聖域が用意されていた。そこで、オペラのカンデイユ嬢が、三

64 Ibid., p.123.

色旗を纏い、赤い帽子をかぶって、自由の女神として立っていた。〔これは理性の女神と同じものに相当すると思います〕。そして随伴する口の立つ女性が、「自由への賛歌」を歌っている。……礼拝者が身廊で踊り歌い、付属礼拝堂では、敵意ある報告者たちが、自由にかこつけて愛の儀式を祝っていた。〔つまり、性交していた〕。十一月十七日に、……パリの司教が人民の要求に譲歩して国民公会の前に現れ、その職を辞し、監督の職標である司教杖と指輪を議長に手渡し、自由の赤い帽子をかぶった。十一月二十三日に、パリコミューン〔自治体〕はパリのすべてのキリスト教会に閉鎖を命じた。[65]

これを読めば、ノートルダム教会の中で、理性の女神の寺院と改名された教会の中で、何が起こっていたかわかるでしょう。ユングはこの問題を『現代人の霊的問題』というエッセイの中でさらに詳しく論じています。

十九世紀の幕開けから—フランス革命の時代からずっと—心《サイキ》は徐々に人間の関心の前面に出てくるようになった。……ノートルダムにおける理性の女神の戴冠は、西洋世界にとってきわめて重要な意義を持つ象徴的な意思表示だったように思われる—どちらかといえば、キリスト教宣教師によるヴォータンのオークの木の伐採と似ている。

革命のまさにその時に、フランス人アンクティル・デュ・ペロン〔フランス人東洋学者でゾロアスターの経典ゼンドアヴェスターをフランス語に翻訳、またウパニシャッドのペルシャ語版をラテン語に訳した〕がインドで生きなければならなかったこと、そして十九世紀の始まりに、ウプネカット **Oupnek'hat**〔ウパニシャッドのラテン語訳〕、十五のウパニシャッドからなる論集の翻訳を携えて帰国したこと〔理性の女神の戴冠と同時である〕は、歴史の愉快な気まぐれどころではないことは確かである。これは東洋の不可解な心性に対する最初の深い洞察を西洋にもたらすものとなった。歴史家にとっては、これは単なる偶然の一致であり、歴史的な因果の鎖とは無関係である。私の医者としての目からは、それを単に偶然の出来事として見過ごすわけにはいかない。すべては心理学的な法則にしたがって生じたのであり、それは個人の事柄に関しては間違いなく確かなものである。大切なものは何であれ、意識的な生活の中で価値が認められず、意識から消えてしまうと、―法則が働いて―、無意識に補償が生じる。ここに見られるのは、物理学の世界におけるエネルギー保存の法則に類比される法則である。というのも、われわれの心的なプロセスにも、量的な、エネルギー的な側面があるからである。心的な価値というのは、消すことはできず、それに相当するような強度で別のものに置き換えられる。これは基本法則であり、心理療法家の日々の臨床において繰り返し確証されることで、過つことはない。私の中の医者が、人々の生活を心理学的法則に従わないようなものであると考えることを率直に拒むのである。[66]

ここに、ユングが、人間性の歴史を複数の人間の歴史としていかにみているかを垣間みれます。キリスト教という容器に運ばれていた霊的 spiritual な価値が暴落の過程にあるので、その代わりとなる新しいヴァージョンの心的 psychic な価値が東洋からもたらされつつあるのだ、とユングは言います。フランス人がそれをする必要があったということもきわめて重要です。というのも、理性の女神に戴冠した

65 *The Age of Napoleon*, p.73.〔『ナポレオンの時代』〕
66 *Civilization in Transition*, CW 10, pars. 174f.〔『過渡期の文明』〕

のはフランス人だったからです。
この歴史的な元型的出来事、理性の女神の戴冠は、若者一人一人の人生の中で繰り返し体験されるのを見ることができる類のものです。そういう人たちを昔ほどは見かけなくなりました。というのも、宗教的な子ども時代を過ごす人がそれほど多くなくなったからですが、それでもまだそういう人たちはいます。友人や患者の中に、宗教的な幼年時代をすごして、青年期になると「フランス革命」が起こり、その結果、ノートルダムで理性の女神が戴冠する、そんな人たちがいるのではないでしょうか。これは元型的な出来事で、個人にも歴史の中でも生じるものです。
ユングは反キリストの出現に関するノストラダムスの予言の考察と北の王への言及を続け、それをさらに広げて、北からの力という概念と、下からのあるいは地下の三つ組の両方を視野に入れます。

反キリストとは地獄的なもの、悪魔か悪魔の息子であり、それゆえに、テュポン〔二〇〇頭の龍が肩から生え、膝から下はとぐろを巻いた毒蛇。セトに対するギリシア語名〕**あるいはセトだといえるが、それらは北に火の住処をもつので、そう考えれば、北の簒奪者が力を握るであろう事は容易に理解される。テュポンの力は三つ組的である。二人の同盟者、東に一人と南に一人がいるからである。この力は「下の三つ組」に対応する。**（パラグラフ156、訳書115ページ）

アダム・スコトゥス Adam Scotus は、北には身の毛もよだつような龍の頭があり、一切の悪はそこに由来すると想像した。その口と鼻から三様の性質をもつ煙を吐き出す（パラグラフ158、訳書116ページ）。

そして脚注24を参照するようになっていますが、そこでユングは「下の三つ組を暗示」と述べています。
この「下の三つ組」とは何でしょうか。下の三つ組という錬金術的なイメージに関しては、『錬金術研究』の中で、三つの頭を持つ蛇の上に立つ両性具有の人物の絵がありますが、この三つの頭を持つ蛇が下の三つ組とされています。[67] このイメージは夢の解釈において特に重要なものです。キリスト教時代《イーオン》の特徴は、上の三つ組を作り出したことであり、それはキリスト教の三位一体説に表象されていて、この三つ組はフィオーレのヨアキムを非常に魅了したものです。しかしユングが語るように、上の三つ組の創造は、その対立物である下の三つ組を産み出します。印象的なイメージとしては、ダンテの地獄篇があります。この作品のまさに冒頭に、下の三つ組のイメージがあります。ダンテは三種類の動物に出会います―雌豹、ライオン、雌狼です。この出会いの後、地獄への降下が続きます。地獄の一番低い部分で、サタンが氷の岩に埋め込まれているのを見つけます。

そのとき私が、どんなにさむざむと身も心も凍りはてたか、
読者よ、それを私に訊くな。どんなに言葉を尽くしても、
語り尽くせないだろう。
私は死にはしなかったが、生きた状態でもなかった。
読者よ、君にいささかなりとも機才あらば、乞う、みずから
想え、生をも死をも奪われて、私がどうなりはてたかを。

67　CW13, plate B2 (following p.160)

悲しみの王土の大帝は、
胸の半ばから上を氷の外に出して立っていた。
大きさでは、まだしも私と巨人がつりあっていよう、
巨人たちをかれの腕に比べるよりは。
されば知れ、このような一部分と相応する全体の、
いかに巨大であるかを。
かついま醜いのと同じほどに美しかったかつての彼が、
その創造主に向かって眉をあげたとすれば、
一切の悲しみかれより出ずるも、げにうべなるかな。
おお、かれの頭上に三つの顔を見たときの私の驚きの、
どんなに大きかったことか！
一つの顔は前方にあり、その色は真紅。
ほかの二つは、両肩中央の真上で前方のと接合し、さらに
この三つ、頂上の鶏冠のところで相合する。
右なる顔の色は白と黄の中間、
左なるは、まさに黒く、
ナイルのエチオピア人のようであった。
どの顔の下からも二つの大きな羽が生えていて、……

こうもりも羽にそっくり。そして羽ばたかせていた。
六つの翼をはためかすによって、三つの風かれより起り、
そのためコチートはすっかり凍てついた。
六つの眼でかれは泣いており、三つの顔から
涙と血の涎とがしたたり落ちた。[68]

地獄の三つ組の恐ろしいイメージです―ぞっとします。これを、中立的な心理学の用語を用いて、ユングは下の三つ組と呼ぶのです。ユングがこのイメージに入り込んで、見事に詳細を解き明かしているもう一つのエッセイが『おとぎ話における精神の現象学』です。そこで彼が解釈しているおとぎ話には、三本足の馬が出てきます。[69] この馬は、ある魔術師が魔女から手に入れたもので、もともと魔女のものだったのですが、魔術師がその馬に乗って走り去ってしまい、もともと魔女が持っていた時には四足だったのが、魔女の領域の境界線を越えると十二匹の狼に襲われ、四足のうちの一本を引きちぎられて、残ったのは魔術師と三本足の馬でした。この話はまだ続きますが、下の三つ組に関係するのはこの部分です。この三本足の馬は、下の三つ組、地獄の三つ組を表象する、とユングは述べています。そして彼はこう言います。

[三という数は] **一つの対立関係 polarity を示している。というのも、一方の三つ組は、上が下を、**

68 Canto 34, lines 22-54.〔『神曲［I］地獄篇』（寿岳文章訳、集英社、二〇〇三年）405 - 406ページ〕
69 *The Archetypes and the Collective Unconscious*, CW 9i, par.423.〔『元型論』（林道義訳、紀伊国屋書店、一九九九年）262ページ〕

明が暗を、善が悪を前提とするように、常にもう一つの三つ組を前提にしているからである。エネルギーという点では、対立関係とは一つの潜在性を意味し、この潜在性のあるところには、一つの流れ、出来事の流れが生じる可能性があり、というのは対立物の間の緊張が平衡を求めるからである。いま四を正方形として思い描き、これを対角線によって二分すれば、そこには反対側にそれぞれ頂点をもつ二つの三角形ができる。それゆえ、比喩的にこうも言えよう。いま四によって象徴される全体性を等分すると、反対方向を向いた二つの三ができる。このことは、……どのようにして四から三ができるかを示している。そして同じように、囚われの王女の狩人も、彼の白馬が四本足から三本足になったのは十二匹の狼がその足を一本食いちぎったからだと説明する。つまり、白馬が三本足なのは偶然の出来事によるが、それは馬が暗い母の国をまさに離れようとした瞬間に起こったのである。心理学的な言葉で言えば、無意識的な全体性が姿を現す時、すなわち、無意識の領域を離れる時、まさに意識の領域に踏み込んでくる時に、四つのうちの一つが無意識に残され、無意識の「恐るべき真空」によって引き止められると言えようか。このようにして三つ組が生じ、それが—おとぎ話ではなく象徴体系の歴史からわかることだが—それに対立する相応の三つ組が生まれる、換言すれば、葛藤が生じるのである。[70]

ユングは続けて、馬から失われた四本目の足は劣等機能に相当するもので、無意識の母体に結び付けられたままになっているものだといいます。極めて巧みに定式化されたものがここに示されています。

グレートマザーに属す狼が手にした、失われた部分は、確かに四分の一に過ぎないけれど、「走り去った」三と一緒になると全体性が出来上がり、それによって分裂と葛藤が消失する。

しかし、どうして四分の一が、この話の象徴体系が示すように、同時に三つ組になるのだろうか。……既に述べたように、三つの機能は分化しうるが、一つだけは無意識の虜となったままである。この言い方はさらに厳密に明確化されねばならない。経験から言えば、ただ一つの機能だけが事実上うまく分化し、そのためにそれは優越機能または主機能と名づけられる。……この機能は一つか二つの多少とも分化した補助機能と関連しているが、これらが主要機能と同程度に、つまり、意のままに仕えるほど分化を遂げることはほとんどない。したがって、それらは主要機能に比べてより高い自律性を持っている。主要機能のほうは意図どおりに働くのできわめて信頼できる。一方、第四の劣等機能は、思い通りに使うことができないことがわかる。……それは常に自分の意思で行き来する。ここから明らかなのは、分化した機能ですら、無意識からは部分的にしか自由になれず、その他の部分はなお無意識に根付いたままになっていて、その程度に応じて無意識の支配を受けている。それゆえに、自我の思いのままになる三つの「分化した」機能は、それに対応する三つの無意識な要素を持っていて、それはまだ無意識から解放されていない。そして、これらの機能の三つの意識的な分化した部分が、第四の未分化な機能と直面すると、それは心を痛ませるかく乱要因として振る舞い、優越機能もまた、無意識に最悪の敵を持っているように思われる。[71]

70 Ibid., par. 426.〔『元型論』265-7 ページ〕
71 Ibid., par. 430f.〔『元型論』268-269 ページ〕

これが意味するのは、補助機能、第二の機能と第三の機能が分化を被ると、それらは実際に分裂し、その一部は優越機能と同調するようになり、残りの部分が劣等機能と同調するようになるということです。その結果、三つ組のペアができます。天なるキリスト教の三位一体と地獄の底のルシファーの三位一体という膨大なイメージ群の背後にあるのは、このような単純な心理学です。しかし、それらの象徴的なイメージに出会うと、そのような分離を体験した二つの三つ組ということで意味されていることの衝撃を感じ始めるのです。このことを心に留めておくのが賢明です。夢の中で下なる自然の三つ組、特に自然の動物の三つ組に出会った時は常にそうです。それは下なる三つ組とみなすことができます。

北の象徴的なイメージに移ると、ユングが取り上げた考えはノストラダムスの予言に見られるもので、反キリストは北の王の力に起源があると述べられています。北の王のイメージから始めて、ユングは北の象徴体系について論じています。ユングが北に由来する反キリストの考えを巡回している時に、数多くの聖書の一節が浮んできます。

再び、主の言葉が私に語られた。私は答えた。「何が見えるか」。「煮えたぎる鍋が見えます。北からこちらに垂れてきます」。それから主は言われた。「北から災いが襲いかかる。この地に住む者すべてに。北のすべての民とすべての国に、私は今、呼びかける、［やってきてイェルサレムに戦いを挑めと］」。（エレミヤ書1：13ff、JB）

これは北に由来する反キリストの原型です。北から悪が生じてくるという他の例が聖書にあります。

ああ、お前はどのようにして天から落ちたのか

明けの明星、曙の子よ。［ルシファー］

お前はどのようにして地に投げ落とされたのか
もろもろの国を倒した者よ。
かつてお前は心に思った。
「私は天に昇り、
王座を神の星よりも高く据え、
神々の集う北の果ての山に座ろう」と。

だから、北に由来するルシファーというのがあるのです。もう一つの重要な参照箇所がエゼキエルです。エゼキエルのヴィジョンの始まりは次のようになっています。「主の御手が私の上に来た。私は見た。北から激しい風が吹き、周囲に光を放つ大いなる雲が顕れて、火が起こり、閃光の矢が放たれるのを」(Ezek.1:4ff.,JB)。神の自然についてのエゼキエルの壮大なヴィジョンも、北に由来するものでした。もう一つの参照箇所がヨブ記26：7です。

パラグラフ158でユングが語っているキリスト教作家は、エゼキエルと、北に由来する彼の神のヴィジョンを引用しています。その作家はそれを反キリストの到来と関連付けています。ユングはそれにこうコメントしています。

預言者〔エゼキエル〕の神のヴィジョンが、北の風の翼に乗って三重の無知という悪魔の煙に包まれて吹き込まれたということが、どれほど注目すべきことかについて、敬虔なる作者は全く気がついていない。〔訳書116ページ〕

ユングが開陳したこの素材が示しているのは、悪魔的な属性と神の属性との両方が同じ起源に由来するという事実を、これらの敬虔な作家の無意識が指摘しているということです。それらは自己のポジティヴでネガティヴな顕現です。それらの認識を宗教的な議論に逸らしてしまうのは、それらが明らかにする内容を認識できない者の無意識の仕業によります。ですから、北は、セトやテュポン、ルシファー、悪魔の住みかであると同時に、旧約聖書全体が与えてくれる壮麗な神性の顕現の起源でもあるのです

魚の歴史的意味

ユングは、『アイオーン』の魚の歴史的重要性についての章を、救世主の誕生の考察で始めています。次のように書いています。

すべての英雄がそうであるように、キリストも脅かされた幼少時代を送る（ベツレヘムの嬰児殺戮、エジプトへの逃亡）。**これに関する占星術的「解釈」がヨハネの黙示録第十二章に見られる。「一人の女が身に太陽をまとい、月を足の下にし、頭には十二の星の冠をかぶっていた」。**（パラグラフ**163**、訳書**120**ページ）

太陽をまとっている女のイメージは、パトモス島で聖ヨハネが体験した壮大な黙示録的ヴィジョンの一部にあります。

さて大いなるしるしが天に現れた。一人の女が太陽をまとい、月を足の下にし、その頭に十二の星の冠をかぶっていた。この女は子を宿しており、産みの苦しみと悩みとのために、泣き叫んでいた。また、二つ目のしるしが天に現れた。大きな赤い龍がいた。それに七つの頭と十の角とがあり、その頭に七つの冠をかぶっていた。その尾は天の星の三分の一を引き寄せ、それらを地に投げ落とした。

龍は子を産もうとしている女の前に立ち、生まれたなら、その子を食べつくそうと構えていた。女は男の子を産んだが、彼は鉄の杖を持ってすべての国民を治めるべき者であった。この子は、神の御許に、その御座のところに、引き上げられた。女は荒野へ逃げていった。そこには、彼女が一二六〇日の間養われるように、神の用意された場所があった。(ヨハネの黙示録 12: 1,6JB)

ユングは黙示録におけるこの出来事を、キリストの生誕のヴァリエーションの一つとして言及しています。彼はこのイメージをかなり重視しており、それは『ヨブへの答え』の中で、考察に多くを割いていることに示されています。そこでユングは、このイメージが、アポロを出産するレトの神話とも対応しているということを述べています。レトはアルテミスとアポロという双子を身ごもりますが、ニシキヘビの姿をしたヘラに追われ、休むことも、地上のいかなる場所で出産することも許されず、ついには海に浮かぶデロス島にやって来ました。黙示録の一節にこれと類似したイメージがあります。妊娠している女性がいて、生まれるやいなや子どもを貪り食おうと蛇や龍が待っているのです。『ヨブへの答え』[72]の中でのユングの解説では、黙示録のテクストにおいて、その女は「太陽をまとっている女」であり、ただの「一人の女」、つまり普通の女であって、女神でもなければ、穢れのない永遠の処女が妊娠しているのでもない、ということを強調しています。[73]

ユングは次のような考えを述べています。次の自己の受肉は、子どもの誕生に象徴されており、それが個性化のプロセスに現れる時には、普通の人間から生まれるのであって、処女マリアによって表現された特別に浄化された人間から生まれるのではない、と。ユングは、対立物が一つになることで子どもが生まれるのである、と指摘しています。その女性は太陽をまとい、月を足の下にしていました。つまり、彼女はソルとルナの結合《コニウンクチオ》を人格化しているのです。ユングは次のように続けます。

> その男の子どもは明らかに父である神に「取り上げられ」、母は荒野に身を隠している。このことは、子なる人物はずっと見えないままで、その活躍は将来のために取っておかれているということを示しているように見えるだろう。ハガル〔アブラハムの妻サラに仕えるエジプト人の女で、アブラハムの子イシュマルを産んだが、サラの嫉妬のため砂漠に追放された〕の物語はこれの前兆かもしれない。この物語とキリスト誕生の間の類似は、明らかに男の子の誕生は似たような出来事であるということを意味しているに過ぎない。……キリストの生におけるこの特徴的な出来事の奇妙な繰り返しや重複は、世界の終わりのときに第二の救世主が生まれるという推測を生む。ここで重要なのは、キリスト自身の再来ではない。なぜならキリストは「天の雲の中から」やって来るのであって、二度生まれるのではないし、もちろん太陽―月の結合から生まれるのではない、と言われている。……ヨハネが誕生について説明するのにレトとアポロの神話を用いている事実は、キリスト教の伝承と対照的には、そのヴィジョンが無意識の産物であるということを示しているかもしれない。[74]

このイメージは特に個性化のプロセスと関係しており、今の時代に発見され、明らかにされました。神に取り上げられた男の子は、キリスト教時代の最後に普通の人間の努力を通して実現された自己のイ

72 *Psychology and Religion: West and East*, CW11, pars. 710ff.〔『ヨブへの答え』113 - 114ページ〕
73 Ibid., par. 711.〔同書 114 - 115ページ〕
74 Ibid., par. 713.〔同書 116 - 117ページ〕

メージです。このイメージは個性化のプロセスの発見の前兆であり、それゆえユングはこれほど注目したのでした。

『アイオーン』においてユングは、ユダヤの伝説の救世主の誕生の別の解釈をしています。これは黙示録のヴィジョンとパラレルです。以下のように書かれています。

エリアはベツレヘムで一人の若い女が戸口の前に座っており、その傍らに産まれたばかりの血まみれの子が地面に寝かされているのを見た。女はエリアに、この男の子は悪いときに生まれた、寺院が壊されたときに生まれたのだと言った。エリアは子どもを育てるよう、女を諭した。五週間後〔＊聖書の邦訳では五年後〕エリアが戻ったとき、彼は子どものことを尋ねた。女は答えた。「この子は歩きもせず、目も見えず、口もきけず、耳も聞こえません。そこに石みたいに寝たきりです」。すると突然地面の四隅から一陣の風が起こり、その子を連れ去り海中に投じた。そこでエレアは、イスラエルの救済がなくなったことを歎いた。しかし一つの声がエリアに言った。

「そうではない。彼は四百年広い海にとどまるであろう。八十年コラーの子どもたちの立ち上る煙の中にとどまり、さらに八十年ローマの門の下にとどまるであろう。残りの時間すべての大きな町々を歩きまわるであろう、時の終わりが来るまで」。

この話はベツレヘムで生まれたものの神の介入によって彼岸（海＝無意識）へと連れ去られる救世主のことを物語っている。（パラグラフ167f.、訳書122ページ）

この伝説は、黙示録の太陽をまとった女性のテクストと多くの類似性を持っていますが、互いに影響しあったと信じるに足る理由は全くもってありません。それらは完全に、独自の土地で形成された類話ですが、いずれの場合も、誕生は外的に大きな危険が生じているときに起こり、子どもは守られます。子どもが天上の神とともにいるように連れて行かれる場合もあれば、海の中に連れて行かれ、決められた期間そこに留まる場合もあります。ほとんど時を同じくして突然生じるこのようなパラレルなイメージは、根底にある元型が活性化されていることを示しています。それはまるで若枝《シュート》を出す球根や根のようです。若枝《シュート》が出るときには、全く同じではないけれども似ています。似ているということは、同じ根から出て来ているということを示しています。キリスト生誕の物語も同じ根から出て来ている若枝《シュート》です。救世主はまたしても非常に危険な状況の中に生まれます。ヘロデが殺そうとしています。新しく生まれた自己を危険が取り囲みます。その意味は、確立された意識の支配、自我によって受け入れられている意識の権威が、自己の誕生によって大きく脅かされているということです。[75]

救世主の誕生と運命は、連関したテーマ、二人の救世主のテーマへとユングを導き、彼はそれをパラグラフ168で示しています。

カバラの伝承には二人の救世主、救世主ベン・ヨセフ（あるいはベン・エフライム）と救世主ベン・ダビデ［ヨセフないしはダビデの息子としての救世主］という二人の救世主のことが語られている。この二人はモーセとアーロン、さらに二匹の鹿になぞらえられる。その根拠は、雅歌4：5にある。……申命記32：17によれば、救世主ヨセフは、「雄牛の初子である」。また救世主ダビデは驢馬に乗っている。救世主ヨセフが第一の救世主、救世主ダビデが第二の救世主である。救世主ベン・ヨセフは

75　このテーマの詳細については *The Christian Archetype*, chap. 3.［『キリスト元型』第三章］で論じている。

自らの血によって「ヤハウェの民の怒りをなだめる」ために、死ななければならない。ゴグとマゴグを敵にまわした戦いで倒れ、アルミルスに殺されることになるのである。アルミルスは反救世主で、サタンが大理石から作り出したのである。アルミルスは救世主ベン・ダビデに殺されることになる。後にベン・ダビデは、天上から新しいイェルサレムをおろし、殺された救世主ベン・ヨセフを蘇らせる。ベン・ヨセフは、後代に伝わる伝承においては、注目すべき役割で姿を現す。すでにコーラン注釈者タバリは、反キリストがユダヤ人の王となるであろう、と述べている。また……〔別のものにおいては〕救世主ベン・ヨセフはまさに反キリストとなっている。つまり救世主ベン・ヨセフは単に勝利を治める救世主とは逆の苦しむ救世主と性格づけられているだけではなく、最後には、その勝利を収める救世主への敵対者とさえ考えられているのである。〔訳書123ページ〕

ユングはこの節の中に、多くの伝説の素材を非常にコンパクトな形に圧縮しています。この「二重の救世主」が何を意味しているかについてもう少し考えてみましょう。

救世主ベン・ヨセフが個人的な父の息子を示すのに対して、救世主ベン・ダビデは元型的な父の息子を示しています。偉大なる歴史上の王としてのダビデは、より多くの元型的要因を担うでしょう。この二人の異なる救世主像という考えは、旧約聖書の中でかなりはっきりと展開されていて、そこには、救世主について言及しているとユダヤ教やキリスト教のあらゆる学者が同意する、多くのテクストがあります。次の二つの例のうち、一つは救世主ベン・ダビデと呼ばれるものについて言及し、もう一つは救世主ベン・ヨセフについて言及しています。王であり、勝利をもたらす、支配者である救世主と、意気地なしで苦しんでいる救世主という違いがあります。王である救世主の例は詩篇第二篇にあり、それは救世主の詩篇とされています。

何ゆえ諸国民は騒ぎたち、諸民族はむなしいことをたくらむのか。地の王たちは立ち構え、そして諸侯はともに相謀るのか、ヤハウェとその油を注がれた者［「油を注がれた者」は救世主を意味する］に対して逆らって言う。「彼らの枷をわれらは壊そう、彼らの綱をわれらから振り落とそう」と。

天に座する方は笑う。ヤハウェは彼らをあざ笑う。そうして彼らに語る、怒りをもって、憤怒をもって彼らをおびえさせる、「この私がわが王［つまり、彼の救世主］を浄めた、わが聖なる山シオンに」と。

私は述べよう、ヤハウェの掟について。彼は私に言った、「お前はわが子、この私が今日のお前を生んだ。私から請え、そうすれば与えよう、諸国民をお前の嗣業として、お前の所有として地の隅々まで。彼らを砕き去るがよい、鉄の笞で、陶工の器のように彼らを投げつけるがよい」。

さあ王たち、聡くあれ、賢くあれ、地の裁き手たち。ヤハウェに仕えよ、畏れつつ、……さもないと彼は憤り、お前たちは滅びよう。（1：12, JB）

これは、王にふさわしい、支配する、勝利をもたらす救世主を描いています。イザヤ書の中に「苦悩する僕」の何節かには非常に異なる姿があり、これもまた普遍的に救世主のテクストとして認められています。

多くの人が彼に驚いたように、彼の顔立ちは損なわれて人と異なり、その姿は人の子と異なっていたからである。彼は多くの国民を驚かす。王たちは彼のゆえに口をつぐむ。それは彼らがまだ伝えられなかったことを見、まだ聞かなかったことを悟るからだ。誰がわれわれの聞いたことを信じえたか。

主の腕は誰にあらわれたか。彼は主の前に若木のように、乾いた土から出る根のように育った。彼にはわれわれの見るべき姿がなく、威厳もなく、われわれの慕うべき美しさもない。彼は侮られて人に捨てられ、悲しみの人で、病を知っていた。また顔を蔽って忌み嫌われるもののように、彼は侮られた。われわれも彼を尊ばなかった。

誠に彼はわれわれの病を負い、われわれの悲しみを担った。然るに、われわれは思った、彼は打たれ、神に叩かれ、苦しめられたのだと。しかし彼は、われわれの咎《とが》のために傷つけられ、われわれの不義のために砕かれたのだ。彼は自ら懲らしめを受けて、われわれに平安を与え、その打たれた傷によって、われわれは癒されたのだ。（イザヤ書52：14－53：5）

いずれの節も救世主について言及していますが、全く異なります。それらは自己を体験した自我の二つの側面を表しています。一つの側面は、専制的な権威であり、従わねばならないもの、もう一つの方は苦痛を分け負う者、苦しみをも分け合う者です。それはあたかもヤハウェとヨブとが結びついて一人の人間になったかのようです。

個性化のプロセスにおいて、自我はこれら二つの人物に出会い、ある程度各々と同一化しますが、その同一化はできる限り小さい事が重要なのです。その人物は、自我がそれに取り憑かれるのではなく、それを受け入れねばならないという体験を象徴しているのです。自我が専制的な権威に屈服しなくてはならない時もあれば、それを生き生きと表現しなければならない時もあります。同様に、自我が、いわば苦悩する自己を埋め合わせるような〔楽しい〕体験をすることもあれば、また自我それ自身が、苦しみを体験して意識の全体性を取り戻すのを促す時もあります。

自己の体験、積極性と受容性という二つのヴァージョンは、それらの聖書のテクストの中に描かれています。ユングが『心理学と錬金術』の第一部で題辞としてイザヤの苦しんでいる雇い人の一人からの一節を選んでいることは、注目に値します。「折られた葦を、彼は引きちぎることもせず、煙る亜麻〔「明滅する灯芯」の方がよい訳であろう〕を消すこともせず」(42: 3, DV)[76]。

魚の象徴体系に戻りますが、ユングはパラグラフ174〔訳書129ページ〕でトビト書について言及しており治療に役立つ魚物語を数行に短くまとめています。この物語は分析のプロセスに非常に関連があるので、もう少し詳しく述べねばなりません。トビト書は外典の一つです。それはプロテスタントやユダヤ教の聖書にはなく、セプトゥアギンタ〔七十人訳聖書〕、ギリシア語訳旧約聖書からその内容を取ってきたカトリックの聖書にあります。その物語は特に分析的な魚の物語です。

トビトという老人がニネヴェに住んでいました。彼は目が見えず、迫害され無視され、死ぬまで祈り続けました。その同じ日に、若い女性サラというメディアの町に住むラグエルの娘も自殺を企てていました。というのも彼女は七回結婚をしたのですが、婚礼の日の夜いずれの時も悪魔アスモデウスが新郎を殺してしまったからです。これら二つの人物は異なるレベルにいます。つまり目の見えない老人と悪魔が夫を殺す若い女性、彼らはいずれも死にたいと思っています。

トビトは祈りの中で、かつてメディアに住むある男に一〇タラントの銀貨を預けたことを思い出しました。そこで息子のトビアを呼び「私はメディアに銀貨を預けているので、お前に行って取り返して来

76　CW12, p.1. 〔『心理学と錬金術Ⅰ』11ページ〕

て欲しい」と言いました。そこでトビアは伴の者を連れて出かけましたが、その者は天使ラファエロでした。一日目、彼らはチグリス川の河岸で野営しました。すると大きな魚が飛び出して来て、トビアの脚を呑み込むぞ、と脅しました。ラファエロは魚を捕まえ、それから心臓、胆汁、肝臓を取り出すよう言いました。それは凄まじい対決で、トビアは魚を捕まえ、〔内臓を〕取り出してそれらを取っておき、魚の残りの部分は食べました。

メディアに着くとトビアは銀貨を取り戻し、サラに出会いました。トビアは彼女を口説き、彼らは結婚しました。しかし婚礼の夜が来ると、ラファエロはトビアに取り出した魚の内臓の価値について教え、肝臓と心臓を燃やしてしまうように言いました。そうすればその煙が悪魔を追い払ってしまうだろうと。二人はニネヴェに戻り、魚の胆汁をつけると父親の目も見えるようになりました。この時点で、天使ラファエロは自分の正体を明かし、飛び去って行きました。

この物語は、魚の夢が現われる度に思い出されます。そして気をつけていれば、魚の夢はたくさんあります。その物語の中では、初めの状況は、目が見えないことと絶望です。トビトを自我、サラをアニマと考えることが出来ますし、あるいはまた逆にサラを自我、トビトとトビアをアニムス像として考えることも出来ます。いずれにしてもそこには二重の、つまり意識と無意識の絶望があります。トビトの祈りが物事を動かします。彼はお金を預けていたことを思い出し、トビアを取りに行かせます。こうして助けとなる天使が現れて導き手となり、旅が始まります。

そして物語の核心となる出来事が生じます。魚が飛び上がり、トビアを脅します。これは潜在的には癒しをもたらす魚なのですが、初めは脅かすものとして現れます。この魚はラファエロの低いヴァージョンと言ってもよいかもしれません。それから魚との戦いがあり、誰が誰を捕まえるのかが問題です。トビアが何とか魚を捕まえ、癒しをもたらすものを取り出し、他のことはすべて成り行き通りになりました。トビアはアニマに出会い、魚の癒しをもらす部分のお蔭で、婚姻はうまく整いました。豊かなリビドーが無意識から取り出され、意識にもたらされ、同時にトビトの目も治ります。

物語の革新的な出来事は魚との出会いであり、これこそが『アイオーン』の大部分が述べていることです。すでに明らかなように、そして魚に関する資料が蓄積されればさらにはっきりするでしょうが、魚のイメージは基本的に二つの意味を持っています。一つは、冷血で、無関心で、原始的な、幼稚な心《サイキ》、原初的な情欲のイメージ。その意味のもう一つの側面は、自己の象徴としてキリストや全時代 aeon と同一視されます。それゆえこれは最も高いものであると同時に最も低いものであり、このことは最初トビアの前に姿を現した時、対決されるまでは脅かすものでしたが、その後には非常に価値のある癒しをもたらす治療薬となったという事実に相応します。

魚との対決には、実際三段階あります。まず一番目に魚を捕まえること。二番目に癒しをもたらす効能を持つものを取り出すこと。三番目に現実の状況に治療薬を用いること。これら三つの段階を、捕獲、取り出し、変容と呼ぶことができ、これこそ分析プロセス全体の本質だと私は考えています。

このようなイメージの例は、私自身の夢にあります。私の分析の非常に初期の頃、イニシャルドリームと思われるものを見ました。夢の中で、金の魚が床を突き抜けて飛び出し、私はそれを捕まえようとしていました。それを捕まえるまではなかなか込み入っていましたが、ついに成功しました。次の仕事は、それから血を抜き取ることでした。私は魚から［血を］抜き取り、ビーカーの中に入れました。私は血を熱していました。そのプロセスが成功すれば血はずっと液体のままであるはずでした。危険なのは、プロセスが終わるまでに血が凝固することでした。一人の老人が、伝承を伝える人だと思うのですが、うまくいかないだろう、血はきっと固まる、と言います。しかし、私はそうは思いませんでした。私はうまくいく可能性がある、と血を熱し続けました。この夢には先ほどの三つの段階が含まれているのが分かるでしょう。捕獲、取り出し、そして変容。この夢はトビト書の個人版です。このイメージは多くの例が見つかります。

本章のもう一つの重要なテーマは、これもまた分析の根本なのですが、神イメージの崩壊というモチーフです。ユングは次のように述べています。

神というイメージは、心のヒエラルキーの中の至高の価値として、また最高権威として、自己に直結するもの、ないしは同一のものとされる。そして神のイメージに生じることはすべて、自己に影響を及ぼす。神イメージに関連する不確かさは、自己の持つ深い不安を意味している。だからこそこの問題は、その痛みゆえに、普通は無視されることになる。しかしこのことは、その問題が無意識の内部で問われていないということを意味するのでは決してない。むしろ逆である。その問題は解答されさえしているのである。たとえば、唯物論とか、無神論とか、それらに似た代用品によって。これらのものは伝染病のようにあまねく広がっている見解・信念にほかならない。これらのものは、正しい解答を持っているのに一向に埒があかないようなところに、ひょいと姿を現す。これら代替物は、本来問われるべき問題を脇へ押しやり、それによってすべての文化の特徴を示してくれるレッテルとも言うべき史的伝統の持続性を引き裂いてしまう。その結果は、混乱と粉砕だけである。キリスト教はかつて、愛する父としての神の善ということを主張し、少なくとも悪から実体を奪おうと努めた。だが、反キリストが出現するという原始キリスト教の預言や後期ユダヤ神学に見られるある種の考え方ならば、あるいはヨブ問題について下したキリスト教の解答にはまだもう一つ足りない帰結があると指摘することができたかもしれない。その帰結が不気味な現実となって、われわれのこの世界の二分裂化を通じて、いまや眼前に繰り広げられてわれわれを脅かしている。つまり神のイメージが破棄されると、きびすを接するように引き続いて個々の人間の人格の抹消が行われる、という点である。
（パラグラフ170、訳書125 - 126ページ）

これはわれわれの時代の病です。神イメージの崩壊。それについて考えれば考えるほど、多くの経験が蓄積します。われわれの時代の社会学的、個人的な兆候―犯罪、アルコール依存、薬物依存、児童虐待、方向を見失っている全般的な状態、これらすべては同じ事実の兆候、つまり神イメージの崩壊によるものだということが分かるでしょう。

ユングの言及はユング派の究極的な仕事を指摘しています。それは個人の中に神イメージを再構成することです。これは魚の物語が成し遂げることでもあります。同じ事を述べているのです。このことが分かれば、ユングが『アイオーン』の中で集めている難解な話題が、実は深くわれわれの分析の仕事に関わっているのだということが分かり始めるでしょう。

魚の歴史的意義（承前）

聖餐、聖体〔聖餐式のパン〕、ミサの儀式で配られる聖なる食べ物は、実体変化の起こったキリストの体と考えられます。ミサで食されるのは文字通りキリストの肉なのです。ここでユングは新たな主題を切り開きます。議論を怪物レヴァイアサンへと進め、それもまた聖餐の食物だと述べているからです。

ユダヤの伝統における……*pharmakon athanasias*〔不死の治療薬〕は、レヴァイアサンの肉、「救世主たる魚」の肉である。『タルムード』の「サンヘドリン」には、救世主は「魚が病者のために捜し求められても得られない時に初めて現れる」と記されている。バルクの黙示録によれば、ベヘモスとレヴァイアサンは聖餐の食物である。（パラグラフ**178**、訳書**132**ページ）

ベヘモス〔カバあるいはワニと思われる巨獣〕とレヴァイアサンが聖書の中で一緒に述べられているのは一箇所だけです。数行の詩句が、それが何であるかを思い出させてくれます。ヤハウェがヨブの前にまさに現れてきて、自分がどれほど偉大であるか、それに比べてヨブがどれほど小さくてみじめであるかを述べる途中で、これらの巨獣を産み出してその証拠とします。ヤハウェ曰く、

見よ、ベヘモスを。お前を造った私はこの獣をも造った。これは牛のように草を食べる。見よ、腰

の力と腹筋の勢いを。尾は杉の枝のようにたわむ。……これこそ神の傑作。(Job 40:15-19,ASV)

それからレヴァイアサンに移ります。

お前はレヴァイアサンを鉤にかけて引き上げ、その舌を縄で捉えて屈服させることができるのか。……彼がお前と契約を結び、お前の僕となったりするだろうか。……お前は彼を小鳥のようにもてあそぶとでもいうのか？……見よ、彼の望みはむなしく消える。(Job 41:1-9,ASV)

ヤハウェの獣身的側面はウィリアム・ブレイクのよく知られた絵が示すとおりですが（図14）、ブレイクはベヘモスを哺乳類の草食動物として描き、レヴァイアサンを深層の怪物と描きました。レヴァイアサンは聖餐の食物であるというユングの言葉は、ユダヤ伝説における重要なイメージである救世主の晩餐につながるものです。ラファエル・パタイの『救世主のテクスト』(The Messiah Texts)はこれらの素材を見事なやり方で一つにまとめているので、曖昧な文献をすべて検索する必要はありません。伝説が述べる救世主の晩餐は、救世主が来たときに開かれます。信心深い者、神に選ばれた者が彼とともに晩餐に招かれるのです。

［伝説によれば］神は雄のレヴァイアサンと雌のレヴァイアサンを作ったが、もし両者が交われば、……［その子は］世界全体を破壊してしまうだろう。それで聖なる者は、神の御加護があれば、何をしただろうか。神は雄を去勢し、雌を殺して塩漬けにして来るべき未来の敬虔な者のために保存した。そしてベヘモスも同じで……神が何をしたか。雄を去勢し、雌を冷却して来るべき未来の敬虔な者のために保存した……。その時、聖なる者は、神の御加護があれば、テーブルを用意してベヘモスとレ

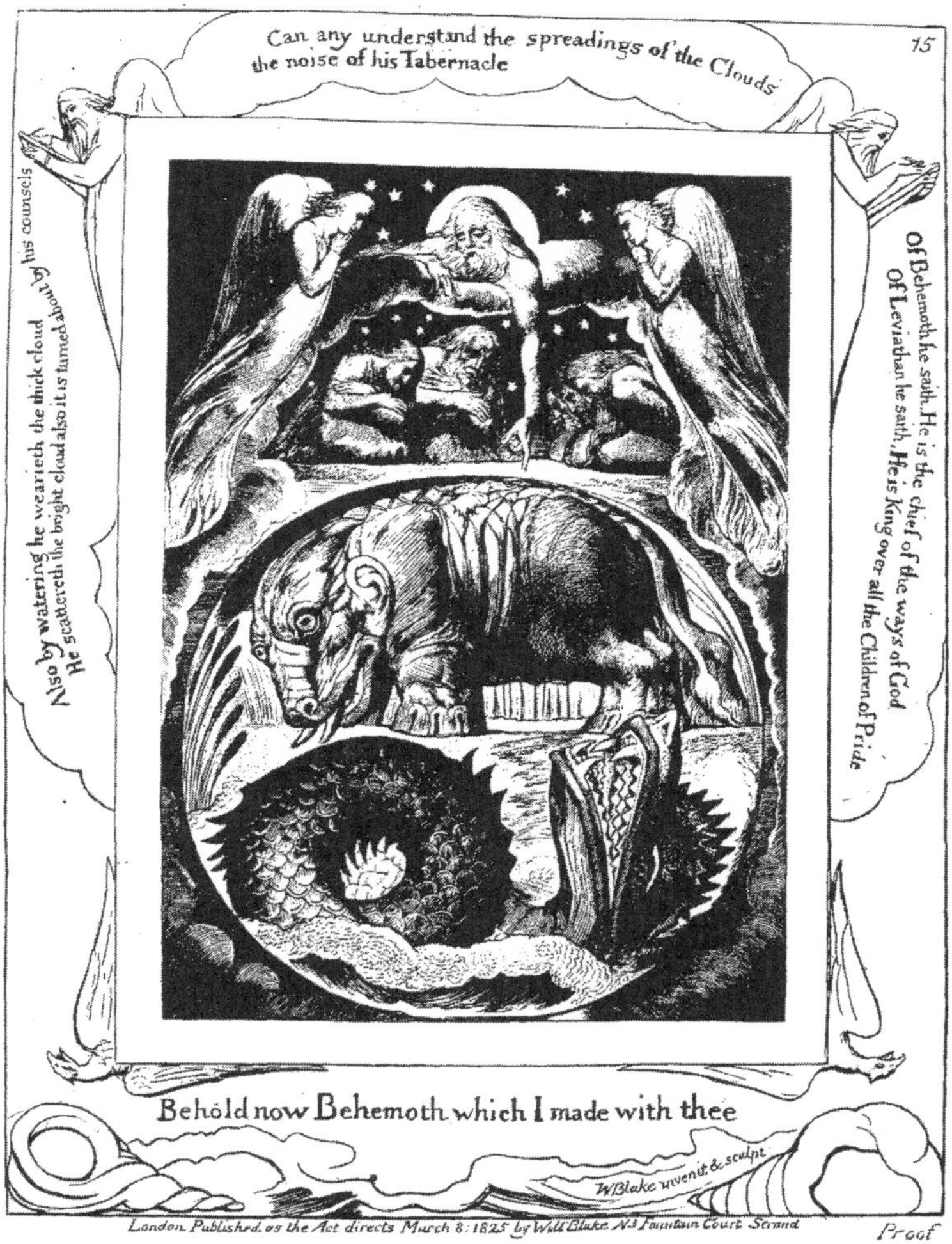

図 14　ウィリアム・ブレイクのベヘモスとレヴァイアサン
ヤハウェはヨブに対して自分の獣身的側面、ベヘモスとレヴァイアサンを見せた。

ヴァイアサンを屠殺した。……そして敬虔なる者のために晩餐会の用意をした。そして神は、その栄誉に応じて一人ずつ座らせ、こう言う、「リンゴのワインを飲みたいか、それともざくろのワインか、ブドウのワインか」と。敬虔なる者は答える、「あなたのものをお願いします……」。そして、聖なる者は、神の御加護があれば、ワインを持ってきた。創造の第六日からブドウの中に保存されていたものだった。……そして敬虔なる者はおのおの、その栄光を目にし、それぞれが指差してこう言う、「これが神だ、われわれの永遠の神だ」と。そして食べ、飲み、楽しんだ。聖なる者が、神の御加護があれば、祝福の杯が満たされたと命じるまで。[77]

祝福の杯とは、作られることになっている、神の御加護をうけた大きなトーストのようなものです。ユングはそれに言及してこう言っています、「ユダヤの「祝福の聖杯」は魚の絵で装飾されることもあった。というのも、魚は楽園で祝福された食物だったからだ」と(パラグラフ178、訳書132ページ)。

レヴァイアサンは原初的な幼児的な心を表象し、それが同化されるのは、救世主の到来の時、自己を意識的に認識した時だと伝説は言います。これは自分の前に跳び出てきた大きな魚を食べたトビアス〔『心の解剖学』訳書252ページ参照〕のイメージの壮大なヴァージョンであるといえるかもしれません。この伝説に見られる考えは、二通りに理解できます。救世主が来た時に、レヴァイアサンは聖餐の食物として食卓に出されると伝説は述べています。すなわち、自己がやってきた時に、原初的な幼児的な心は同化されるだろうということです。もう一つの捉え方は、原初的な心が同化された時に、救世主がやってくる、ということです。私は後者のほうが心理学的にはより正確な言い方だと思います。そこには魔術的な思考はありませんから。救世主とは、いうなれば、意識的に認識された自己を表象するものです。

救世主の晩餐はカソリックのミサの基底をなすイメージで、そこではその象徴体系が実演されます。残念なことに、儀式は、意識が成し遂げるような永続的な心理学的変容をもたらしてはくれません。救世主の晩餐は、集合的な人間性による意識の発達という企ての壮大なイメージだと思います。それは、人間という種の集合的な努力を象徴化するもので、意識が生まれ出るところの原初的な心と衝突し同化することによって意識が創り出されるのだと私は見ています。その作業の過程で、原初的な神―イメージは徐々に変容を被るのです。

私の個人的なイメージでは、巨大な晩餐のテーブルがあって、人類全体がそのテーブルの周りに座っています。テーブルにはレヴァイアサンを保存していた巨大な廃船がのっていて、食べられるのを待っている。あちこちに虫食い状に料理された部分はあるにしても、ほとんどの部分は全く生《なま》のままです。もし個人がほんの少し料理された部分の何がしかを食べれば、それを取り込む integrate ことができるでしょう。しかしほとんどの人々は、生のままのスライスを食べることになり、彼らは単に原初的な心と同一化することになり、それを生きることになるでしょう。その場合、意識はどこにもありません。しかし、自分の小片を料理して食べ続けた少数の人によって、非常にゆっくりとではありますが、レヴァイアサンは同化され、変容を被ることになるのです。

魚の象徴体系の古代の例を考察する際、ユングは二つのユダヤの黙示録に言及しています。黙示録というのは時代《イーオン》の終わりを著述した文献です。一つ前の時代《イーオン》〔本書は一九九六年の出版であることに注意。

77 *The Messiah Texts*, pp. 236ff. 〔『救世主のテクスト』〕

紀元前二〇〇〇年から紀元元年までの二〇〇〇年を指す」の終わりにたくさんの黙示録が澎湃《ほうはい》として書かれ、それはわれわれの時代のちょうど始まりの時に集中していました。ひとつはエノク書で、紀元前一〇〇年ごろに書かれたもの、後の二つは一世紀の後の四分の一（紀元七五年から紀元一〇〇年）の間に書かれました。イェルサレムの陥落直後のことです。その都市の消滅は数々の黙示録を生みましたが、それは元型的なイメージを個人の次元で表現したものでした。

エドガー・ヘネッケは黙示録的な思考を見事に要約しています。彼の考えによれば、それには四つの主な特徴があります。[78]一つは、黙示録的思考が表現しているのは二つの時代、一つは終末を迎えつつある今の時代、もう一つは来るべき時代という二つの時代の教義である、という点です。二つの時代とは、片や時間であり、片や永遠であると考えてもよいかもしれません。もちろん、われわれが生きている時代は頽廃期にある悪い時代で、来るべき時代が良い時代ということになります。これは二番目の特徴と密接に結びついていて、現在の時代に対する悲観主義と、未来の時代に対する希望という特徴として挙げられます。ですから、黙示録的な思考は、悲観主義と希望とが組み合わさったものであり、短期的には悲観主義、長期的には楽観主義ともいえます。

三番目に、この思考が強調するのは、普遍主義の概念と個人主義の概念であるという点です。歴史は一つの全体として見られ、世界と人類は、一つの単体《ユニット》とみなされます。ですから、狭い国家主義は超えられます。それと同時に、個人と神との間で進行していることが協調され、集合的なものと神との間で生じることや集団のメンバーとしての個人が強調されるのではありません。そうではなくて、個人そのもの、神的な過程に直面している個人そのものが強調されます。

ヘネッケが述べている第四の点は決定論です。黙示録的な思考は、出来事の成り行きが神によってあらかじめ決められていて、それゆえに多少なりとも予測されるものであると考えます。この決定論というのは、元型的なパターンの活性化、そしてそれを実際に生きることと等価です。個人の生活の中で、あるいは集合的なものの生活の中で、元型が出来事の経過を支配している分だけ、出来事は一般的な様式で決定されているといえます。そのパターンが既に措定されていたということです。

われわれもある時代の終わりにいるので、現代においてもおそらく、黙示録的な文献が現れていると考えるのは興味深いことです。古い黙示録は時代遅れです。現代の思考にはそれはあまりに原始的なものだからです。しかし、確かに時代の終わりを著述した文献もあります。ニーチェの『ツァラトストラはかく語りき』が一つの例ですが、シュペングラー Spengler の『西洋の没落』もそうです。もちろん、ユングの『アイオーン』もそのような文献の秀でた一例です。そのような著作は一つの時代《イーオン》が終わりを迎える時期以外には書けるものではありません。時代の最中には時代を全体として見ることはできないからです。

魚の象徴の両義性

ユングはここで、二つの異なる黙示録について語っています。最初はシリアの黙示録、バルク書〔旧約聖書外典の一つ〕です。

78 *New Testament Apocrypha*, II, pp.585ff.〔『外典福音書』〕

シリアの黙示録、バルク書（29: 1ff）によると、来るべき救世主に先立つ時代は十二の部分に分けられる。そして救世主は第十二段階に現れる。……そのときレヴァイアサンが海から現れるだろう。（パラグラフ181、訳書134ページ）

このシリアの黙示録はパリサイ主義のユダヤ人によって、おそらく紀元七五年ごろに書かれました。紀元七〇年に寺院が破壊された後のことです。イェルサレムの壊滅への葬送歌が含まれています。ここで、イェルサレムは具体的な町として考えられるだけでなく、信者の世界全体としても考えられます。その後、来るべき裁決の記述があり、それからバルクが語るのは、地上に降りかかることになっている12の災いであり、その後で、救世主が到来します。ここでベヘモスとレヴァイアサンが現れ、残されたすべての者たちの食べ物となるのです。

この黙示録において、海から作られた大きな雲に関するヴィジョンがあります。その雲は空に浮かび上がっていくのですが、その空には黒い水と白い水、あらゆる色の水があります。この雲は一連の十二の川を発し、それが地上に降ります。その中には黒い川もいくつかあり、わずかですが明るい水の川もあります。バルクは、いま目にしているのは、アダムから救世主にいたる世界の歴史の全体であり、これらの十二の異なる川がこの歴史の異なる位相を表象しているのだ、と告げられます。十二の川の後で救世主が到来します。『アイオーン』の中で、ユングは、シリアの黙示録などの非常に広範な資料を通じてわれわれの注意をひいていますが、それらの引用の背後にあるものにたどり着くためには、原典の文献に当たらねばなりません。そうしてはじめて、ユングが言ったことの背後にある象徴体系の全範囲を垣間見ることができるのです。

ユングが言及しているもう一つの黙示録は、黙示録的な第二エズラ書です。

アウグスティヌスにおいて魚たるキリストが「深みから引き上げられ」たものだとされているように、第二エズラ書13：12以下では、「人間」は海の中から生じる風のようにやってくるのである。人間の先触れをするのは鷲と獅子、すなわち獣身のシンボルであり、それを見た予言者に非常な恐怖を与えたのは、ヨブ記でベヘモスが主として恐怖をかきたてるのと同じである。（パラグラフ185、訳書136－137ページ）

ユングはただこのようにそれとなく言及してすぐに次に移っていますが、この文献はもう少し注目に値するものです。第二エズラ書は、バルクの著作と同じ頃に書かれたもう一つの黙示録です。第二エズラ書を要約するのは不可能です。というのも、非常にたくさんの様々なヴィジョンから成っているからです。しかし、ユングが言及している特別なヴィジョンは、予言者―予見者が十二の羽根と三つの頭を持つ鷲が海から上がってくるのを見るというものです。鷲は地上全体を支配します。さらに羽根が生えてきて、いくつかは地上に落ちます。そこで流れていく全プロセスが歴史の流れと解釈されるものです。そしてライオンが吼えながら森の中から出てきて、鷲の悪事を叱りつけ、鷲は燃やされます。

ライオンが表象している救世主が、鷲とそのいろいろな羽根で表象されるような地上を支配する悪者を打ち負かすために現れるのだ、と告げられます。その後、暴風が海を掻き回し、その結果その中から人が現れてきて、天の雲の中に飛んで行きます。その口から発せられる声は、それを聞くものをすべて溶かしてしまうので、それはバルクの黙示録に出てくる水の川の変化形といえます。たくさんの人間がこの天の人物に戦いを挑みますが、その人物は山の上に立ったまま、口から吐き出す炎の煙が火炎流となって、その火の粉の嵐が反抗してくる人間を燃やしてしまいます。黙示録の世界の終末の部分はすべて、そのあとに最後の審判が続きます。最終的に、これらの黙示録的な著作にしばしば見られるように、それらのイメージを見た人は自分のヴィジョンを書き止め、公刊するように告げられます。ヨハネの黙示録でヨハネにも同じことが生じています。ヨハネの黙示録はこの形の文献のもう一つの古典的な例です。

魚の象徴体系を怪物レヴァイアサンから他の古代の怪物も辿りながら、ユングはパラグラフ185で、マルドゥクとティアマトに言及しています。

ヤハウェはその「理解」(*tebuna*)を持ってラハブを打ち砕いたとある。ラハブは海の怪物であり、実の従姉妹がティアマトである。ティアマトは、マルドゥクがイムフル(Imuhullu)、すなわち北風を吹き込んでばらばらに引き裂かれた。〔訳書137ページ〕

ここで再び、ユングは言及するだけで、読者がそれについてよく知っていると仮定して通り過ぎていきます。マルドゥクの話を以下に要約しておきますが、これはアレクサンダー・ハイデルのテクスト、『バビロニアの創世記』から採ったものです。マルドゥクは神々の若い英雄でした。古い神々は怪物ティアマトの暴威に支配されてきたので、マルドゥクは彼女〔ティアマト〕との戦いに出掛け、その邪悪なやり方を辛辣な言葉で弾劾し、彼女に決闘を申し込みました。ティアマトは理性を失って逆上したかのようになりました。挑戦を受けて、両者は一対一で決闘しました。マルドゥクは自分の網を広げてティアマトを網にしとめ、ティアマトが口をあけて彼を呑み込もうとした時に、マルドゥクは北の邪悪な風(イムフル)をティアマトに流し込み、その口が閉じられないようにしました。それからその開いた口に矢を放ち、矢は心臓を貫いてティアマトは絶命しました。マルドゥクはティアマトの死体を投げ倒し、棒で容赦なく頭蓋骨を割り、動脈を切り、北風がその血を南に向かって運ぶようにしました。最後に、彼はティアマトの巨大な体を二つの部分に分割して世界を作りました。死体の半分から天を創り、もう半分からは地を創ったのです。

この話は、世界両親 the world parents の分離というエジプトの原初的な創造神話の変化形です。エジプトの神話では、シューという神が、片時も離れることのない状態にあった世界両親の間に入り、二人を持ち上げて引き離し、その結果一方の神が天に、もう一方が地になりました。これは意識の発達する様子のイメージでもあります。意識が無意識の内容に触れる時にはいつでも、その内容は対立物に分けられます。それが創造神話の基本的なテーマです。[79]

この特別な元型的イメージの一例が、私自身が幼い時に見た夢で、おそらく一歳前に見た夢だと私は確信しています。その夢で私は、滑らかさと粗さとを交互に体験していました。滑らかさは天国で、粗さは地獄でした。どう言葉で表現したらいいかわかりませんが、ただ体験している状況だけは残っていて、それが相互に対照的でした。その夢は、人生のそれほど初期においても、対立物がいかに分離させられつつあるかを示す一例です。姿を現しつつある幼若な自我は、それが好むものと好まないものとの間に線引きをし始めているのです。

対立物の発生というこの考え方を、さらにユングは、魚の二重の性質に関する議論へと続けます。

79　このテーマは拙著 *Anatomy of the Psyche*, pp.183ff.〔『心の解剖学』219－221ページ〕で詳しく論じている。

『アイオーン』第九章の大半がこの主題に関するものです。いくつかの初期の文献によると、原初の海の怪物は二つに分割された、とユングは語ります。二つのレヴァイアサンについて語っている文献もあります。後に、この二重化はベヘモスとレヴァイアサンのペアという形で表現されるようになります。ユングがそれを別の言い方で述べているのがパラグラフ183〔訳書135ページ〕で、そこでは原初の神が自分自身からレヴァイアサンを分離した、あるいは自分自身から怪物を分離した、それゆえに対立は神と怪物の間のものとなった、と述べています。しかし、その後、怪物が二つに分裂し、対立はもはや神と怪物の間の対立ではなくなり、二つの怪物の間の対立となった。その後に二つの魚、良い魚と悪い魚とがでてきたと。これは、後にユングが神の二人の息子、キリストとサタンとについて述べていることと同一の元型的イメージが変化したものです。二匹の魚のイメージは二人の息子の原型です。キリストが良い魚、サタンが悪い魚です。その象徴は、自己が意識の影響下でどのように分化するかを示す一例です。これはユングがパラグラフ185で述べている影の二重化にも見ることができます。

このような分裂は、夢の中にしばしば出てくる影の二重化に相当する。夢においては、二つの片割れが異なる姿で、あるいは敵対する姿すらとって現れてくる。これが起こるのは、意識的な自我人格が、それが含みうる内容もしくは構成要素を全部は包括していない場合である。〔訳書**136**ページ〕

さらにもう一つ考慮すべきは、この種のイメージが夢に見られるときには、対立物の自覚が意識に入りつつあることを示しているということです。そのような時には、無意識的な内容はしばしば夢の中で二重の形で現れてきます。それはティアマトのように引き裂かれます。起こり得ることとして、その形の半分が受け入れられて意識に付与されます。夢見手が好む方の半分です。そして好まない方のもう半分は再び抑圧されます〔無意識へと押し返されます〕。

ここで関連しているのが、魚のパラドキシカルな二重性という性質です。これについてのいくつかの根拠を示したあとで、ユングは続けてこう言います。

魚に対する両義的態度は魚のもつ二重性を反映したものである。魚は一方では不純で憎悪の徴であると共に、もう一方では崇拝の対象である。

魚の卑しむべき側面に関する興味深い言及が、パラグラフ178の最後の部分にある註61〔訳書では註53〕に出てきます。「ペクトリオ碑文の *esthie pinaon* を参照せよ」〔訳書410ページ〕。ユングは、『アイオーン』の本文の中では、これらのギリシア語を翻訳していません。89ページに戻ると、パラグラフ146〔145の誤り〕の註71〔訳書では註69、398ページ〕にペクトリオ碑文からのユングの引用を読むことができます。「その魚を両手に持って……食せよ。この魚が救世主の滋養となることを、私は切望する」とありますが、読み方が不明の部分があります。ユングは、おそらく *peinaon* ではなく *pinaon* と読むのだろうと述べて、パラグラフ147〔178の誤りと思われる〕の脚注でその問題について、再びその註を参照させています。これは私の興味をそそります。というのも、実際すべてのギリシア語にユングは英語の解釈を与えているのに、ここではそうしなかったからです。その理由は、秘密の智慧を忍ばせているからです。お分かりのように、「*pinaon* を食べる」は汚れたものを食べること、不浄のものを食べることを意味します。ユングが話題にしているのが聖餐の食物についてであることを思えば、これはかなり衝撃的です。そういうわけで、ユングはギリシア語のその言葉を翻訳しなかったのです。

これと同じパラドキシカルな智慧が、パラグラフ185に暗に示されています。

アウグスティヌスにおいて魚たるキリストが「深みから引き上げられ」たものだとされている……。深みから引き上げられる魚は、レヴァイアサンとひそかな関係を有している。つまりこの魚は餌であって、レヴァイアサンはこれに引っかかって捉えられるのである。おそらくこの魚は、大きな魚の複製であって、そのプネウマ的〔精神的〕側面を表すものだろう。レヴァイアサンにそのような側面があることは明らかであり、というのもレヴァイアサンは、イクテュス〔魚。Jesus Christ, Son of God, Savior の頭語でもある〕と同じように、聖餐の食物だからである。（パラグラフ185、訳書137ページ）

ユングが言っているのは、象徴的に言えば、レヴァイアサンはキリストと同じであるということです。両者は象徴的には等価であり、それゆえ、聖餐式の食事においてキリストの肉を食べる時、レヴァイアサンを食べていることになるのです。あるいは逆に、レヴァイアサンを、原初的な幼児的心を、ごく少量でも同化すると、聖なる聖餐式に参与していることにもなるのです。

北という象徴体系については既に議論がなされましたが、ユングは本章で再びそれに戻り、パラドキシカルな二重性をもつ北という資料をさらに読者に想起させています。パラドキシカルな魚と同じように、北は対立物を結び付けます。北は神が生まれる場所であり、エゼキエルの至高のヴィジョンの源泉でもあります。そして同時に、セトや悪魔の住まう場所でもあります。その理由は、宇宙の軸は北極星に根をおろしていて、北極星が宇宙の中心であるからではないかと思います。偉大なる宇宙マンダラの中心がそこに位置しているのです。図15はこれを視覚的に示すイメージです。これは北天の低速度撮影による写真です。そこにみられるものをフランシス・トンプソンは「輪転システム wheeling system」と呼んでいます。彼は「輪転システムが暗くなる場所」について語っています。[80]

この図は、極に直接焦点を当てるとどんなふうに見えるかを示しています。これは神が住まう場所で、それがその絵の中心です。古代人は低速度撮影の写真を持っていたわけではありませんが、彼らの無意識は天空に見られる同心円のこのイメージを認識していたことだろうと思います。

図 15　北天の低速度撮影による写真

写真は極星の周囲を回る星の光跡を示し、宇宙の中心のイメージが表れている。

80　"In No Strange Land," line 9, in Louis Untermeyer, ed., *Modern American Poetry and Modern British Poetry*. 〔『現代アメリカ詩集およびイギリス詩集』〕

14. パラグラフ193 - 212

錬金術における魚

『アイオーン』の中の主要なテーマは、錬金術における魚のイメージです。ユングは魚の象徴体系を過去二〇〇〇年に遡って辿り、錬金術書に初めて現れた魚の象徴を突き止めています。最初の言及はクラゲ jelly-fish についてです。

海の中には丸い魚がいて、その魚には骨もなければ皮もない［皮の他の訳語としては鱗や貝などがある］。それ自体は脂肪膨れしていて摩訶不思議な力を持っている。魚を火にかけてゆっくり煮てゆくと、やがて脂肪と水分がすっかり取れて……海水がしみわたり、ぱっと明るく輝く（パラグラフ195、訳書144ページ）。

ユングは続けてもう一つの論文から引用して、こう述べています。

キトリニタス *citrinitas*（クサントシス xanthosis、黄化）が現れると、「哲学者のコリリウム *collyrium*（点眼水）が生じる」。哲学者がこの点眼水で目を洗うと、彼らは哲学の奥義をたやすく理解できるようになるというのである（パラグラフ195、訳書145ページ）。

これはトビト書を思い出させます。トビト書では魚から絞り出した胆汁が老人の盲目の点眼水です。

弱火で丸い魚を暖めると、輝き始め、ユングをプリニウスへと、そして海の星stella marinaという古代思想へと導きます。

この魚は熱くて燃えていて……火の性質を持っているので、これを棒でこするとその棒は松明として用いることができる。……この動物は自分の中に熱を有していて、自分の触れるものすべてに火をつけるばかりではなく、自分の食べ物を作り上げる。したがってこの魚は真の愛の持つ、消しがたい力を意味する（パラグラフ197、訳書145ページ）。

ユングは続けて、クラゲの丸さや、ハブを中心とする放射状構造を、象徴として特に重要な事実であると述べています。図16は、上から見たところ、横から見たところ、下から見たところを示しています。これは生きているマンダラです。ユングは、大きなクラゲが地球のすばらしいイメージであることを示しています。錬金術師の次のような言葉に言及しています。「極にはメルクリウスの心臓がある」、「メルクリウスは真の火で、その火の中に主が憩っている」（パラグラフ206、訳書151ページ）。

それからユングは、地球の東西の緯線と南北の経線が、十字つまり四要素構成をなし、これは地上の極を特徴づけるものであると説明しています。つまり、極から四方向に放射状に発しているのです。したがって北半球は、ヒドロクラゲ、クラゲの丸い半形体に似ており、その球形の表面は四つないしは四の倍数に分かれて放射状に広がっています。そして、それゆえ極から眺めた地球儀のように見えるのです。この記述は、ユングにとってクラゲのイメージと特別なつながりがあることを示しています。まさに次のパラグラフで、このつながりは、ユングが若い頃に見た重要な夢から生じていることが分かります。ここではそれが自分自身の夢であるとは述べていませんが、『ユング自伝』の中で、この夢は自分

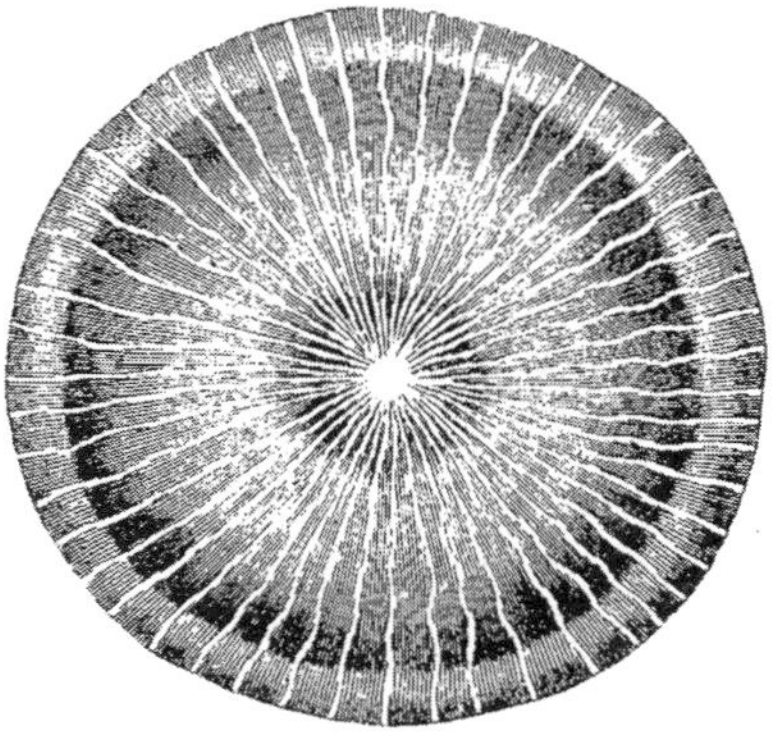

上面図

側面図

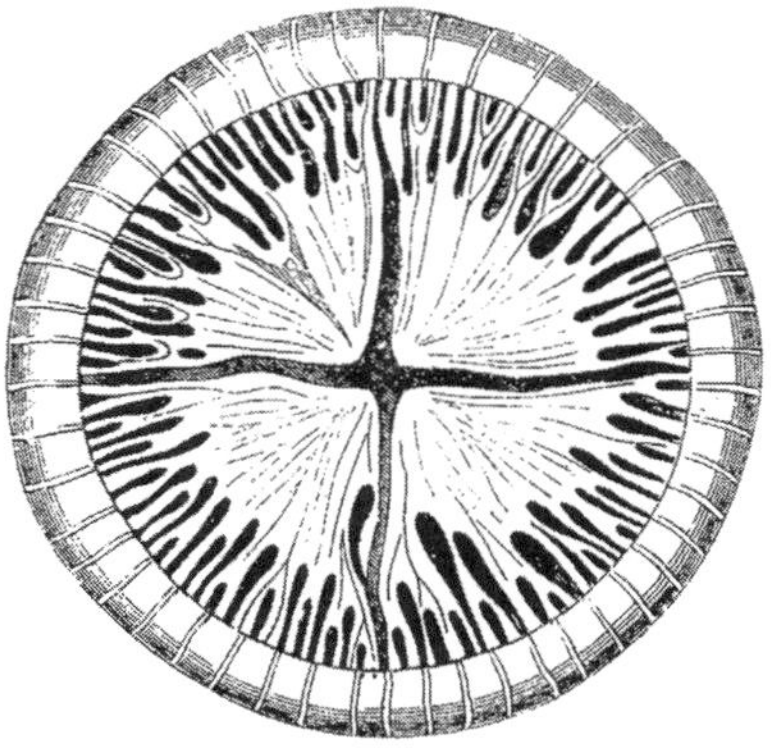

下面図

図16　クラゲ―生きたマンダラ

の夢だと言っています。

彼は森の中を歩いている夢を見た。森はだんだん寂しく、しだいに密林状になっていく。夢見手はついに、原生林の中にいるのに気づいた。木々は高く、葉はうっそうとして、そのため足元の地面の辺りはほとんど暗闇に近い。とっくの昔に、たどるべき道という道はすっかり消えてしまっていた。しかしあてどない期待と好奇心に駆られるままに前へ進むうち、やがて出くわしたものがある。円形の池で、直径はほぼ十ないしは十二フィート。それは泉で、水晶のように澄んだ水も木々の暗い闇の下ではほとんど黒も同然である。池の中央、水の中にうっすらと明るく、真珠のように輝く物体が漂っており、およそ直径十八インチ〔約四十五センチ〕で、うっすらと光を放っている。クラゲだった

（パラグラフ208、訳書152ページ）。

ユングは、『ユング自伝』の中ではこの体験をより情動的に記していて、興味深いです。

［森には］水路が縫うように通り抜けており、その一番暗いところに、私は茂った藪に囲まれた丸い池のあるのを見た。半ば水に浸って、とても奇妙で不思議な生き物が横たわっていた。それは丸い動物で、乳白色に輝き、無数の細胞か触手のような形をした器官から成り立っている直径約三フィート〔約一メートル〕の巨大な放散虫だった［ここで、放散虫は一メートルと書かれていますが、『アイオーン』では五十センチとなっています。この象徴的な魚のイメージはとても生き生きとしているので、一つの大きさには収まらないということを示すものです。それは変化しているのです］。このすばらしい生き物が、秘密の場所の澄んだ深い水の中に、邪魔されずに横たわっているのは私には言い尽くせないほど不思議に思えた。それが私の中に知識に対する強い欲望を生じさせ、私はどきどきしながら目を覚ました

のだった。……［それは］圧倒的に科学を支持するとに決めさせ、あらゆる疑念を拭い去ったのである。[81]

この夢がユングを職業上の方向付けに導いた、というのはどうしてでしょうか。当時ユングは職業を選ぶ上で混乱の状態にいました。自伝の中に表現された一つの考えは、この自然の生物体のイメージが、自然科学を勉強するという考えへと導いたということです—自然科学 *Naturwissenschaft*、それがユングの用いた言葉です。もう一つは、生きているマンダラとしてのクラゲは一種の有機的な極であり、人は自分自身の生きている北極星に出会うと、それに導かれるとも考えられます。そして自分がどこにいるのか、どこに行こうとしているのか、何をやるべきなのかが分かるのです。これらの夢の見方はどちらも重要だと私は思います。

海の火の星は、あまりに熱くて自ら料理されてしまう魚ですが、火の象徴体系へと通じています。ユングはヒトデの火について述べている多くのテクストを引用し、対立し、矛盾する言葉でそれについて述べています。例えば、ユングが引用したピキネルスは次のように述べています。

「この魚は常に水の中にあるときに焼けて赤く光り、またこの魚は常に自分が触れるものを熱し燃え上がらせる」。このように焼けて赤く光ることは、火、すなわち聖霊を意味する火である。……また聖霊降臨の奇跡の火の舌を引き合いに出す。［このことはピキネルスに神的な恩寵を思い出させる］……それは「罪の海原に」溺れた心に再び火をともすのである。同じ理由から、魚も愛《カタリス》と神の愛を意味する。

81 *Memories, Dreams, Reflections*, p.81.〔『ユング自伝1』131ページ〕

ユングは、この燃える魚が結びついているのは、神性を汚す愛であって、ただの神の愛ではなく、実際に地獄の火を表象しうると指摘しています。

　魚は……焼けるが輝きはしない。［聖バシリウスの言うには、］「これについては、次のようなものを考えてみられんことを。すなわち、深い海、どうすることもできない漆黒の闇、輝きなき火、燃える力は持っていても光を奪われた火、などを考えてみられんことを」。［この考えは地獄の火のことを言っているのである］。それは「concupiscentia（欲望）」、「scintilla voluptatis（情熱の火花）」である（パラグラフ199、訳書147ページ）。

ここでは同じ火の魚が、一方では神の愛と神の恩寵、他方では地獄の火、情熱の火花を表していると述べられています。ユングは、解釈する者が迷うことなく同じ象徴に正反対の解釈を与えることができることはとても奇妙だと述べています。この火の魚の二側面は以前に論じた魚の二重の性質と対応しています。別のテクストがこの二重性を更に示しています。

　火あるいは生石灰を取るがよい。哲学者たちは、生石灰は木々の上に生えていると言っている。この火の中に、神自身が神聖な愛に包まれて燃えている……この火がないことには、仕事《アート》は成就しない。同じように哲学者の火があり、……同じように神が地の中で創りたもうた最も高貴なる火がある。その火は幾千という徳を有している。これについて師はこう述べている。神は大きな力と影響を与えたため……神性自体がこの火と混じりあわされたのだ、と。そしてこの火は地獄における煉獄と同じように、浄める働きを持つ（パラグラフ200、訳書148ページ）。

それは、神聖な愛の火であると同時に煉獄の火なのです。ユングがそれらのイメージをこれほどまでに強調するのは、心《サイキ》とはそもそもこのように自らを特徴付けるものだからです。それがリビドーの本質なのです。つまり、神聖な、神の火、神の愛であると同時に煉獄の、地獄の火なのです。リビドーのエネルギーは、一方で原初的な欲望として現れ、無意識に、原始的な強烈さの中に顕れるときに使い尽くされます。他方、その意識的な、分化された姿においては、それは個人を超えた愛として現れ、人類の最も崇高な機能です。最も高く、意識的なレベルで評価しているのです。動物たちとわれわれはこの低いレベルを共有しているのです。動物はおいしい食べ物を評価できますし、われわれもできます。しかしながらそれは客観的な愛ではありません。それは低い形態、つまり強欲 concupiscentia なのです。

この文脈（パラグラフ200、注20、訳書415ページ）において、ユングはアリスレウスのヴィジョンについて言及しています。[82] 錬金術の哲学者であるアリスレウスは、困難に陥っている王を助けるため、幾人かの仲間と海底に降りて行きます。アリスレウス自身、面倒なことに巻き込まれていました。近親相姦罪に問われていたのです。その結果、アリスレウスと仲間たちはガラスの家の中、つまり錬金術の器の中に監禁され、強烈な熱にさらされました。このためユングは「これはアリスレウスのヴィジョンを思い起こさせる」と述べたのです。強烈な火、海中の熱は、海中の熱い火の魚に対応します。アリスレウスと彼の仲間たちが体験した強烈な火は変容させる力を持ち、良い結果をもたらしましたが、彼らは煉獄の火を耐え忍ばなくてはなりませんでした。

あるテクストによれば、火は四位一体的性質を持ちます。

82 *Psychology and Alchemy*, CW12, pars. 435f. and 449f.〔『心理学と錬金術Ⅱ』147ページ、176－182ページ〕も参照されたい。

ブラシウス・ヴィゲネルスによれば、火は二つの相ではなく四つの相を持つ。［第一の相は］叡智的相であり、これはすべて光である。［第二の相は］天上的相で、これは暖かさと光である。［第三の相は］元素的相で、これは下方世界に属し、光と暖かさと輝き（ardor）という特徴を持つ。最後の［第四の相は］地獄的相であり、これは叡智的相に対立し、光を欠き、赤く光って燃えているだけである。ここで再び、古代から火と結びついていた四位一体的要素と出会う。それは、エジプトのセトとホルスの四人の息子といった考えや、北の、火の領域におけるエゼキエルのヴィジョンに見られる。［この場合でも］ヴィゲネルスが、これに関連してエゼキエルのことを考えていた可能性は、全くないように思われる。（パラグラフ203、訳書149ページ）。

ユングはこの段落に重要な脚注を添えています。

夢に自発的に現れる四位一体的象徴は、私の見る限りつねに、全体性あるいは自己を示唆している。火は情熱、情動、欲望、人間的資質の情緒的衝動力一般、つまり結局のところ「リビドー」概念の元に理解されるものの一切を意味している。もし火について錬金術師たちが四位一体的性格を付与したとすれば、そのことはまさしく自己がエネルギーの源泉であることを言わんとしているのである。

この力強い言及は、何の前触れもなく、とても穏やかに差し挟まれています。それが何を意味するか考えてみましょう。それはかなり大きな意味を持ち、また実践的な分析の仕事においては非常に重要です。例えば、分析の始まりにおいてアナリザンドの既往歴や生育歴を集めるとき、それが肯定的であろうと否定的であろうと、われわれはリビドーの強さが示される側面について知ることに興味を持ちます。強烈な場所というのは、自我の発達段階に自己が触れていることの指標になるからです。日常生活の出来事を分析する上でも同じことが当てはまります。あらゆる種類の強烈な欲望や反応は、それが肯定的、創造的、生産的であろうと、あるいは邪悪で危険なものであろうと、重要なのです。いずれにしてもそれらは自己に由来するものであり、われわれが最も注意を払わねばならないものなのです。それゆえ、ユングは惜しげもなく火や炎の魚の象徴体系にこれほどの注意を払っているのです。それは心《サイキ》の最も重要な内容物の一つのイメージなのです。

別のテクストからの火の象徴体系のもう一つの側面が、パラグラフ210に述べられています。

ピキネルスは、彼の海の星《ステラ・マリナ》、すなわち「水の只中で燃えるが、光を発しない」この魚は、聖霊、愛《カリタス》、恩寵、宗教を表すのみならず、人間の中のあるものを意味していることを察知している。それはすなわち、人間の舌、というかあるいは人間の言葉と表現能力であり、その機能の中にあらゆる心的生活が表されているからである。明らかにピキネルスは、本能的で反省のない心的活動のことを考えている。というのは、ヤコブの書3：6を引用しているからである。そこには「舌は火である。不義の世界である。舌はわれわれの器官の一部であるが、全身を汚し、生誕の車輪を燃やし、自らは地獄の火で焼かれる」とある。〔訳書153ページ〕

ユングは、このテクストが仏教の考えと類似しているという事実について述べていて、火のイメージを扱うとき、考慮すべき象徴体系を思い出させます。それは仏教の「火の説教」です。この「火の説教」ほど、仏教の本質についての教えをうまく伝えてくれるものはありません。以下に、それからの、幾段落かの引用を示しています。

師よ、万物は燃えている。燃えている万物とは何なのか？　目は燃えている。形あるものは燃えて

いる。目の意識は燃えている。目によって受けた印象は燃えている。そして目によって受けた印象によって生じた、いかなる感覚、快不快ないしは無関心もまた燃えている。情熱の炎、例えば憎悪の炎、心酔の炎、誕生、高齢、死、悲しみ、悲嘆、苦悩、嘆き、絶望も燃えている。耳は燃え、音は燃えている、……鼻は燃え、臭いは燃えている、……舌は燃え、味は燃えている、……触れるものは燃えている、……精神は燃えている、精神の意識は燃えている、……。そしてこれらは何とともに燃えているのか。情熱の炎、憎悪の炎、心酔の炎、誕生、高齢、死、悲しみとともに。

これを知り、学者、高貴な弟子は目への嫌悪を抱き、形あるものへの嫌悪、目の意識、目によって受けた印象への嫌悪、……、耳への嫌悪、……舌への嫌悪、……精神への嫌悪。……そして［これらの嫌悪を］受け入れることで［弟子は］、情熱を奪われ、情熱がなくなることで自由になる。[83]

前者［ピキネルスのテクスト］はそれを極めて字義的に述べています。［それに対して］こちらは、原初的な炎、原初的なリビドーの、地獄の側面の対極にある精神的《スピリチュアル》な側面をどのように組み立て布置するかの過激な例です。

火の象徴体系と車輪の象徴体系は、ユングが引用しているヤコブ書3：6のテクストの中で一つになっています。「舌は火である。不義の世界である。舌はわれわれの器官の一部であるが、全身を汚し、生誕の車輪を燃やし、自らは地獄の火で焼かれる」。聖書の翻訳との違いに注目すると興味深いです。ここでは「生誕の車輪」と訳されているものが別のところでは「自然の過程」、「自然のサイクル」、「創造の車輪全体」、「われわれの存在の車輪」、「人生の過程」と訳されています。

この生誕の車輪あるいは創造の車輪のイメージは、原初の自己として理解できます。それは全体性の原初の状態で、無意識のまま自我が結びついています。個性化のプロセスが布置されると、自我は意識化されることを求められ、自己とは同一視しないことが求められます。自我にそのようにするよう促すと、この無意識的な自我と自己の同一視は、幼少期や子ども時代には非常に心地よいものなのですが、激しい苦悩となるのです。イクシオン〔ヘラを愛したことで永遠に回転する車輪に繋がれる罰を受けたテッサリア王〕の偉大なる神話がその例です。イクシオンはヘラを誘惑しようとしましたが、彼の恋人は雲のヘラであることがわかり、彼は回転する炎の車輪に繋がれたのです。多くのギリシアの壺の絵には地獄と炎の車輪に繋がれているイクシオンが表されています。それは、個性化が活性化され、求められているときに、無意識に自己と同一化している苦悩のイメージです。

オルフェウスの黄金の刻板にあるこの否定的な車輪への言及が、ジェーン・ハリソンの著書『ギリシア宗教の研究入門』*Prolegomena to a Study of Greek Religion* の中にあります。古代のオルフェウス教はエジプトの密教と似通った考えを持っており、それは、死者は来世で至福の状態に至るためにある質問にうまく答えねばならないというものでした。それゆえオルフェウス教の信者たちは、黄金の刻版を死者の墓地に埋め、いかに質問に答えるかを記しました。黄金は劣化しないので、現代の考古学者たちがそれを掘り出し、われわれはそれを読むことができます。死者は、質問をする門番のところに行くことになり、告げねばならないことの一つが、車輪のイメージであると言われます。死者は自分自身の身元を確認せねばならず、自分は何者か、何を成し遂げたかを告げねばなりません。それから、刻版によれば、

83 E.A. Burtt, ed., *The Teaching of the Compassionate Buddha*, pp. 96f.〔『慈悲深い仏陀の教え』〕

死者は門番に次のように言うことになっています。

私は悲しくて退屈な車輪から飛び出した。
私は熱意ある足で、希望する円環を通り過ぎた。
私はデスポイナ、地下の女神〔つまりペルセポネ〕、の胸に抱かれ、……
幸福で、至福を受けた者、汝は不死の者ではなく神となるだろう。[84]

この教えは注目すべき言葉で締めくくられています。「私がミルクの中に落とした子どもよ」という言葉です。それはあたかも、いったん門番を通り抜ければ、ミルクの大海が天国の至福のイメージとなるかのようです。しかし、まずはじめは「私は悲しくて退屈な車輪から飛び出した」と告げねばなりません。この悲しくて退屈な車輪は、ヘイマルメネー *heimarmene*〔運命〕と呼ばれるもの、自分が縛り付けられている自らの十二宮の車輪に相応するのです。

無意識に原初の全体性と同一化している限りにおいては、元型的な運命、悲しくて退屈な車輪に縛り付けられています。車輪の束縛から飛び出すことは、心理学的に自分の全体性の車輪について意識的になることを意味しています。そうすれば自分の元型的な運命を進んで選ぶことになるのです。それはもはや無意識的な束縛ではありません。もはやイクシオンの炎の車輪でもありません。車輪に縛り付けられているイメージはすべての異なる文化的な文脈の中に現れて来ますが、それは基本的な元型的リアリティと符合するものだからです

84 *Prolegomena*, p.585.〔『入門』〕

15. パラグラフ213－235

錬金術における魚（承前）

ユングの議論は錬金術における魚の象徴へと続き、キネドなる魚とキネドの石について考えを巡らせています。「キネドの Cinedian」という言葉は、動き出す、という意味のギリシア語 *kineo* に由来する言葉です。他に考えられる定義としては、「〜に端を発すること」とか「〜の著者 author〔創始者〕である」などでしょう。*kineo* という語根は「動的な kinetic」という言葉や、動画を意味するシネマ cinema のもととなっています。キネドの魚について、ユングはこう述べています。

丸く透明で「外皮（cortices）」を持たない珍種の魚のことが『キュラニデス』に次のように記されている。「キネドの魚」は、シリア、パレスチナ、リビア沿岸の近海に生息し、体長は六横指で、「丸い小魚 pisciculus rotundus」である。頭部に二個の石、第三番目の尾椎……にもう一つの石を持つ。この石は特に強く、媚薬として使われる……。「この石は双子、ないし二重である。一つは光沢のない黒い色で、もう一つは黒いが光沢があり鏡のように輝く」。この石こそ、それと知らずに多くのものが捜し求めている石である。というのも、それは龍の石だから……。

……この石のことはプリニウスも知っておりまた中世錬金術師たちも知っていた。彼らはドラコニ

テス（*doraconites*）と呼んでいた。……この石は貴石であるとされていて、眠っている龍の頭を刎ねることによって手に入った。（パラグラフ**213f**、訳書**156**ページ）

ユングはそこでルランドの『錬金術辞典』の「ドラコニテス draconites」（龍石）の項を参照しています。キネドの魚の中のこの石は、龍もしくは蛇の頭にある石と等価なものです。ルランドはこう述べています。

ドラコニテスは貴重な石で……蛇の頭に見つけられるが、生きている間に取り出さないと、決して貴重な石とはならず、それは動物が持つ、生まれながらの悪意のためで、死が近づいていることを意識すると、その石の効力を破壊してしまうからである。それゆえ、龍が眠っている間に頭を取り出し、こうして宝石を救い出す。……ドラコニテスの色は白で、毒をもつ動物をすべて追い払い、毒のある咬み傷を癒す。……われわれ自身の Chelydrus と水蛇は頭に宝石を持っていて、私自身も見たことがある。[85]

このキネドの魚は、頭と背骨にこれらの驚くべき石を持っていますが、まさにその名が示すように、動かす働きがあり、それは先に議論したように、天空の極星の運動機能に対応するものです。キネドの魚は、原動力となるもの **mover**、創始者 **originator** で、このイメージから思い出すのは、自己はエネルギーの源泉である（パラグラフ203、注35、訳書416ページ）というユングの非常に示唆に富む言葉です。キネドの魚は動かす魚、動因となる魚で、これは、自己の象徴体系の一つの側面であります。そしてそれは魚であるだけでなく、石でもあり、石であるだけではなくて、二重の石なのです。ユングはこれをパラグラフ215–216で議論しています。

キネドの石は二重の性質をもつが、先のテクストが示すところでは、それはさほど明確ではない。それで、この二重の性質は、元々は白と黒の変種があるという点に存在したが、それを書き写した者が、「白と黒では」矛盾することになると戸惑って、「**niger quidem** 黒いが」という言葉を挿入したのだ、と推測したくなる。〔前記引用部分、「もう一つは黒いが光沢があり鏡のように輝く」の「黒いが」という字句を指す〕。しかしルランドははっきりと強調している、「ドラコニテスの色は白だ」と。……これらすべてを考慮すると、キネドの石の二重の性質は、対立物の分極と合一とを意味し、それが哲学者の石 ***lapis philosophorum*** に合一化の象徴としての特異な意義を与えている。〔訳書157－158ページ〕

ユングは続けて、この魚石、龍石が心理学的に意味することに心理学的な解釈を行っています。

われわれのドラコニテス、龍の石も、尋常ならざる力を授けられていて、……そのために「アフロディーテーの紐」すなわち恋の魔法、に著しく相応しいものとなる。魔法は抑えがたい衝動をもたらし、その魔力の犠牲となった者の意識的な心や意志に抗って自己主張をする。すなわち、見知らぬ意志が自分の中に生じてきて、それが自我よりも強いことがわかる。それと似た作用を及ぼすもので心理学的に確認しうるものといえば、無意識内容による作用があるのみで、それもまたその衝迫的な力によって、人間の全体性、すなわち自己、その「因縁（カルマ）」的な働きと親和的である、あるいは自己に依存していることがわかる。〔訳書158ページ〕

この穏やかで些細なユングの言葉は、少なからぬ心理学的な含蓄があります。臨床の言葉に翻訳すれ

85 *A Lexicon of Alchemy*, p.128.〔『錬金術辞典』〕

ば、ユングが言おうとしているのは、自我によって制御できないあらゆる神経症の症状、あらゆる衝動、あらゆる依存症、あらゆる原初的な情動―これら種々の心理学的症候学のすべては、その力と効果とを自己から引き出しているということです。このことは分析の実践においてはきわめて重要で、というのも、症状、原初的な情動、衝動的な動因など、自我を手中に収めている無意識内容、それが龍であり、蛇であり、動かす力を持っているキネドの魚だからです。しかしその核心には、その中に包まれて、自己の貴重な石があるのです。これこそ、分析のプロセスによって、症状から、原初的で衝動的な体験から、抽出すべきものなのです。石は龍の頭から、あるいは魚の頭から、抽出することが可能で、そうして貴重な宝石になるのです。

この観念のヴァリエーションが頭に貴重な宝石を持つ有毒のヒキガエルのテーマとなっています。このイメージはシェークスピアの『お気に召すまま』の次の詩句に正式に記されています。「逆境が人に与えるものこそ美《うる》わしいかな／そは蝦蟇《がま》にも似て、醜く、毒を含んでこそおれ／その頭の中には、めでたい宝石をば匿している」。[86]この一節は、心理学的に困難な問題を扱っている時に重要になってきます。人が直面している逆境こそ、もしその中に埋め込まれている貴重な宝石を取り出すことができれば美しいものとなることを示唆しているからです。

もう一つの注目に値する魚は、エヘネイス・レモラ *Echeneis remora*（コバンザメ）です。ユングが語るように、これは実際の魚ですが、古代からの伝説的な性質を帯びています。伝説によると、この魚は、その吸盤で船に吸い付くと、船を航路の途中で止めてしまい、立ち往生させる力を持つといいます。この力はその語源的意味に現れています。*Echeneis* というギリシア語は二つのギリシア語の語根に由来します。一つは eco という動詞で抱えること hold を意味し、もう一つの naus は船を意味します。ですから、Echeneis という言葉の意味は「船を抱えるもの」となります。*remora* という言葉はその語根に mora と言う言葉があり、これは遅れることを意味します。モラトリウム moratorium という言葉にもこの語根があるのがお分かりと思います。これはある種の義務、たとえば支払いなど、の遅延を意味する言葉です。ユングはこれに関連して十七世紀のテクストを引用しています。

その小魚、エヘネイスは、血と小骨を持たず広大な大洋の深い中間域に閉じこめられている。この小魚は非常に小さく、ひとりぼっちで、体形が独特である。ところが大洋のほうは大きく広い。したがって世界のどこにそれが生息しているかを知らぬ人々には、この魚をつかまえるのは無理である。……それでもなお、信頼のおける一人の友とひそかに語る時には、隠れた智慧の秘密を教えるであろう。どのようにしてレモラと呼ばれる小魚を自然に、素早く、容易にとらえることができるかを。この小魚は、大洋オケアヌス（これは世界の精神 spiritus mundi にほかならない）を走る誇り高き船々をつかんで離さないという能力がある。その技の息子たちでない者は全く無知蒙昧であり、それらの貴重な宝のことを知らない……［このようにして］私がお前に教えなければならないのは智慧の磁石についてであり、エヘネイスあるいはレモラと呼ばれる小魚をひきつける力を持っているのである。（パラグラフ 218、訳書 159 - 160 ページ）

ユングはこの資料をパラグラフ 219 で解釈しています。

86 II,i, 12-14.〔『お気に召すまま』（阿部知二訳、岩波文庫）42ページ〕

……われわれが知りうるのは、……魚が大洋の中心で見出されるということである。ところで海は「世界精神 **spiritus mundi**」とされている。……この用語はあまり用いられない言葉である。当時はむしろ「世界霊魂 **anima mundi**」という表現が用いられていたからである。世界霊魂、あるいはここでの世界精神、は無意識の投影である……。この概念は、人間の中にある魂を吹き込む原理（**animating principle**）の類比《アナロジー》にすぎず、この原理が人間に思考や認識行為を吹き込むのである。「魂《ソウル》」といい、「精神《スピリット》」といい心《プシケ》一般は、それ自身、全く無意識的なものである。したがって、心をどこか「外」にあると考える場合、無意識の投影以外のものではありえない。……いずれにせよ、錬金術の「われらが海」は、一般に、無意識の象徴であることをわれわれは知っている……。この極めて小さな魚は、広大な海の中心に棲み、それにもかかわらず、最も大きな船を止めてしまう力を持っている。〔訳書160ページ〕

この魚は捕まえるのが難しく、というのも、広い大海の中では非常に小さいからで、それゆえ「智慧の磁石」によって捕まえることができる、といいます。この「智慧の磁石」について、ユングはこう語っています。

もし意識的な主体の側に「知慧の磁石」が存在しなければ、この取るに足りない生き物をつかまえる見込みはまずおそらくないであろう。この「磁石」は、明らかに、師匠が弟子に伝授できるようなものである。それは「テオリア **theoria**」である。このテオリアこそ、錬金術の達人の出発点となりうる唯一のしっかりとした財産である。というのも、第一質料はあくまでも発見されるべきものであり、彼の助けとなるのは唯一、「熟練した智慧の秘密」、伝達可能な理論だからである。（パラグラフ219、

訳書160ページ）

ユングはテオリア theoria という原語を使って、理論 theory という現代的な用語を指しているのではないことに注意が向くようにしています。この言葉のもともとの用法は凝視すること beholding、熟慮すること contemplation です。それは多かれ少なかれ、啓示的な［revelatory 隠されたものを露わにする］イメージと同等のものです。ですから、この智慧の磁石のイメージを、ユングは錬金術の達人のテオリアと同じもの、伝達可能なものとしたのですが、心理学的にそれに対応するのは、分析の手順とその手順の基礎となる心の理解です。この章とそれに続くいくつかの章で、ユングは、この秘密、このテオリア、この教えが伝達可能なものであるという事実を示して非常に強調しています。しかしながら、それは集団を相手にするような状況で教えられるものではありません。教室とか本で教えられるものでもありません。それは唯一個人分析においてのみ教えられるもので、一人の人間の客観的な現実がその個人独自のやり方で取り組まれるような場において可能となるのです。ユングはさらにこう続けます。

だからある一人の錬金術師が別の錬金術師の耳に、心配そうに自分のまわりに秘密を洩らす裏切り者はいないか、あるいは秘密を言い当てる者がいないかと見まわしながら、そっとささやくのはどんなことであったのか。それはほぼ次のようなことである。すなわちこのような教説によって一にして全なるもの、姿かたちは最小ながら最大なるもの、久遠の焰の中の神自身、が深海の魚のように釣り上げられるであろう。そしてその神は「深淵から解き放たれ」、聖体の参入行為（アステク人のいわゆる *teoqualo*、神を食すること）によって人間の体へ取り込まれることになるというものである（パラグラフ222、訳書162ページ）。

これは分析のプロセスで教えられる「秘密」であり、自分の小さな、もっとも卑しむべき、一見無意味と思えるような心理的な事柄と取り組む中で、神―イメージを発見し、それとつながることなのです。

ユングはさらに、カタリ派のテクストにこれと関連した資料を見つけます。先に述べたように、カタリ派は新《ネオ》マニ教的な宗派で、紀元一〇〇〇年ごろに出現し、物質的な世界は悪だと信じていました。人間はこの悪の世界のよそ者、一時逗留者であり、人間の目的は、本来は善である自分の霊魂（spirit）を解き放つこと、そしてそれを取り戻して神と霊的に交わることとされました。「完全なもの」には、性的な交わりも禁止され、世俗のことは厳しく放棄する苦行が求められました。ユングが引用しているテクストにある表向きの啓示は、カタリ派の信徒によって記述されたものです。この資料は異端審問の歴史に由来し、審問者が異端から引き出したものです。ユングがこのテクストに多大な関心を示していることからも、彼が心理学的にそれを極めて重視していたことは明らかです。

それはいわゆる表向きに啓示とされていたので、キリストのお気に入りの弟子ヨハネが「主の胸に憩うていた」ときに受けたのであった。ヨハネはサタンが落下 fall の前にどんな状態でいたかを主イエスに尋ね、次の答えを得る。「サタンは栄華の中にあって、天の諸勢力を統治するほどであった」と。サタンは神に伍したいと思い、その目的のため大気や水といった元素を通って降りてゆき、大地が水におおわれているのを見出した。さて、サタンは大地の表面を下へ突き抜けると、「二匹の魚が水面に横たわっているのを見出した。魚たちはまるで雄牛のように軛に結びつけられていた。見えざる父の命令にしたがって日没から日の出まで［あるいは西から東まで］全大地を支えるためである。さらに降りてゆくと、広い海をおおっている雲が見えた……。さらに降りてゆくと、それから離れて、

自分の「オソップOsob」を見た。これは一種の火である」。炎のせいで、サタンはそれから先は降りられなかった。ふたたび天に舞いもどったサタンは、天使たちに語った。自分は雲の上で王冠を受け、至高の存在に肩を並べるつもりなのだ、と。さて、サタンは天子を不当に扱った。不誠実な執事が主人の債務者たちを遇するかのように。その結果、サタンは天使もろとも神によって天上から追放されたのである。しかし神はサタンに同情を寄せ、サタンと天使に七日間好きなように取り仕切り、統治することを許し給うた。そこでサタンはその期間のあいだ、創世記第一章を手本にしてこの世と人間たちを創ったのであった。(パラグラフ225、訳書164-65ページ)

このテクストは、キリスト教時代にとって大切なイメージを持ち出します。サタンの天からの追放というイメージです。ヨブ記から、旧約聖書の時代には、サタンがまだ天との間を行き来できたことがわかります。サタンは「天の」客人だったのです。ヨブ記の冒頭部分ではそのような状況が生じていて、サタンが天を訪れ、ヤハウェとサタンが会話を交わしています。しかしルカによる福音書10:18では、キリストは、サタンが稲妻のように天から落ちてくるところを見たと告げています。キリストが見たものは明らかに未来の出来事であり、というのも、ヨハネの黙示録12:7-9によると、サタンは時代の終わりに天から落ちてくることになっているからで、黙示録12:12-13にはこうあります。

地と海は災いに襲われる。悪魔が残された時間が少ないと知り、怒りに燃えて、お前たちのところに降っていったからである。龍は、自分が地上へ投げ落とされたとわかると、男の子を産んだ女の後を追った。(ASV)

黙示録のこの出来事は、キリスト教時代の終わりに起こることになっていますが、キリストはルカによる福音書で述べられているようにそのようなイメージを既に見ていて、このカタリ派のテクストはそれを創造に先立つものとして時間をさかのぼって投影しています。そのイメージがまるで世界創造のイメージであるかのようですが、実際にはキリスト教時代の終末のものとされたものなのです。サタンの天からの落下 fall のイメージが、神のキリストへの受肉を告げるのと同じ聖典に生じなければならなかったということが興味深い。というのも受肉は天からの落下 fall でもあるからです。神の善の側面、良い息子が天から肉体へと落下することです。その出来事と同時に聞こえてくるのが、サタン、神の悪い息子の予告で、サタンも天から落下しつつあるところで、地上でひと暴れしようとしています。

ミルトンもこのイメージを使っています。ミルトンは十七世紀に生きた人で、一五〇〇年の節目の年から一〇〇年ほど後の時代の人ですが、キリスト教時代の最後の四分の一にはしっかりと入っていて、ルシファー〔堕天使、悪魔、サタン〕の反逆と天からの落下と言うこのイメージを取り上げました。このイメージについては拙著『心の解剖学』で凝固の象徴体系の一例として議論しましたが、以前は精神的なものとして spiritually だけ存在し、具体的なものではなかった存在 entity が、地上に落下して、そこで受肉する、ということについて論じています。[87]

神に反抗して天から追放されることになったこのルシファーは、自我の基礎を築くような、前意識の最初の行動の象徴的な描写と見ることができます。それは原初的な自我の発達のイメージです。ルシファーは自我の元型であり、プロメテウスは同じ元型の別ヴァージョンです。それがこのカタリ派のテクストの根本的な基盤にあることですが、ユングは、ここでは、このイメージの天からの落下という側面にはあまり注目していません。ユングが強調しているのはもう一つ別の側面、たとえば、*osob* という重要な用語です。これは古代ブルガリア語で、ユングは「その人に独特なもの」と訳せる言葉だと述べています（パラグラフ227、訳書165ページ）。それは個人の人格に属す独特なものを意味します。これは、このイメージが自我の発達と関係しているという考えと合致します。その反抗的で劇的な振る舞いによって落下が生じ、自我が顕れてくるのです。

ユングはその後でカタリ派のテクスト全体の解釈を行っています。

心理学的に言えば、……悪魔が原始の水の中に見出す二匹の魚は、新しく成立してきた意識の世界を意味するものである。

二匹の魚が犂《すき》につながれた一連の雄牛にたとえられていることには特に注目に値する。雄牛は犂を駆動する力である。［このことはキネドの魚、動かす魚のことを思い出させます］。**……古来より、犂は人間が大地を支配することを表してきた。人間が耕した場所は、一片の土壌を原初状態から奪い去り、自分のために役立ててきた。ということはつまり、魚は、占星術的に人間を通じて働きかけ意識を作り出すことによって、この世を統治し自分に従わせることになろう。（パラグラフ230－231、訳書167ページ）**

ユングも農耕が西から始まって東へ移っていったと述べていますが、錬金術の用語では、「錬金術の仕事は暗闇への降下（黒化 *nigredo*）、すなわち無意識から始まる」（パラグラフ231、訳書168ページ）となります。それが終わって始めて、東に到り、新生した太陽と出会うのです。

このコメントに私が加えたいと思うことは、サタンが天から落ちたときに見つけた二匹の魚は、個別

87 *Anatomy*, p.88〔『心の解剖学』112ページ〕

的な自我が生まれてきた時に出会う対立物にも対応するものだろうということです。文字通りにサタンが天から落下するような夢と出会うことはそれほど多くありませんが、飛行機が落下するという夢と出会うことはよくあります。それは同じテーマです。

ユングは二重の魚というテーマをさらに続けてランブスプリンクの魚の象徴を議論しています。

カタリ派の諸観念が錬金術へ浸透していったことは、格別に不思議なことではない。しかしながら、カタリ派の魚象徴が錬金術に同化され、それをもとにしてランブスプリンクは秘密物質とその内面的二律背反を表わす魚象徴図を描いたということを証明してくれる文献には、今までのところ私はまだお目にかかっていない。ランブスプリンクの象徴図が成立したのは、おそらく十六世紀末より以前ということはなく、その元型が再度活発になっていることを表している。二匹の逆向きに向かいあって並ぶ魚が描かれていて、二匹とも海を―*nostro mari*［われわれの海］を―泳いでいる。これは永遠の水、秘密物質の意味がこめられている。魚は、霊と魂として描かれている。……これによってメルクリウスの二重性質を暗示している。（パラグラフ**234**、訳書ページ**169**）

図17は『ランブスプリンクの書』から引用したものです。この本は十五の版画を含む錬金術の論文ですが、版画にはそれぞれの絵に関連した短い注釈がついています。最初の絵は海にいる二匹の魚の絵です。それはテクスト全体の意味を要約したものです。そこに付けられている注釈は次の通りです。

賢人が汝に告げる
肉も骨も持たない
二匹の魚が我らが海にいると。

それ自身の水で調理されるようにせよ。
そうすれば、それらもまた一つの巨大な海となる
その広さは何びとも述べることができない。
さらに賢人は言う、
それらは二匹だが、二匹ではないと。
二匹の魚はただ一つで、にもかかわらず一つなのだと。
体、精神、魂。
さて、本当に正しいことを告げよう。
これら三つを一緒に調理せよ。
そうすれば非常に大きな海ができる。
硫黄と硫黄を一緒に充分調理して、
それについては沈黙を守れ。
汝自身のために汝の知識を隠せ。
そうすれば貧困から解放される。
汝が発見したことは、堅く秘密を守るべし。[88]

「この秘密を守るべし」—価値のわからないものに示してはならない—という訓戒は錬金術のテクストの中に繰り返し出てくるテーマです。私は、心理学者として、秘密のテーマをもう少し違ったやり方で理解しなくてはならないと考えます。心理学的な秘密というのは実際には完全に安全なものです。価

図 17　海にいる二匹の魚

値のわからないものには明らかになることはあり得ません。というのも、それは容易に伝えることができないものだからです。それは内面においてのみ育つことができ、それゆえにヌミノースな秘密は、既にその体験をしたことがある人だけにしか伝えられないからです。

これは、もし哲学者の石を作ろうと思うなら最初にその小片を持っていなければならない、という錬金術の観念に対応するものです。このランブスプリンクの最初の絵における「秘密」への言及は、秘密の決定的に重要な部分は対立物の性質をもつ、ということを暗示しているように思います。これは対立物の絵ですから。『アイオーン』全体が、ランブスプリンク二匹の対立する魚の絵によって伝えようとした「秘密」を巡回するようなものなのです。

88 A.E. Waite, ed., *The Hermetic Museum*, p. 276〔『ヘルメス博物館』〕

16. パラグラフ236－246

大魚の夢

次の魚のテーマの主要な例は、ユングがパラグラフ236で述べている「大魚の夢」の中にあります。

広々と流れている川の岸辺にやって来た。初めはそんなに多くのものは見えない。せいぜい水と大地と岩くらい。私は覚書を書きつけたメモ用紙を水中に投げ入れた。こうすることで川に何かを返しているような気持ちになっていた。すぐその後私は釣竿を手にしていた。岩の上に座り、釣りを始めた。相変わらず、水と大地と岩以外何も見えない。不意に大きな魚が食いつく。その魚は腹が銀色で、背中が黄金。魚を陸に引き寄せると、あたりの景色全体が生気を帯びて、岩は地面の太古の土地として現れ出る。草花が生え、茂みは広がり、大きな森になる。一陣の風が起こり、万物を動かす。突然背後からX氏〔写真でしか知らない老人だが、彼女〔夢見手〕には権威ある人物のようだ〕の声を聞く。X氏は小声で、しかしきっぱりと言う。「最も深奥の領域にいる忍耐強い者〔patient には「忍耐強い」とともに「患者」の意味がある〕に魚が与えられる。深淵の食べ物が」。この瞬間私の周りにぐるりと円が描かれる。円の一部分は水に触れる。再び声を聞く。「第二の領域の勇敢なる者には、勝利がもたらされる。そこは戦の場なのだから」。また別の円が私の周りにぐるりと描かれる。今度は向こう岸に接触している。それと同時に、遠方に色鮮やかな光景が広がっているのが見えた。太陽が水平線の上をのぼる。遠方から語りかけるような声が聞こえてくる。「第三、第四の領域が生まれる。それまでの二つの領域から同じように拡がる。しかし第四の領域は」、―ここで声は思案するかのようにしばし途絶える―「第四の領域は第一の領域につながる。それは最高であると同時に最深でもある。最高なるものと最深なるものとが出会うからである。つまるところ両者は一つなのである」。ここで夢見手は耳ががんがんとして目が覚める。〔訳書170‐171ページ〕

この夢には個性化のプロセスの象徴体系の全容が凝縮されて表現されている、とユングは述べています。魚の夢に出会うときにはいつも、拡充法が非常に役立ちます。川は無意識の水と理解できるでしょうし、また人生の川とも理解できるでしょう。

夢は、図18に示しているように4段階に分けることができます。第一段階で夢見手は「私は覚書を書きつけたメモ用紙を水中に投げ入れた」と言います。これは、無意識に注意を払い、自分の夢に取り組むための犠牲的行為のイメージです。そのために、自分のコンプレックスを細かく調べ、アクティヴ・イマジネーションをし、夢やコンプレックスの源泉である水に対して努力をします。この種の仕事は心理学的な釣りです。夢はこのことを示しています。というのは、メモ用紙を水中に投げ入れるやいなや彼女は釣り竿を手にしているからです。無意識に注意を払うということの第一段階が、この後に続く一連の出来事を始動させるのです。

第二段階：手に釣竿を持ち、腹が銀色で背中が黄金の魚を捕まえます。これは、トビアがサラを見つける途中で魚を捕まえるのに符合していますし、その魚はサラの悪魔憑きを治し、トビアの父親の見え

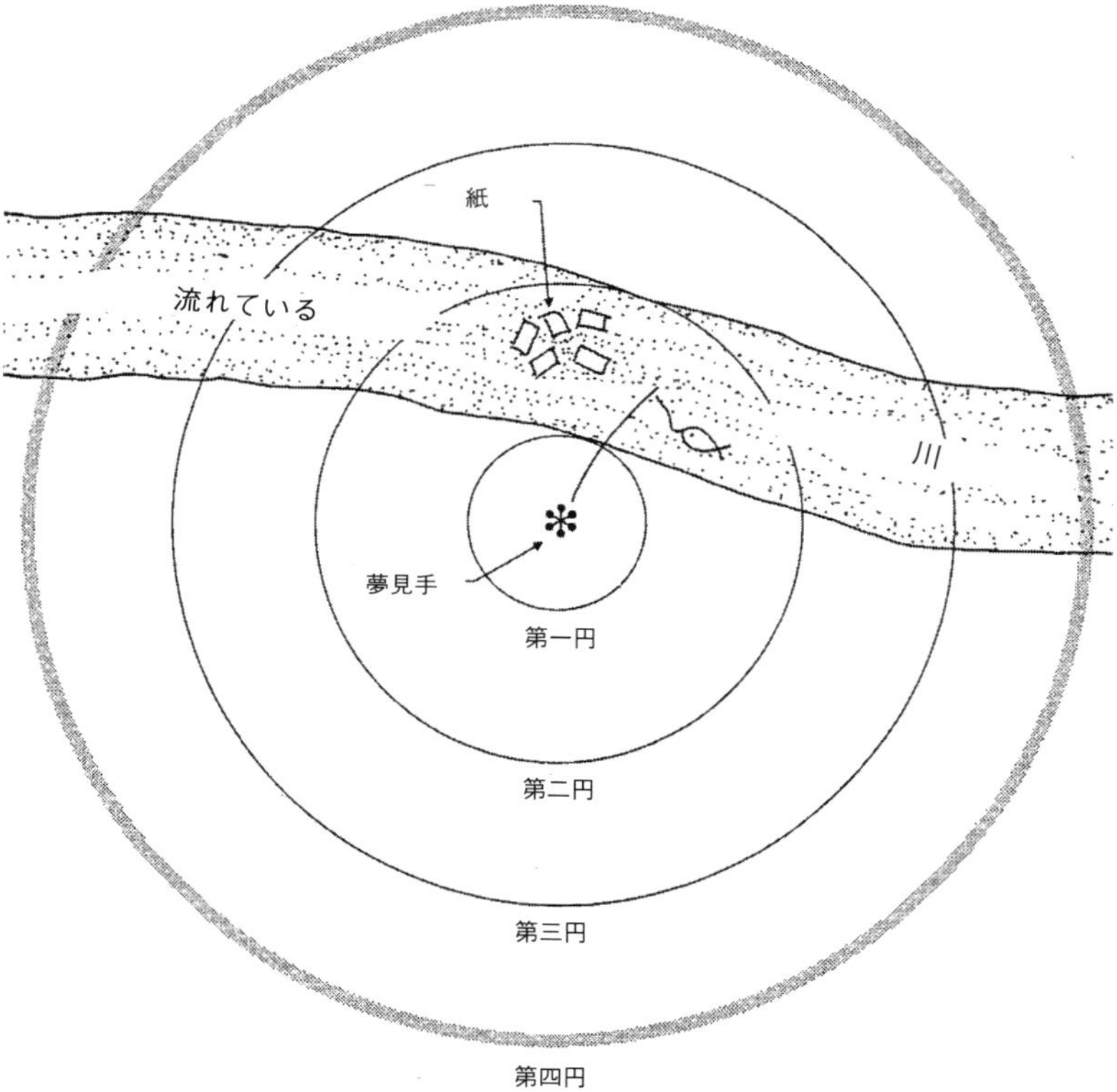

図 18 「大魚」の夢

（中心の）夢見手が捕まえようとしている魚は、象徴的には無意識の内容を示し、魚を捕まえた後で一連の円が現れるが、これは統合レベルがましていることを表す。

ない目を治すものです。この特別な魚の腹は銀色、背中は黄金なので、ソルとルナの結合（oniuctio）です。これは対立物の神秘と、それらの和合を意味しています。この夢の中で夢見手は、ランプスプリンクの両方の魚を同時に捕まえたようなものです。この魚はこれら二つの合一物なのです。

夢見手が結合の魚を捕まえると、第三段階が開きます。魚はそのヌミノースな性質を現します。つまり神の顕現が起こるのです。あたりの景色全体が生気を帯びます。岩は地面の太古の土地として現れ出、草が生え、風が起こり、万物を動かします。これは創世のイメージです。意識的なパーソナリティの確立は、岩によって現され、始まっています。生の衝動が植物に花をつけ、風の霊《スピリット》が万物を動かし始めます。

それから第四段階が来ます。権威ある声〔が聞こえてくる〕という現象です。このような事は夢の中で時々起こりますが、つねに最大の敬意を持って扱わねばなりません。自己の声が喋っているのです。そこには今、自然の発達の次元から人間の次元への変換があったかのようです。風、大地、花が現れるだけではなく、今人間存在が現れ、ロゴスのレベルでコミュニケーションができます。それは超越的な智慧の発言です。初めの言葉は「最も深奥の領域にいる忍耐強い者に魚が与えられる。深淵の食べ物が」です。「忍耐強い者」とは、私の思うに無意識と関係を持てる人のことでしょう。そのようなつながりを築くには、実際忍耐を要します。つながりができると、食べ物を与えるプロセスが生じます。自我は、深淵の食べ物を利用できるようになります。

二番目の告知は「第二の領域の勇敢なる者には、勝利がもたらされる。そこは戦の場なのだから」というものであり、二番目の円が描かれます。ユングは、この円は「勇敢なる者」に占有されていると示唆していますが、意識的な自我と影との間の葛藤を耐え抜くことに言及しているのかもしれません。影を統合し、われわれの影の投影を引き戻すには心理学的な勇気が必要だというのは確かに真実です。自らに起こったことについて、他人を非難するという未熟な方策はきっぱりとやめることが求められているのです。

三番目の円は、特に夢の中では描かれていません。それはアニムスとアニマとの意識的な出会いに相当するのかもしれません。とにかくこれは論理的に首尾一貫した可能性なのでしょう。第四の領域は第一の領域とつながると述べられています。つまり最高のものと最深なるものが出会う、つまるところ両者は一つなのです。この四番目の円は、自己、つまり心《サイキ》の全体性との遭遇に相当するでしょう。この記述はマリアの公式、一は二となり、二は三となり、第三のものから第四のものとして一者が生まれる、を思い起こさせます。

魚の錬金術的な解釈

ユングは驚くべき魚がどのように捕まえられるべきなのかについて述べ始め、エヘネイス／レモラのテクストに戻っています。小さな魚とその性質について述べた後、テクストはその捕獲について述べています。

われわれの独特の材料の、もしくはわれわれの処女的大地の明るい光を汝に伝えるためには、そして汝に知慧の息子たちの最高の業を、すなわちどうしたら汝がそれを手に入れることができるかを教えるためには、私がまず汝に賢者の磁石について教えることが必要である。この磁石はエヘネイスあ

るいはレモラと呼ばれる小魚を、海の中心と深みから引き上げる力を持っている。（パラグラフ218、訳書159ページ）

ユングはこのテクストについて考察しており、それは実際どのように自己を捕まえるのかについて論じています。

エヘネイスは船を引きつける。この引きつける力は、磁石が鉄に及ぼす作用にたとえるのが一番よい。伝承が示すように、このような引力はこの魚から出て、人間が乗って操ったり漕いだりしている船 **vessel** を止めてしまう。私が、このような一見どうでもいいような特徴に言及するのも実は、これから見ていくように、錬金術のものの考え方の中ではもはや引力の出所は魚ではなく、人間が所有している磁石から出てくるのであり、その磁石がそれまでは魚の神秘的な力とされていた引力作用を発揮すると考えられているからである。……したがってエヘネイスと同じような力をエヘネイスそのものに発揮することが期待される道具を錬金術師が操作しようとするのは、注目に値する新機軸である。この逆方向性が錬金術の心理学にとって重要なのは、これが、キリストに対応する「大宇宙の息子 ***filius macrocosmi***」を自分たちの業《アート》によって、もし神が許し給うならば ***Deo concedente***、生み出すこともできるという、錬金術師たちの要求に類似しているからである。（パラグラフ239、訳書173‐174ページ）

ここでユングが書いていることは、分析家の仕事に相当します。分析家も、技術や手続きによって、患者の無意識の中から自己を引き出すことができると考えているからです。それが、ユング派の分析過程の目的です。患者の中に自己を布置するのです。自己は、中心となるもの、固めるもの、癒すものであり、われわれの努力すべてはその目的のために捧げられるのです。

自己を引きつけるこの能力は、テクストにおいては磁力に象徴されています。魚そのものが磁石であり、錬金術師は、彼らの智慧、実験による知識、師から伝えられ学んできたものによって、魚そのものから魚の磁力を取り出し、それからそれを道具の中に戻して魚を釣り上げるのに使うのです。これが基本的なイメージです。ユングの述べているように、錬金術師がエヘネイスと同じような力を働かせる道具を操作しようとするのは、注目に値する新機軸です。心理学的にそれと等価なものもまた注目に値する新機軸です。

ユングはさらに、「智慧の磁石」は教えることができ、それは第一質料の見つけ方についての知識であると述べています。(パラグラフ240、訳書174ページ) これはさらに「マグネシア」という錬金術用語についての考察に至ります。マグネシアは、第一質料の多くの呼び名のうちの一つです。「マグネシア」は、磁石という言葉とつながりがあります。まず音声学上、そしておそらく語源学的にも—それについては少々不確かではありますが、つながりがあります。マグネシアという言葉は、古代ギリシアの一地域に由来するもので、そこにはマグネシウムが埋まっていました。オックスフォード英語辞典によれば、マグネシウム石は二つの異なるミネラルの名称です。一つは天然磁石、これは磁石であり、もう一つは銀のように輝く石、おそらく滑石です。

これら二つの意味のどちらが、錬金術用語のマグネシアを生み出したのかは明らかではありません。象徴体系において二重の意味を持つ大抵の物がそうであるように、両方とも、つまりマグネシアの磁力の側面も、輝く白の光沢の側面もともに重要であると理解できると思います。おそらくわれわれのほとんどが、子どもの頃のマグネシア乳を知っているでしょうが、マグネシウムという金属はアルミニウムに似た銀白色の輝く金属です。こうしてわれわれは、第一質料、その呼び名の一つがマグネシアなのですが、それは自己の原初的な顕現であり、内在的な輝きを持ち、内在的な磁力を持っているという心理学的な考えに行き着きます。

磁力の象徴体系は、心理療法の近代史の中の、フランツ・アントン・メスメルの仕事に現れています。メスメルは無意識という言葉は用いませんでしたが、無意識の発見者としての資格が十分にあります。ユングは彼について、無意識の最初の言及はフランス革命の時代に遡ることができるが、その最初の徴候はメスメルに見られる、と述べています。[89]

メスメルは一七三四年から一八一五年に生き、メスメルの方が十五歳上ではありましたが、ゲーテの生涯と平行しています。メスメルはオーストリアの医師で、パラケルススの影響を受けて「動物磁気」と自ら呼んだ考えを発展させました。彼は明らかに非常にカリスマ的な人物でした。彼は磁石元型に捉えられました。そして「動物磁気」という彼の基本的な原理は、彼が発展させたのですが、宇宙を満たしている繊細で物理的な流体があり、それが人間、地球、天体の間、人間と人間との間をつなぐ媒体を作り上げるというものでした。その流体のことを今日われわれは、集合的無意識と呼んでいます。

メスメルは、人間の体の中でこの流体が均等に分配されていないのを病気とし、バランスが取り戻されると回復が生じると述べました。さまざまな磁気の技術によって、この流体は水路づけられ、蓄えられ、ある場所から場所へ、人から人へと送ることができます。最も初期の実験においてメスメルは、粉々にした鉄を入れた水を患者に飲ませ、体を磁石で撫でて鉄が正しい場所に行くようにしたものでした。

彼はこの技術を洗練し、文字通りの磁石と粉々にした鉄を用いるのはやめて、自分自身を生きた磁石とし、個人療法も集団療法もよく行いました。彼の個人療法は今日のものとさほど違ったものではありませんでした。患者の真正面、とても近くに座って、患者の手を取り、目をじっと見つめながら手を握り、自分の両手の中で彼女の親指をぎゅっとかたく握りました。私は「彼女の」と言っていますが、その方が磁力はよく活性化されたと想像するからです。それからメスメルは関連のある体の部位に術を施したものでした。これが個人への治療の方法です。集団の治療は、水の循環するタンクの周りに患者を座らせるものでした。そのタンクには鉄の棒が立てられていました。それぞれが鉄の棒を持ちながら、患者は互いにロープで結び付けられ皆つながれていました。メスメルが登場して、磁気を帯びた流体を循環させるためにいろいろな動作をし、これが治療効果を生じたものでした。

メスメルが扱っていたのは、かなり強力な個人的かつ集合的な転移であり、それを彼は「動物磁気」という言葉で説明しました。しかし磁石は基本的な、心理療法の根底にあるイメージです。ユングは次のように述べています。

> **『十二の論説 Duodecim tractatus』の中で磁石は「*aqua rois nostri*（我らが露の水）」の象徴として現れ、「その母親は天上と地上の太陽《ソル》と月《ルナ》の中心点である」。この水、有名なる「永遠なる水 aqua permanens」に、匿名の著者は次のように呼びかけている。……**
>
> **ここに基調としてあるのは教義という考え、つまり「教義の水」の考えである。**（パラグラフ**243f**、訳

89 "The Role of the Unconscious", *Civilization in Transition*, CW 10, par. 21.〔『過渡期の文明』〕を参照

書177ページ）

このテクストは磁石と水とを等価であるとしています。それからユングは、この特別な水は智慧の磁石に相応し、「教義の水」の概念と等しいと述べています。これはユングがオリゲネスから引用した言葉で、他の幾箇所かでこれについて述べています。[90] オリゲネスにとっては、水の象徴体系は教義の水 *aqua doctoriae* を意味していました。例えば十字架上のキリストが死んだ後、脇が槍で突かれると（ヨハネによる福音書19）、水が流れ出て、それは教義の水と解釈されました。さらに出エジプト記17：6では、ヤハウェがモーセに岩を打つように教え、民が飲む水がそこからあふれ出ます。その水も教義の水と解釈されました。

ユングは『転移の心理学』の中でこの教義の水について説明しています。薔薇園のシリーズの七番目の絵に言及しており、そこでは死体、一つになった体は天からの露にさらされようとしていて、水で洗い流されます。彼は次のように述べています。

これらの言葉は、どのような治療が必要なのかを暗示しているようだ。つまり患者の方向喪失に対して、医者はしっかりと自らの方向付けを保たねばならない。すなわち医者は患者の状況が何を意味しているかを知っていなければならず、夢の貴重な内容を、しかも無意識の性質に即したあの教義の水の中で、つまり無意識の象徴体系を十分に解釈できるような見解と理念によって、把握しなければならない。主知主義的な、いわゆる科学的な理論は、無意識の性質に適さない。というのはそれらが使用する概念言語は、無意識の含蓄に富んだ象徴体系とは似ても似つかないからである。水は水によって引き寄せられ、つなぎ留められねばならない。……それゆえこれを可能にするアプローチは、そ

れ自体が柔軟で象徴的なものでなければならず、それら自身が無意識内容の経験から生まれたものでなければならない。それゆえわれわれは抽象的、知的な理解へ深入りしすぎてはならないのであり、そのために、その内容豊かな性質がすでに証明されている伝統的な神話学の枠内にとどめておくのが良いのである。このことは理論的欲求を満足させてはいけないという意味ではない。しかしその満足は、医師の個人的な使用だけに限られねばならない。[91]

私は、これはとても重要な一節だと思います。というのは、私の経験では、われわれは皆一番簡単ということで、抽象的で理論的な公式化に固執しがちだからです。それらは反応の全体性を求めません、全体的な反応を求めるのは非常に難しいのです。このことはまた、子どもの頃の体験に差し戻す解釈にも当てはまると思います。現在の生活の体験や現在現れているコンプレックスが、幼少期のものに由来すると指摘するのは比較的容易いことです。われわれは、それを非常によく理解しうる理論を持っています。そのような解釈は部分的には正しいものの、癒しにはならないことが問題です。それらは、もともとの体験を変えはしません。指摘はするけれど、当人はもともとの体験にはまり込んだままです。それらは頭を満足させはしますが、心は「それで？」と言うのです。

そのようなときに必要なのは教義の水です。つまりそれは、それと関連する拡充をもたらすようなイメージで、コンプレックスやもともとの外傷的な体験を変容する力を持っています。意識の態度を増大

---

90 *Mysterium Coniunctionis*, CW14, par. 372.〔『結合の神秘II』28ページ〕、"The Psychology of the Transference," *The Practice of Psychotherapy*, CW 16, par. 478.〔『転移の心理学』（林道義訳、みすず書房、一九九四年）134ページ〕

91 *The Practice of Psychotherapy*, CW 16, par. 478.〔『転移の心理学』134ページ〕

し、もともとの体験をより大きなコンテクストの中に置くことで、もともとのトラウマの束縛から自我を解放します。私は教義の水をこのように理解しています。

パラグラフ246は短くて難解ですが、これもまた分析の仕事に関係しています。

象徴の二つの範疇は、明らかに区別されねばならない。まず第一は、心以外の（extrapsychic）化学的物質あるいはその形而上的な等価物、例えばメルクリウスの蛇 *serpens mercurialis*、精神（霊気）*spiritus*、世界霊魂 *anima mundi*、真理 *veritas*、智慧 *sapientia* など。第二は錬金術師たちによって製造される薬、例えば溶剤（水 *aqua*、酢 *acetum*、処女の乳 *lac virginis*）あるいはその「哲学的」等価物を示しているもの、すなわち「学理 *theoria*」ないし「学智 *scientia*」である。この学理ないしは学智はそれが「真正」であれば、物質に対して奇跡的な効果を持っている。〔訳書179ページ〕

基本的な範疇とは何なのかを、しっかりと頭に叩き込むにはこれを数回読まなくてはなりません。一番目は自然の原初的な物質、二番目は錬金術師たちが調合した薬。ここで強調されているのは、無意識を扱う人間の意識的な仕事が決定的に重要であるということです。

このことが、ユングの強調している、宗教的態度と錬金術的態度の違いにつながります。ユングは『心理学と錬金術』の中でこのことに立ち入って、キリスト教と錬金術の処方を区別しています。問題の全体は、誰が誰によって贖われているのかということです。

さて、これらの「錬金術の論文の中の」神話的絵画のすべては、われわれの意識の彼方での人間の心のドラマを表現しているものであって、人間は救済されるべき者であると同時に救済するものでもあるということを教えている。人間は救済されるべきものであるというのはキリスト教の発想であり、

人間は救済する者であるというのは錬金術の発想である。前者の場合人間は、救済される必要があるのは自分自身であると考え、救済の仕事、すなわち本当の作業 *opus*［*athlon*］は、自律的な神的な像に委ねる。後者の場合人間は、救済の作業 opus を遂行する義務は自分にあると信じ、物質の中に囚われている「世界霊魂 *anima mundi*」こそ、悩める状態に、それゆえ救済を必要とする状態にあるのだと考える。[92]

ユングは後の節でこのことをより明確に述べています。

錬金術師にとって、まず第一に救済される必要があるのは人間ではなく、物質の中に沈殿しまどろんでいる神性なのである。……錬金術師の関心は、神の恩寵による自己の救済にではなく、物質の闇から神を解放することに向けられているのである。この奇跡の仕事を実行することによって有益な力が錬金術師自身にも及ぶが、それは付随的なものに過ぎない。[93]

これは、基本的な自然物質と錬金術師たちの調合による薬の間との区別をするとはどういうことかを詳しく述べたものです。というのは調合薬が仕事をするからです。薬は、錬金術が深淵から魚を引き上げるために手に持っている磁石に相応します。すべて、分析の仕事の本質に関する、非常に刺激的で示唆的なイメージです。

92 *Psychology and Alchemy*, CW12, par. 414.〔『心理学と錬金術Ⅱ』113 ページ〕
93 Ibid., par. 420〔同書、120-122 ページ〕

ゲルハルト・ドルネウスの著作

さて、ユングは錬金術師ゲルハルト・ドルネウスの資料に進みます。ドルネウスはユングにとって非常に重要な人物でした。ユングは『アイオーン』の中でドルネウスを広範にわたって引用していますし、『結合の神秘』では丸々一章を使って彼の著作についてさらに詳しい註釈を行っています。ドルネウスはユング著作集第一三巻『錬金術研究』の中にも出てきます。[94]

ドルネウスの生涯、あるいは彼の実際の生没年については、あまり多くのことはわかりませんが、およそ一五二〇年から一五九〇年に仕事をしたと考えられています。マリー＝ルイーズ・フォン・フランツが出版したドルネウスの文献に関する註釈の中で、フランツは彼の生涯についていくつかの意見を述べています。

［わかっているのは］彼が医者で、開業をしていて、師匠パラケルススの忠実で熱心な学徒にして擁護者だったということである。ドルネウスは薬理学にも一定の貢献をなした。……彼の薬理学的な

94 "The Philosophical Tree," CW 13, pars. 375ff.〔『哲学の木』（老松克博監訳、創元社、二〇〇九年）109－110ページ〕

……貢献の一つは、ある種の化学的薬物は……薄められると、……より強い効果を発揮するものがあることを発見したことである。[95]

ドルネウスは、錬金術の象徴体系と伝統とが宗教的な問題も暗示していることを認識していた数少ない十六世紀末の錬金術師の一人でした。これこそ、ユングが彼を非常に重要だと考えた理由の一つです。他の多くの錬金術師とは対照的に、ドルネウスは錬金術的なアプローチと宗教的なアプローチの間にある葛藤の問題に取り組もうとしました。ドルネウスは貪欲なプラトン主義者で、繰り返しアリストテレスとの論争に陥っていて、彼が相当な内向的人物であることがわかります。

自然の物質と処理された化合物との対比に関する議論を続けながら、ユングは錬金術のテクストを引用してそれにこうコメントしています。

「この磁石の中心には、隠れた塩［この塩は調合された化合物のことであろう］、哲学の金を煅焼する溶媒、を含んでいる。この調合された塩が形作る彼らのメルクリウス［／水銀］を用いて、彼らは白と赤の賢者の錬金法をおこなう。それは天の火の一つとなり、その石にとって発酵素として働く」。彼［ドルネウス］の見解によれば、磁石が及ぼす作用の秘密は……塩にあることになる。……その塩は磁石の中に隠れていて、術師によって取り出されたものである。――一方では術師の技によって作り出されたものであり、他方では、既に自然に存在しているものである（パラグラフ247、訳書180ページ）。

ユングはこの主題を続けて、ドルネウスを持ち出しています。

似たような事態はドルネウスの著作にも見つかる。その場合、「智慧の塩」（*sal sapientiae*）ではなく、「真理」（**veritas**）が問題となる。これがドルネウスにとって、自然に隠れているものであると同時に、明らかに「道徳的な（moral）」概念である。この真実とは、もはや存在しないものを腐食される以前の状態へと、そして存在しないものをあるべきものへと、改善し変容させる「薬」である。それは「形而上的な物質」であり、事物に隠されているだけではなく、人間の体にも隠されている。……「ごく少数の人にしか知られていないある種の形而上的物質であり、治療薬を必要としない。それ自身が腐食されることのない治療薬である」。それゆえ、「感知されない真実を、感知される事物の束縛から解き放つことが、化学者〔錬金術師のこと〕の仕事である」（パラグラフ248、訳書180－181ページ）。

同じテーマについて、ドルネウスの次の言葉が引用されています。

自然物の中にはある種の真理〔*veritas*〕があって、外界を見る目では見えず、心眼によってのみ知覚される。これを哲学者たちは体験しており、その真理の持つ力が非常に大きいので奇跡を成し遂げることに気づいている（パラグラフ246、註32、訳書427ページ）。

コレッソンの言葉に従えば、真の教えは磁石であって、磁石によって「真理の中心」が体から解放され、それによって体も変容を被る。「哲学者は、一種の神的な霊感によって、この力と天の活力とが、その束縛から解き放たれ得ることを知ったのである。しかも反対のものによってではなく……似たようなものによってそれがなされることを」（パラグラフ248、訳書181ページ）。

この「物質」、魔法の隠された物質、ドルネウスが真理 *veritas* と呼ぶ物質は、一方では先のテクストのエヘネイス／レモラの魚であり、もう一方ではレモラの魚をひきつけ捕らえる磁石、あるいは教義の

95 *Alchemical Active Imagination*, pp. 17f.〔『ユング思想と錬金術』（垂谷茂弘訳、人文書院、二〇〇〇年）36－37ページ〕

水であるということがここでの意味です。新しいイメージの元にこの同じ象徴体系をわれわれは追及しているのです。後の章で、真理 veritas の主題に関する見解がさらに述べられています。

それにもかかわらず、彼〔ドルネウス〕は、想像されたシンボルである「学理」（theoria）と、物質に隠された「中心」もしくは地球内部や北極の中心との間に働く磁力を、両極の同一性として説明することに成功した。だからドルネウスは、学理のことも物質の中にある秘密のことも真理と呼んでいる。この真理はわれわれの中で「輝いて」いるが、われわれのものではない。それは「われわれの中ではなく、われわれの内にある神のイメージの中に探し出されるべきものである」。（パラグラフ264、訳書192ページ）

パラグラフ265で、ユングはこう述べています。「ドルネウスはさらに一歩進め、「ある」という述語をこの真理に使い、それだけにしか使っていない」。換言すれば、この一つのもの以外には何者も存在しないのです。「彼にとって真に存在する唯一のものは、超越する自己だけであり、神と同一のものである」〔訳書192－193ページ〕。真理だけが唯一の存在性を持つというこの発言の意味していることは、自己というものが、存在するものすべての根源、あるいは起源であるということに他なりません。心理学的な術語を用いれば、自己がわれわれすべての体験の根源であり源泉であるということを意味します。

さて、これらのいくつかのテクストを詳しく見たところで、ドルネウスをあれほど強烈に捉えていた元型的なイメージ、真理について考察することができます。その言葉は英語の真実 truth に翻訳されますが、その概念には長い歴史的な背景があり、非常に強力な象徴的なインパクトがある言葉です。古代エジプトでは、それは女神マートによって表象されました。死後魂の重さを量るのを主宰するのがマートでした。マートの羽根が天秤の一方の皿に置かれ、もう一方には死者の心臓が置かれました。そしてもしバランスが保たれなければ、その心臓はそれを飲み込もうと待ち構えている怪物へと投げられました。死者の魂は究極の基準としての「真実」に基づいて量られたのです。

古代ギリシアでは、真実を意味する言葉はアレテイア *aletheia* でしたが、興味深いのは、それが否定的な言葉であることです。ア *a* は欠如を表す接頭語で「……がない」ことを意味します。そして欠けているものがレーテー *lethe*、忘却の水です。意識的な存在として生を受ける直前に飲む水です。魂が生まれ出るとき、レーテー *lethe* の水を飲み、前世の生を忘れるのです。古代ギリシア人にとって、真実とはアレテイアでしたが、その意味は、忘却の欠如、あるいは記憶が存在することでした。プラトンはアレテイアというこの言葉を形相 forms の永遠の世界と仮象の現象的な世界とを区別するのに使っています。アレテイアは形相の世界を指すものなのです。仮象の現象的世界は永遠の世界のコピー、あるいは模倣に過ぎません。アレテイアこそオリジナルなものなのです。このようにして、プラトンは『ティマイオス』の中で「存在とは成ることとであるように、真実「アレテイア」とは信念である」と言うことになったのです。[96] 信念とは真実の一種のコピーであり、本当のものではないのです。

ヘブライでは、アレテイアに比較しうる言葉は *emath* で、旧約聖書ではしばしば、ヤハウェの性質を示すために使われています。たとえば、詩篇19：9では次のようにあります。「主の裁きは真実(true) でことごとく正しい……金よりも望ましい」(JB)。新約聖書では、キリストが最高の重要性を指

96 *Timaeus*, 29C.〔『ティマイオス』〕

し示す時にこの言葉を用いています。たとえばヨハネによる福音書8：32で、キリスト曰く「汝らは真実［ギリシア語では *aletheia*、ラテン語では *veritas*］を学ぶだろう。そして真実が汝らを解き放つだろう」（JB）。同じくヨハネによる福音書16：13では、キリストは門弟に自分は死なねばならないこと、しかし自分の死後にパラクレテ Paraclete、慰め主を遣わすと語りました。キリストは、慰め主がやってきて、この「真実の聖霊が……完全な真実へと汝らを導くであろう」（JB）と言うのです。

ですから、パラクレテの来臨は真実の精神 the spirit of truth として述べられています。これは、ユングがパラグラフ249で行っている言及と対応します。

その教義―磁石―は、その教義が語る神秘的な「真実」と同じものである。その教義は、術師の意識の中に、聖霊の贈り物として入る。〔訳書181ページ〕

聖霊、あるいは聖なる精神は、Paraclete の同義語です。ですから、真実の精神 the spirit of truth と聖霊とは象徴的には等価なのです。キリストがピラトの前で吟味される時、キリストはこう言いました。「私はこのために、真実［*veritas*、*aletheia*］の証人となるために、この世に生まれてきた。そして真実の側につくものはみな、私の言葉を聞くことになる」と（ヨハネによる福音書18：37f.,JB）。それからピラトは、典型的な世俗的反応をして、皮肉を込めてこう答えます。"Quid es Veirtas?"［真実とは何か？］と。ですから、おわかりのように、この *veritas* という言葉は長い歴史を持っていて、ドルネウスが語るように、奇跡を成し遂げるような力［virtue、美徳、効力］を持っているのです。

この真理に心理学的に対応するのは、無意識に隠された潜在的な意識です。この象徴体系を分析のプロセスに適用するなら、真理は患者の無意識に隠された潜在的な意識に対応するものであるということができます。自己のイメージ群、全体性のイメージ群に付随しているのが意識であり、磁石が鉄を引きつけるように、分析家の解釈と反応、さらには患者の心理に向けられた分析家の意識の助けを借りて惹きつけられるものなのです。別の言い方をすれば、分析家自身の自己との関係が、磁石のように働いて、患者の自己を布置させ引きつけて顕在化させるのです。このようにして、奇跡を成し遂げる力を持つ真理が表に現れてくるのです。

もう一組の連想がパラグラフ251〔訳書183－184ページ〕に出てきますが、そこでユングはこう言っています。「錬金術師が……はっきりとわかっていたのは、全体性の一部として、自分の中に全体性のイメージを持っていて、それは蒼穹のイメージ、あるいは、パラケルススが呼んだように「オリンポス山」のイメージである」。ユングは註43でこう付け加えています。「[これは]二〇〇年後にライプニッツがモナドロジーの中で完成させた概念である」。

ユングがいかに文化全体の歴史を用いて心を描き出そうとしたかがお分かりになると思います。ユングはあらゆるものを利用しています。ライプニッツがもう一つの例です。ライプニッツについて簡単に考えておきましょう。生没年は一六四六年と一七一六年です。ライプニッツのモナドロジーの理論では、宇宙は膨大な数のモナドと呼ばれる基本単位からできています。ウィル・デュラントがこの観念についてこう述べています。

モナドをよく理解するためには、それを、「魂についてわれわれが抱いている観念に模して」考えるのがよい。それぞれの魂が「単一の、別々の人格」であり、「ただ一人で世界に立ち向かう」孤独な自我で、自身の内的な意思に随って外部のあらゆるものに挑もうとするのと同じように、それぞれの

モナドが本質的には唯一つで、別々の、独立した、力の中心である。……それぞれのモナドが独自であり、宇宙全体に、一つとして全く似たような存在はなく……しかしながらそれぞれのモナドは、混乱し無意識のままに、それが宇宙全体［を構成しているの］だと感じている。このように、多かれ少なかれ、世界を曖昧な形で反射し表象する鏡なのである。そして、個人の心が本当に他人の心の中を見ることはできないように、モナドもどれ一つとして別のモナドの中を見ることはできない。[97]

モナドには窓がありません。モナドは窓無しと呼ばれますが、世界から切り離されているのでは全然なく、というのも、他の註釈者が述べるように、それぞれの生き物が世界を不断に映す生きた鏡だからです。われわれは異なる多くの世界に住んでいるように思われますが、本当は、単一の宇宙の様々な側面に過ぎず、それをそれぞれのモナドの特定の観点から見ているに過ぎないのです。このような見方をすれば、われわれは本当は独立しているとはいえません。誰もがその宇宙で生じているあらゆることの影響を受けているのです。このように、創造されたそれぞれのモナドは、宇宙全体をその中に表象します。ここに、自己を経験的〔実証的〕に発見する哲学的な萌芽が見られます。

ドルネウスに戻りますと、ユングは、客観的な自己―認識 self-knowledge の概念を取り上げています。これはライプニッツの、別々のモナドのそれぞれが宇宙を客観的な現実として自らの外に見る、という観念と関連しています。同じように、自我は心を客観的に認識できるのです。ユングはこう言っています。

自己の客観的な知識とは、著者［ドルネウス］が次のように言う時に言おうとしていたことである。「自分自身が、誰なのかではなく、何なのか、自分が誰（あるいは何）に依拠しているか、自分が誰の

ものか（あるいは何に属しているのか）、そして何のために自分は作られたのか、それを知らない限り、自分について知っているとはいえない」。この誰 quis と何 quid の区別は極めて重要である。「誰」は紛れもなく個人的な側面を持ち、自我を指しているが、「何」の方は中立的で、人格すら賦与されない他ならぬ客体の属性を述べるものだからである。心《サイキ》の主観的な自我意識のことが言われているのではなく、心《サイキ》そのものが未知で、偏見のない対象であり、まだこれから探求されねばならない。（パラグラフ252、訳書184ページ）

これはユングにとって重要な指摘です。『結合の神秘』の中でさらに詳しくその問題に立ち入っています。[98] 実験に関する言述もまたこれと関連しています。

秘密物質の産生、「メルクリウスの発生 generatio Mercurii」は、その教えを充分に知る者にだけ可能である。しかし「われわれは疑問を解くには実験〔訳書では「経験」となっている。ドイツ語原著では Erfahrung（経験）、英語版では experiment（実験）。英訳は誤訳と思われる〕によるほかはなく、自分自身でやる以上にそれを理解するよい方法はない」。（パラグラフ250、訳書182ページ）

これらの二つの観念は関連しています。というのも、実験的な態度は、いわゆる客観的な態度の一部だからです。実験的な態度をとらなければ、存在物で実験をすることはできません。しかし次に、自分自身に対して客観的な態度をとるというのはどういうことかと問わねばなりません。事実、それが分析

97 *The Age of Louis X IV*, p. 670.〔『ルイ一四世の時代』〕
98 CW 14, pars. 362ff.〔『結合の神秘Ⅱ』21－22ページ〕参照

のプロセスで努力することのすべてです。しかしながら、成功を期待しようと思えば、ある意味では最初からそれを持っていなければなりません。自分自身に対する客観的な態度が、潜勢的、潜在的になければなりません。さもなければ客観性に向かって歩き始めることは決してできず、絶望的に釣堀の中の魚のままに留まることになるでしょう。その中を泳ぎまわる魚である限り、水に対して客観的な態度をとることはできません。心に対して客観的な態度をとる能力、自分自身の心理を客観的な生きたプロセスとしてみる能力は、意識が存在することの証拠です。ユングはこのことの重要性をパラグラフ255で強調しています。

われわれの中で働いている最終的な要因とは、言ってみれば「身分の高い人」がそれで商売をするようにと自分の「僕たち《しもべ》」に手渡したあの例の貨幣（ルカによる福音書19：12ff）にほかならない。このように世俗的なことに巻きこまれることが、道徳的にどんな意味を持つかを想像してみるのには、さほどの空想力は必要であるまい。悪は四六時中いたるところに顔を出すわけではないなどと思い込めるのは、子どもっぽい人間だけである。そんな人は無意識的であればあるほど、ますます悪魔の手にかかって悩まされることになる。暗黒面とのこのような内的なつながりがあるために、一般大衆は信じがたいほどやすやすと、最もおそるべき犯罪すら前後の見さかいもなくいっしょになってやってのけてしまう。最大規模の無慈悲な自己—認識だけが、善と悪を正しい観点から眺め、人を動かす諸動因をきちんと考量することができ、物事の最終結果があまりひどいことにならぬよう保証してくれる。

〔訳書186ページ〕

そこできわめて重要なのは「無慈悲な ruthless 自己—認識」という一節です。無慈悲な自己—認識は客観的にならない限り全く不可能です。これは、悪の自覚についても当てはまり、これについてはこのパラグラフでユングも語っていますが、もし悪を、心の中の客観的なものというよりも主観的なものとして観るならば、即座にモラルが失われます demoralizing。自我はそれが認める悪と個人的に同一化して、もはや無慈悲さがなくなります―自我が罪悪感をあまりに抱え込むため、観るものとして働くことがそれ以上できなくなるのです。

無慈悲な自己―認識を持つために、心の中の闇を十分に観るために、個別の心を、主体としてというよりもむしろ客体としてみる必要があり、言い換えれば、心を自我ではないものとしてみる必要があるのです。自我が認識をしているにもかかわらず、心の全体は客観的な実体であり、全体は自我によって作られるのではなく、自我によって発見されるだけであることを明確に見る必要があります。それは実験によって発見されるもので、その様子は錬金術師やさらに後世では科学者が外的世界の本質（nature）を発見していったのと同じです。われわれは自分自身を創り出すことはできません。われわれは創造されるのです。その意味は、個人の心の中にわれわれが発見するものは、創り出されたものであり、われわれが創り出したものではない、ということです。全体として自分の何たるかは、主観的な責任ではありません。実際にそれをどう扱うかはわれわれの責任ですが、そこに見出すものではありません。根本的に客観的な態度を個人の心の本質 nature に対して取る能力は、意味のある意識にはどんなものであれ不可欠なのです。

ユングはこの問題を、哲学者の石について述べたテクストに関するコメントの中で詳述しています。

「この石は従順ということからいえば、汝の下方にある。支配という点に関してならば、汝の上方

にある。それゆえ、認識という点では汝から生じ、同等のものという点では汝の周りにある」。この個所は、いささか曖昧である。しかしここからわかることは、石は人間に対して紛うかたなく心的な関係を持っているということである。術師は、一方では石に従順を期待することができる。しかし他方では、石が錬金術師を支配する。石は「認識」あるいは科学に関する事柄なので、人間に起源を持つ。しかし石は人間の外側にもあって人間を取り囲み、「等価なるもの」、すなわち心のようなものと同等のものの中にある。この記述は、自己の象徴体系が示すパラドキシカルな状況と合うものである。それは小さいものの中の最小のもの、容易に見過ごされ、脇へ押しやられるものである。実際、それは助けを必要としていて、認識され守られねばならず、いわば、意識的な心によって組み立てられねばならず、あたかも、それだけでは全く存在しないが、人間の配慮と献身とによって初めて存在世界に呼び出されるかのごとくである。これとは逆に、経験によれば、それは既に長い間底に存在していて、自我よりも古く、実質的にわれわれの運命の「教導者なる精神（**spiritus rector**）」である……

……「この石は、他でもない汝の中に固定され、神によって作られたものである。汝はその鉱石であり、それは汝から抽出され、汝がどこにいようとも、汝とは離れることなくそばにいる。……その石は……人間から「掘り出される」もので、汝はその鉱石である。つまり、作業によって汝からそれは抽出される……汝がなければ、それは完成することはできず、それがなければ、汝は生きることはできない」。（パラグラフ257f、訳書187－188ページ）

次の文はすべてを簡潔に表しています。「汝がなければ、それは完成することはできず、それがなければ、汝は生きることはできない」。それは、自我と自己の関係の本質を簡潔に述べたものです。自我なくしては自己は意識の現実に生じてくることができません。そして、自己との生きた関係なしには、自我は生きられません。というのも、自己は自我の存在の源泉だからです。

ユングはパラグラフ259でコメントしています。

ここ［このテクスト］からわれわれが知るのは、石は神によって人間に植えつけられたものであること、作業されるものはその第一質料（prima materia）であること、そして抽出は錬金術の作業過程における分割（*devisio*）または分離（*separatio*）に相当するものであること、石を知ることを通じて人は自己と分かちがたく結びついていることなどである。ここに記されたような作業過程は、無意識的な内容の意識化のことだと解していいだろう。賢者の水銀［メルクリウス］の中に定着させることは、そうすると、伝統的なヘルメスの智慧に相当することになる。メルクリウスはヌースを象徴化するものだからである。そしてこの知識のおかげで、無意識の内容である自己が意識化され、意識の中に「定着」されるのである。すでに前もって存在する意識的概念なしには、周知のとおり正しい認識は不可能である。……だからこそ、幼児に民話や伝説を語って聞かせ、成人に宗教的諸観念（教義）を教えることはこの上なく重要なのである。というのも、これらの事柄は教示的な象徴であり、その助けを借りて無意識内容が意識の中に入る道を見つけ、解釈され統合されることが可能となるからである。これに失敗すると、そのエネルギーの流れが、通常はさほど強調されることのない意識的な内容へと流出し、それを病理的なところまで強化してしまう。その結果生じるのが、根拠のない恐怖症や強迫観念であり―狂気、特異的な性格、心気的な観念、そして社会的、宗教的、政治的にうまく偽装された知的倒錯などである。〔訳書189‐190ページ〕

ここでの観念は、無意識の元型は、その効果を自我に伝えるためには、意識に届くための橋が必要である、というものです。これらの橋は、宗教的、神話的なイメージと、意識に受け入れられた部分として既に存在する観念によって与えられます。これが、ユングが神話の知識と宗教的教養とをあれほど重要視した理由です。これらのイメージは橋として働き、元型の効果が、いわば意識に入ってくるのを可能とするのです。もし意識がそのような観念を持たなければ、これらの元型的なエネルギーは、それを受け入れるには小さすぎる容器の中に入ることになります。

ユングはこの一例を、一九三七年のイェール大学のテリー講義で示しています。ユングが述べている患者は、腸の癌を患っているに違いないという強迫的な観念に捉えられていました。入念な医学的検査を受けて、繰り返し身体的な問題はないと保証されたにもかかわらず、事態は変わりませんでした。彼は自分が癌だと確信していて、もし癌でないとしても、そのうちかかると思い、結局は同じことでした。ユングはこの特別なケースを例として示して、こう言います。

それならば、想像上の癌を患っている患者に対してはどのように応えてあげればいいのでしょうか。私ならこう一言うでしょう。「なるほど、君は実際に癌のようなもので苦しんでいるんだね。恐ろしい悪を自分自身のうちに抱えていると言うのだね。もっとも、君がそれで死ぬことはないだろう。それは想像上のものだから。でも、君の魂はこのままでいくとやがては死んでしまう。もうとっくに君の人間関係や個人的な幸せがだめになり、毒され始めていて、今後もますます広がっていき、とうとう君の心全体がそっくり飲み込まれてしまうことになるよ……」。

私の患者は、自分がその病的な想像そのものの張本人ではないことを知っています。しかし、彼の理論的な理性は、彼が自分の想像の所有者であり、生産者であると示唆しようとします。現実に癌を患っている人は、……けっして自分にそのような災いの責任があると考えたりはしません。しかし、いざ心のこととなると、私たちは、まるで自分がその心の状態を作り出したかのように、一種の責任のようなものを感じるのです。[99]

ユングはこの問題をもう少しあとでさらに続けています。

私には、人間の心を単なる個人的な関心事と見なして、それをもっぱら個人という観点からのみ説明するのは、致命的な誤りであるように思われます。そのような説明はただ普通の日常的な仕事や人間関係に生きている個人にしか適用できません。けれど、ちょっとした障害が、たとえば思いがけない、いわば異常な出来事といった形で生じると、すぐに本能の諸力が現われてきます。これらの力は全く意外で、目新しく、奇異にすら映る……ものです。……［元型的なものが顕れてくるのです。集合的な力が進入してきます］。

……実際、私たちは火山の縁で生きているのです……。

……私たちの癌のケースは、人間の理性と洞察が歴然とした不条理に対していかに無力かをはっきり示しています。つねづね患者に忠告していることですが、このように明らかではあるがどうにもしようがない馬鹿げたことは、まだよく理解されていない力や意味の表現として理解されねばなりません。……私たちの患者が直面しているのは、自分の意識では太刀打ちできないような意志の力と暗示

99 "*Psychology and Religion*," CW 11, pars. 19f.〔『心理学と宗教』17ページ〕

です。この不安定な状況では、患者に対して、あなた自身が、何らかのありかたで、ただきわめて不可解なありかたですが、自分の症状の背後にいて、その症状をこっそりとこしらえあげ、維持しているのだということを説得するのは拙いやり方でしょう。このように示唆してしまうとすぐに彼の戦闘精神が麻痺してしまい、士気が阻喪してしまうでしょう。むしろ、コンプレックスという一つの自律的な力が自分の意識的な人格に逆らっていると理解した方がはるかにいいのです。[100]

言い換えれば、神なのです。患者の癌恐怖は、神—イメージの現れであり、自我の能力を超えた自律的な力なのです。これは、元型的なエネルギーが、もし意識に適切な橋を持たなければ、〔自我という〕それを受け入れるには小さすぎる容器に流入してくるとどうなるかについて、ユングの見解を例示するものと言えるでしょう。

100　Ibid., pars. 24ff.〔同書、20ページ〕

18. パラグラフ267－286

キリスト教的錬金術の象徴体系の心理学

次にユングは幅広い歴史的なコンテクストへと移ります。

［われわれが］今日目にしている奇妙な光景は、並行する二つの世界観が、相手のことを何一つ知らないし、知ろうともしていない、というものである……。

……十八世紀には、信仰と知識の不一致という悪名高き事態が到来した。信仰には経験が不足しており、科学には魂《サイキ》が欠如していた。その代わり、科学は絶対的な客観性を強烈に信じ、知識の本来の産み手、担い手が心であるという基本的な困難から目をそらしてしまった。よりによって心は、長い間にわたって科学者が最も知らないものだった。（パラグラフ**267**、訳書**194－195**ページ）

二つの世界観とは、一つは信仰の世界─具体主義的で、偏狭な宗教上の信仰の世界、各人の信仰が唯一真実のものであるとされた世界であり、もう一つは、世俗の、合理的な魂のない科学です。見る目を持っていれば、外界のいたるところにこの葛藤を見ることができます。しかしながらユングがパラグラフ280〔訳書203ページ〕で述べているように、対立物間の葛藤は両者のレベルで解決するわけではなく、新しいレベルの第三者を見つけることによってのみ、歩み寄ることができるのです。ユング心理学はこれら二つの世界観に折り合いをつけ得る第三の立場を提供します。
集合的な心《サイキ》だけがこのように分裂するのではなく、多くの個人にも同じ分裂が生じます。もちろんこれら対立する視点の一方と、あるいは他のもう一方と同一化する人はたくさんいますが、自分の中で区分して両方の視点を持っている人もかなりいます。生活のある部分では一方の視点で機能し、別の部分ではもう一方の視点で機能します。二つの部分は決してつながらないので、これらの人たちはいかなる葛藤も決して経験しません。しかしながら、もし分析家が、封印された区分をつないで一つにしようとすれば、そこには爆発や最も激しい抵抗が生じるのです。

分析の実践の中でしばしば生じてくる関連した問題は、これら二つの視点の一方あるいはもう一方と大きく同一化している人たちをどのように扱うかです。現世の、合理的な態度に同一化している人たちは、しばしば神話学的で宗教的なイメージへと導かれる必要があります。彼らの夢がこのことを示唆するでしょう。他方、伝統的で具体主義的な信仰と同一化している人たちは、しばしばヴォルテール（あるいはそれと同等の人）、つまり宗教上の信仰を分解して検討した合理主義者へと導かれる必要があります。私が特にヴォルテールの名前を出すのは、ユングが分析の仕事を行った書斎へと向かう階段の踊り場にヴォルテールの像があったからです。ユングはインタヴューの聞き手に、そこに彼の像を置いているのは自分の影を思い出すためだと言いました。

二つの世界観の葛藤とその解決について、ユングは次のようにコメントしています。

無意識の統合が現代の医師や心理学者に課す問題は、歴史的にあらかじめ示された路線上でしか解決できない。そしてその結果、伝統的な神話を新しく同化することになるであろう。しかしながらこ

れは、歴史的な発達の連続性が前提になる。当然のことながら、あらゆる伝統を破壊しようとする、あるいは無意識化してしまおうとする今日の傾向は、何百年にわたる正常な発達のプロセスを中断し、未開状態という中間期に置き換えることになるかもしれない。（パラグラフ282、訳書203－204ページ）

私は、これは一つの予言だと思います。すべての伝統を破壊しようとする傾向が、すでにわれわれの集合的な事業や教育システムにおいてあまりに進んでいるので、まるで歴史とは確実にこのような経過をたどるものであるかのように見えます。

宗教上の信仰と合理的な科学との間の分裂の一方の側に目を向けて、ユングはキリスト教の信条に言及しています。

キリスト教の教理は高度に洗練された象徴であり、超越的な心的なもの、ドルネウス流に言えば、神イメージとその諸特性を表している。信条のことを"symbolum"という。信条は、実際的には、内面的経験の領域における心《サイキ》の現われに関して確認できる重要なものすべてから構成される。しかしながら、それ〔信条〕は自然を、少なくとも認識可能な形では、含んでいない。したがって、キリスト教のすべての時代にわたって、外側からだけではなく、内側から、自然の経験的〔実証的〕な側面を調べようとする支流や底流があった。

教義は一般的な神話と同様に、内的体験の精髄を表現しており、それによって客観的な心の、すなわち集合的無意識の、効力のある諸原理を系統立てて述べてはいるものの、そこで用いられている言葉や見方は、現代の考え方とは合わないものになっている。「教義」という言葉は何かしら不快な響きさえ持つようになり、せいぜい偏見の頑固さを強調するのに一役買うくらいである、ということが

多い。西欧に住む大多数の人々にとって、教義は象徴としての意味を失った。実際には知ることはできないが、それにもかかわらず「現実に働きかける（actual）」――つまり影響力をもつ――事実に対する象徴としての意味を失った。（パラグラフ270f、訳書195 - 196ページ）

実際、キリスト教の教義とは何なのか、今終わりつつある時代の効力のある神話は何であったのかを見てみましょう。時代の初期に戻ると、信条の簡略版が見出され、それは基本的な教義の姿を見せてくれます。以下には『三位一体の教義に対する心理学的アプローチ』というユングのエッセーから引用したニケア信経の異本があります。

われらは信ず、唯一の神、全能の父、天と地、見ゆるもの、見えざるものすべての造り主を。われらは信ず、唯一の主、神の御ひとり子イエス・キリストを。主は全世界ができる前に父から生まれたお方。神から生まれた神、光から生まれた光、まさに神から生まれた神であって、造られたのではない。父と一体となり、父によって万物は造られた。主はわれら人類のために、またわれらの救ひのため、天よりくだり、聖霊によりて、聖霊と処女マリアによって御からだを受け人となりたまへり。ポンシオ・ピラトのもとにて、われらのために十字架につけられ、苦しめを受け、葬られたまへり。聖書にありしごとく、三日目によみがへり、天にのぼりて、父の右に坐したまふ。主は栄光のうちに再び来たり、生けるひとと死せる人とをさばきたまふ、主の国は終わることなし。われらは信ず、聖霊・生命の与へぬしを。聖霊は父と子より出で、父と子とともに拝みあがめられ、また預言者によりて語りたまへり。そしてわれわれは一つの聖なるカトリックの使徒教会を信じる。罪のゆるしのためなる唯一の洗礼を認め、死者のよみがへりと、来世の生命とを待ち望む。[101]

まさしくこれです。すべてが一括して手頃にまとめられています。もしそのイメージの本体が絶対的な信念となり、確信を持ってそれを生きることができるなら、その人の人生はすべて設定されているといえるでしょう。そのイメージに包まれることになります。この宗教上の信条は、現在では、心的現実の象徴的な表現として理解できます。つまりこれは、個性化のプロセスの表現です。この信条は、まず初めに、万物の創造主であり起源である神イメージがあると告げています。それから神イメージの一つの側面が、地上に降りて人間として具体化する、つまり自我の中に現れます。自我の中に自ら進んで具体化された自己は、贖罪の意図をもっており、自我を救済しようとします。心理学的には、贖罪とは、自我に意味の感覚をもたらすことを意味します。自己のこの側面は、自己が出てきたところに再び昇り、具体化は一時的なことで永遠のことではないものの、二度目の到来、自我の自己との遭遇という二度目の顕われがあることを示しています。二度目の顕われは異なる種類の経験になるでしょう。つまりそれは最後の審判の体験となるでしょう。その後これに続くのが、一般的な復活、あらゆる抑圧されたコンプレックスの消散と永遠の王国の確立です。言い換えれば、心の永遠の次元が確立され、存在の一時的な体験から、個人を超えたものあるいは非時間的なものへ移ることになります。[102]

ユングのテクストは再び、現代人における二つの信仰体系の間の分離と、信仰体系をつなぐ必要性とを取り上げていますが、そこには想起 anamnesis に関する議論も含まれています。これは以前にも述べ

101 *Psychology and Religion*, CW 11, par. 217.〔『心理学と宗教』127ページ〕
102 このことは拙著 *Christian Archetype*〔『キリスト元型』〕でさらに詳細に論じている。

たテーマであることを覚えておられるでしょう。これは分析の実践においてとても重要なので、繰り返す価値があります。

生きている有機体が根から切り離されると、存在の基盤とのつながりを失い、必然的に滅亡せざるをえなくなる。このようなことが起こると、根源を想起することは生死の問題になる。神話やおとぎ話は無意識の過程に表現を与えるので、それらを語り聞かせることは、そのプロセスを再び生き返らせる［それゆえ想起のプロセスを促進する］ことになる……。……道《タオ》であれ、洗礼用聖水であれ、万能薬《エリクシル》であれ、これらの象徴的な水はいずれも、病を癒したり刷新したりする性質を備えており、このような性質はこのような観念が生じてきた神話的背景にある治療的な特徴を示している。（パラグラフ279ff、訳書202－203ページ）

「……神話的背景にある治療的な特徴……」というのは重要な一説です。それは想起体験の一部分です。先にユングが想起について言及していた部分は、以下の通りです。

このことは、全体性の元型はずっと存在しているという、心理学の経験的〔実証的〕所見と見事に一致している。全体性の元型は、意識の視界からは消えてしまいやすいし、またあるいは意識が回心によって照明を受けるまでは全く感知されないでいるのだが、キリストの姿の中にその全体性の元型を再発見するというわけである。……この「想起（anamnesis）」の結果、神イメージと一体であるという本来の状態が復元されるのである。これが統合をもたらし、人格の中の分裂に架橋をしてくれる。（パラグラフ73、訳書59ページ）

分析は大部分が想起です。つまり以前に過ぎ去ったことを思い出すことです。分析の想起には二次元あります。個人的なものと、集合的ないしは元型的なものです。まずその人は慎重に、彼／彼女の個人的な過去を思い出し、これは個人的な無意識を開きます。そしてもしその患者がさらに深く進むことになっているならば、夢が個人的な無意識を超えて想起の集合的な次元へと導きますが、そこには元型的、歴史的な記憶が含まれています。まず初めは家族、祖先の背景、民族、国家、それから人類全体としての元型的なレベル。ついには、宇宙そのものに由来する彼／彼女の起源へと辿り着くのです。[103]

集合的な想起は、プラトンの想起の観念に相応し、これは通常「回想 recollection」と訳されます。『パイドン』においてプラトンは次のように述べています。

もし……生まれる前に知識を得ておきながら、生まれる時に失ってしまい、後になって知覚を用いてそれらに関してあの、以前に持っていた知識を取り戻すのであるならば、思うに、われわれの言う、学ぶとは、自分自身の知識を再び回想する (recollection) ことではあるまいか？[104]

プラトンはすべての認識 cognition は再認識 recognition であると述べています。あらゆる知はかつて持っていた知識を思い出すことであると。これは、文字通りには真実ではないものの、心理学的には、無意識を個人的、元型的な層まで探求するという点からは、真実です。われわれはかつてすべてを「知

103 あらゆる分析が、個人史の慎重で体系的な精査から始まるという事実を私がどれほど重要だと思っているかということを強調しておきたい。どんな分析の始まりも、一様に、被分析家になる人には個人史を、特に、人生の中でもっともリビドーがポジティヴにもネガティヴにも負荷された側面を強調して書いてもらい、この個人史を詳細に吟味して分析的な対話を行い、その見直しが分析の生きた体験の一部となるようにするべきだと思う。

104 *Phaedo*, 75E-76.〔『パイドン』Anamnesis というギリシア語がここでは recollection と訳されている。

っていた」けれど、忘れているのです。意識を開発する過程で、神経症でなくとも、自我と無意識の間には分裂、自らの根源からの分裂があるのです。もし自分がどこからやって来たのかを知って、この想起のプロセスを遣り通すことができるなら、われわれは失った全体性を回復することができるのです。

ユングはアテネでの使徒パウロの例を引用して、文化的な発展が継続していることの必要性についてさらに考察しています。

仮に今日パウロが生きていて、ハイドパークでロンドンの知的階層に耳を向けてもらおうとするならば、もはや彼はギリシア文学やユダヤの歴史の生齧りの引用では自分自身満足はできないであろう。

（パラグラフ275、訳書199ページ）

パウロは、分裂した現代人の心をひきつけるために、さらに遠くまで広げる努力をしなければならないでしょう。

パウロがアテネを訪問したのはこの時代《イーオン》の始まりの頃です。彼は古代世界に新しい世界観を紹介する過程にいました。類似のことが新しい時代《イーオン》の始まりにおいて、今生じているのです。ユング心理学には新しい世界観を紹介する仕事が課せられており、同じように、アテネでのパウロの体験も、ユングが著作の中の数箇所で仄めかしているように、この繰り返される問題の一種の伝統的なパタンとして、今日的な意味があります。パウロがアテネにいたとき、次のようにアレオパゴスの評議会の前で演説を始めました。

アテネの人たちよ、あなた方はあらゆる点においてすこぶる宗教心に富んでおられると私は見ている。実は私が道を通りながら、あなた方の拝むいろいろなものをよく見ているうちに、『知られざる

神』と刻まれた祭壇もあるのに気がついた。そこで、あなた方が知らずに拝んでいるものを、今知らせてあげよう（使徒行伝17：23 JB）

パウロは確立された見解の中にすっぽり入っています。さらにこの演説の中でパウロはギリシア詩人の、「われわれは皆彼の［神の］子どもである」という言葉を引用して、これも利用しています。このアテネ人に説教をしているパウロのイメージは、新しい意識レベルを持ち込む方法を示す伝統的な形式です。それは、新しい洞察を、過去の受け入れられている考えと関連付けることによってなされなければなりません。ユングは『結合の神秘』の中でとても明確に述べています。

最高の精神的伝統に深く根ざしていない復活は、儚い。しかし、歴史的な根から生え出た優勢形質は、自我に縛られた人間の中で、生き物のように振舞う。人間がそれを所有するのではなく、それが人間を所有しているのである。[105]

この言述についてよく考えてみると、ここでユングは自分自身の手法 modus operadi について述べていることがわかるでしょう。これはユングの著書の基本原則であり、だからこそ、これほど多くの拡充と伝統的なイメージを示して、深層心理学という新しい観点から見ているのです。ユングはパウロがアテネ人に話す時の方法を用いていますが、はるかに洗練されたやり方をしています。

今日のユング心理学は、二〇〇〇年前のキリスト教の地位と類似しています。ユング心理学は、伝統的なイメージと関係を持ち、それに置き換わることが運命付けられているのです。錬金術の象徴体系は、

105　CW 14, par. 521.〔『結合の神秘Ⅱ』147ページ〕

これに特に役立ちます。なぜなら錬金術は、伝統的なキリスト教の教義のイメージと現代の科学的精神との間に橋を提供するからです。ユングが、錬金術がとても役に立つと考えた理由もここにあります。

グノーシスにおける自己の象徴

さてユングは、錬金術の象徴体系からグノーシスにおける自己のイメージ群へと話題を変えます。グノーシス主義の資料としては、ユングはヒポリュトスの著作、『反証』を非常に重視しています。ヒポリュトスについては既に第八章で論じたように、ローマの長老であり、およそ紀元一七〇年から二三六年まで生きました。彼はグノーシス派の異端を論駁する非常に包括的な論文を書きました。それらを非難する過程で、それらの異端の教義を隅々まで詳述していますが、そのことは彼がその教義に自分の意思に反して確かに魅力を感じていたということを示しています。幸いにもヒポリュトスの論文全体を英訳で読むことができます。[106]

ユングはここで続けて磁石の象徴体系を吟味し、その出発点として論じたのが、初期錬金術の資料、エヘネイス・レモラの魚とそれが船をひきつける磁石の効果に関する資料、さらに、魚を捕まえる際に

106　Roberts and Donaldson, *The Ante-Nicene Fathers*, vol.5〔『ニケーア以前のキリスト教教父著作集』〕を参照

ある種の教義がもつ磁石の効果に関する資料です。ユングはヒポリュトスの著作の中で磁石について語っているテクストを三つ同定しました。最初は『楽園の四つ組』（the Paradise Quaternio）です。これはパラグラフ288〔訳書207 - 208ページ〕に要約されています。このテクストは『アイオーン』の残りの部分できわめて重要なものです。後で、ユングはこの『楽園の四つ組』のイメージ群を別の目的で用いています。ここでのテクストは、『ニケーア公会議以前の教父』からの引用で、ユングが示しているものよりも長く引用しています。ヒポリュトスは言います。

［グノーシス派の主張では］エデム［エデン］は脳であり……彼らは、人間は、頭だけである限り、楽園である、と考えた……［そして］「エデムから」、つまり脳から、「流れ出る川は、四つの頭に分割され、最初の川の名はフィゾン **Phison** と呼ばれた……」。［これは］目であり、（他の体の臓器の中でも）語られたことの証拠をもたらす。……第二の川の名はギホン **Gihon**、……［それは］聞くものである……。第三の川の名はティグリス **Tigris**、……これは嗅ぐものである……。しかし第四の川はユーフラテスで［それは］口［であるが］、その口を通して、外には祈りの言葉が発せられ、内には栄養が入っていく。（口は）喜びを生み出すもので、スピリチュアルな人間、完全な人間（**the Spiritual, Perfect Man**）に栄養を与えて作り上げる。［グノーシス派のいうところでは］これは「蒼穹の上にある水」であり、これについては……救い主は次のように述べておられる、「求めているのが誰であるか、汝がわかるなら、あなたの方が救い主から求めただろう。そうすれば救い主があなたに、生きた泡立つ水を飲むようにと与えただろうに」。救い主の言われるところでは、この水の中に、すべての生き物（**nature**）は入っていき、自分自身の実質を選び取る。そしてそれに特有な性質が、この水から、

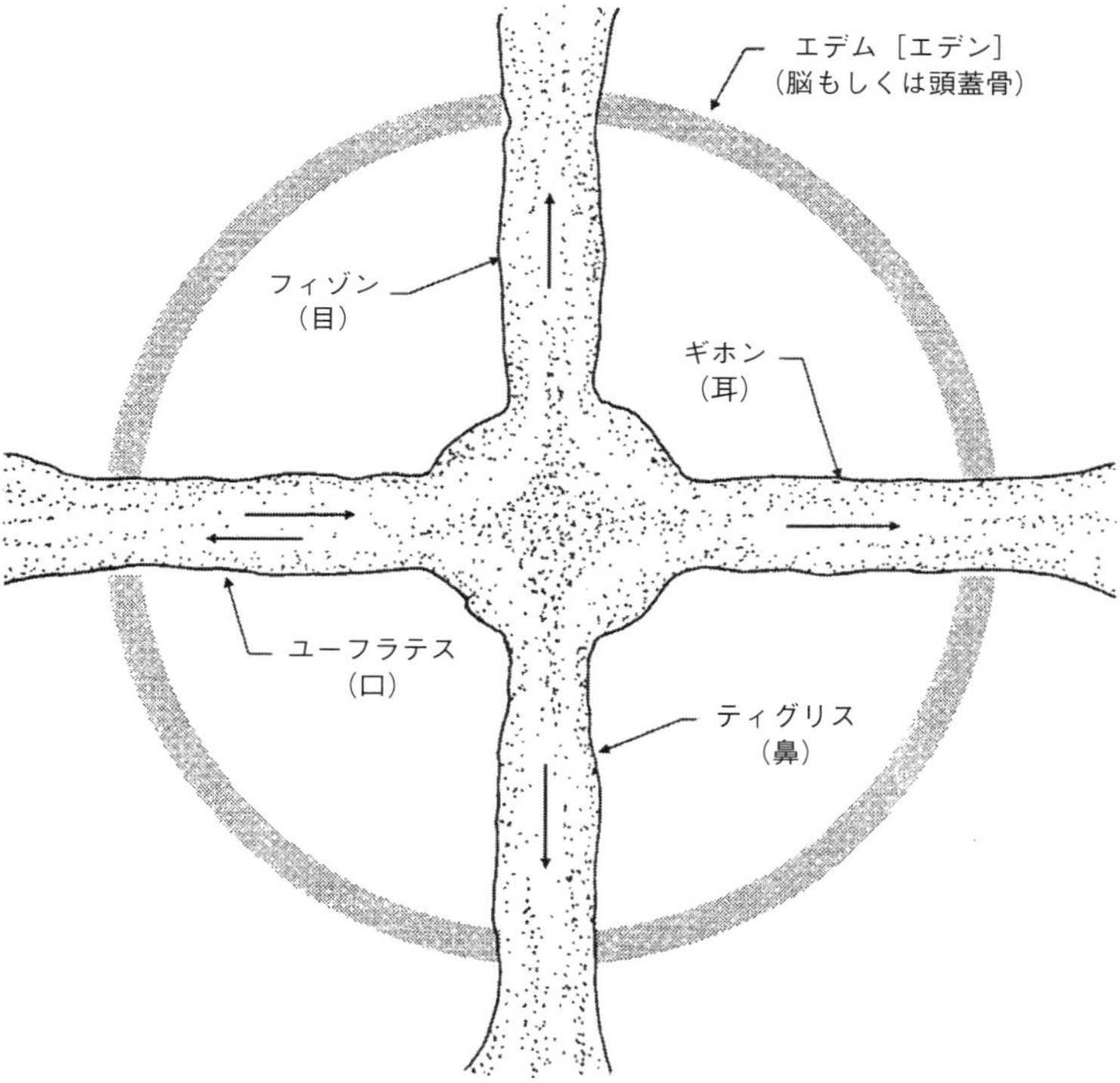

図 19　楽園の四つ組のテクスト

このグノーシスのテクストは、楽園を人間の頭部もしくは脳と同一視し、楽園から流れ出る四つの川を、頭部の四つの開口部、すなわち、目、耳、鼻、口と同一視した。これらの水の流れは一つの全体を作り出す力を持っている。

それぞれの生き物に付着していく。鉄が磁石に引き付けられるのはその比ではない。[107]

ですから、この最初のグノーシスのテクストで、再び磁石に戻ることになります。この資料は図19に図示しましたが、それが示しているのは中心に四つの川の源をもつ脳です。それらは分割して、一つの川からは目が、また別の川からは耳が、もう一つからは鼻が、そして四番目の川からは口が出てきます。これは一種の能動的想像のイメージで、頭蓋骨、または脳、人間の中の「丸いもの」のイメージです。ユングがパラグラフ288〔訳書207－208ページ〕で語るように、最初の三つの川は似ていますが、四つ目のユーフラテス、口は特別な性質を持ち、というのもモノがその口の中で双方向に動くからです。食べ物が中に入っていき、祈りが外に出て行きます。四つ目の川は特別な川で、それに対応する心理学的な事実は、第四機能はそれとともに全体性をもたらし、それゆえに特異な性質を持つということです。そのイメージが示すように、ユーフラテスの口は、自己、あるいは神性との、双方向の対話を促し、栄養は祈りを通して神へと出て行くのです。

さらに、このユーフラテスの水は、蒼穹の上の水であると記述され、これは創世記第一章に言及されている蒼穹です。創世記第一章では、神が蒼穹を創り、蒼穹の下の水と上の水とを分けたと言われています。蒼穹とは天の丸天井で、ユーフラテスの水は天上の水に相当し、天の限界のかなたに存在するものです。それはキリストの生ける水を指すこともあり、ヨハネによる福音書が述べるところでは、イエスはある井戸のところでサマリア人の女性に出会い、彼女にこう言います。「もしあなたが、神の賜物を知っており、また、『水を飲ませてください』といったのが誰であるか知っていたならば、あなたの方からその人に頼み、その人はあなたに生きた水を与えたことであろう」（4:10,JB）ここでキリストは、自分自身を生ける水と同一のものとしていますが、グノーシス主義ではこれをユーフラテスの水と等しいものとし、同時に天上の水と同じであるとしたのです。ユングはこの水についてこう述べています。

ヨハネによる福音書4：10への言及が示すように、ユーフラテスの奇跡的な水は、「教義の水」（aqua doctrinae）の性質を持っていて、すべての生き物を、その個別性という点で完全なものにし、これによって人間は全体的なものになる。これが成し遂げられるのは、一種の磁力が与えられるためであり、その磁力によって、自分に属しているものを惹き付け統合するのである。

これに相当する事実とは、人が自己に触れると、そこで産み出されるリビドーのつながりが、この世界に散在する自分のアイデンティティの断片の場所を明らかかする効果をもつということです。読書においても、世界の人々や事物との日々の出会いにおいても、自分の反応に注意することによって、何が自分に属すかを同定することができます。人は自分自身に属するものを尊重し、「なるほど」という体験をします─ええ、それは何か意義あるものなのです。そのような自覚を持って読書したり日々の体験をしたりすると、常に自分自身に属することを拾い上げることができます。これが、ユングがこの水について言っていることに相当します。それは一種の磁力を人に与え、自分のアイデンティティの断片を惹きつけて統合することができるのです。

かつて私はこの水の夢に出会ったことがありました。ある患者とのセッションの後に見た夢の中で、私はふと気がつくと、自分が特別に「聡明である」と思い、それはわれわれが論じていたその夢の拡充

107 Ibid., pp.57f.〔同書〕

を行った時のことでした。私は自分がそのように聡明であると思っているわけではありません。それは私の中に投影されたもので、それを私が行動化しただけなのです。それは患者の無意識に由来するものです。しかしそれにもかかわらず、そのような豊かな拡充をした後で、患者は水晶のように透明な水の流れが分析家の口から流れ出てくる夢を見ました。それがユーフラテスの川の水です。

二番目のグノーシスのテクストは『父のしるしSign of Father』で、パラグラフ290〔訳書208－209ページ〕にユングの要約があります。ここでは全文を紹介しましょう。

［グノーシス派に］よると、宇宙は、父、息子（そして）物質［から成るもの］である。……物質と父の間に座っているのが、息子、言葉、蛇である。……息子は、ある時は父の方を向き、またある時は物質の方を向く。……息子は、自分自身に属している力によって、父のしるし［*patrikoi charakteres*］を父から物質へと伝える……そしてもし、［下方の物質の闇の中で］誰か一人でも、自分が父のしるし（the sign of the Father）であり、天の父と同じ物質からできていると認識する力を持っているなら、彼はそちらへ戻ってくる。［これは彼が教義を持っているときだけに起こることである］。……その息子なしには誰も救われず、（天へと）戻ることができない。そしてその息子とは蛇である。というのも、彼は父なる神のしるしを上から持って降りて来るように、ふたたびそれら［のしるし］をそこから上へと持ち帰るからである。睡眠から目覚めたしるしを、……実質的なものに……変えられていたしるしを持ち帰るのである。そしてその息子は（それらのしるしを）まぶたを閉じているものに伝える。それはちょうど、ナフサが四方八方から火を自分の方に引き寄せるのと同じであり、いや、むしろ、磁石が鉄を引き付けるのと同じである。[108]

この考え方は、ここでは図20に表しましたが、息子／蛇が父のしるしを、天から人間が住む物質界まで運んで来るというものです。正しい教義をもつ人間は、自分が父のしるしを持っていることを認識しています。別の言い方をすれば、正しい教義をもつと、父のしるしが降りてきて人間に移されるとも言えます。一度移されると、実体を持つものに変えられ、物質化され、受肉して、その後それは蛇へと戻され、身体化した形で天へと再び運ばれます。これが『父のしるし』のテクストの背後にある観念です。ユングはそれについてこう言っています。

> **ここで、磁石のひきつける力は、教義や水からではなく、「息子」からきている。そしてこの「息子」が蛇によって象徴化されているのだが、それはヨハネによる福音書3：14にあるとおりである「そしてモーセは荒野から蛇を持ち上げたように、人間という「息子」も持ち上げられるはずである」。キリストは磁石であり、その周りに引き付けられるのは、人間の中でも神に由来する部分や実質、父のしるしであり、そしてキリストがそれらを天で生まれた場所へと持ち帰るのである。蛇は魚と等価なものである（パラグラフ291、訳書209ページ）。**

ここでわれわれは蛇のイメージを扱っているので、蛇の象徴体系に関するユングの言葉に注目してみましょう。これは、蛇の象徴体系に関する優れた要約で、夢のイメージでは非常によく見られるものです。

> **［蛇は］自発的に姿を現したり、あるいは不意に現れたりする。それは魅惑するものである。その**

108 Ibid., pp.63.〔同書〕

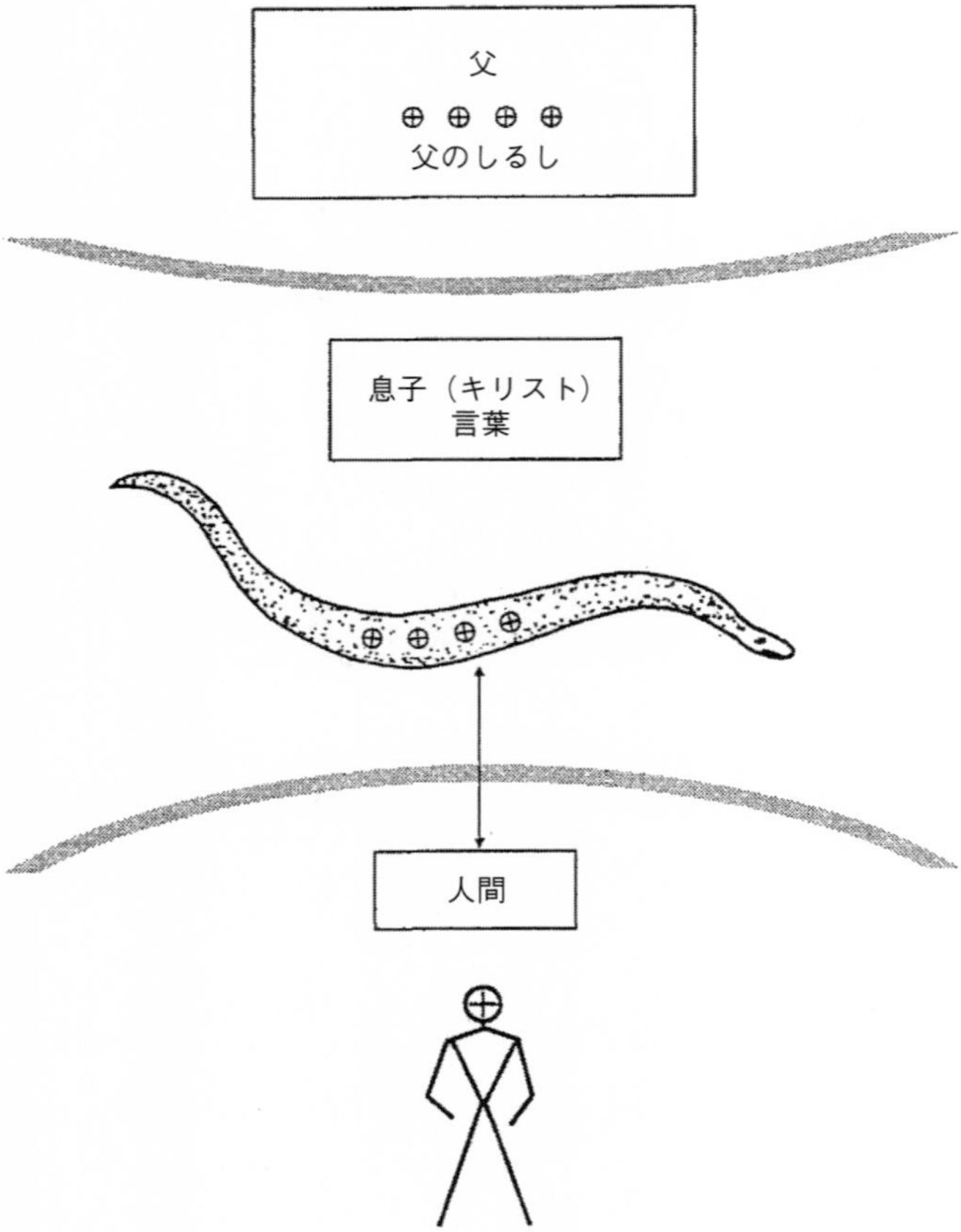

図 20 「父のしるし」のテクスト

グノーシスのテクストは、蛇としてのキリスト（中心）が、いかに神の神的な性質（「父のしるし」）を天から物質の世界に持ち込むのか、そして、人間の中で神に由来する部分を引き出して、それを天に持ち帰るのかについて、記述している。

眼差しは凝視して動かず、無関心にみえる。その血は冷たく、人間には見知らぬものである。眠っている者の上を這い、靴やポケットの中にいたりする。それはあらゆる非人間的なものに対する人間の恐れと、崇高なもの、人間を超えたものへの畏怖を表現する。蛇は最下等のもの（悪魔）であると同時に、最高のもの（神のロゴス、ヌース、守護霊（アガトダイモン））である。蛇は人を驚かせる存在である。思いがけない場所、思いがけない時に出てくる。魚と同じく、それは暗闇の、深遠、水の深み、森林、夜、洞窟を表し人格化したものである。原始人が「蛇」というとき、それは人間の範囲を超えた［extrahuman］ものの体験を意味している。（パラグラフ293、訳書211－212ページ）

夢で蛇と出会った時にはいつでも、これらの言葉を思い出すべきです。というのも、そのようなイメージはほとんど常に、非常に曖昧で、非常に〔感情が〕負荷された雰囲気を産み出すからで、無意識が極めて原始的なレベルで活性化して個性化の非常に重要な一歩を予見させるからです。一方では蛇は夢見手に噛み付き毒する恐れがあります。他方では父のしるし、すなわち全体性のしるしをもたらすものです。ですから、蛇の夢は常に、危険もしくは不吉なものと啓示との二重の観念を伝えています。

三番目のグノーシスのテクストは、『照明の光線』で、パラグラフ292〔訳書210－211ページ〕にユングの要約があります。ここではもう少し完全な形で引用します。

セツ派の主張によれば、組成と混合に関する理論は以下の方法からなる。上から照らす光線が……下の暗い水と混ざり合い、溶け合って、（その両者が）一つとなり、一つの化合物の塊へと形作られる……。［しかし、その後、その化合物の塊を異なる構成要素に分離することは可能である］。というのも、一緒に混ぜ合わせたそれぞれのものが分離されるからで……［そして、その分離によって、異なった実

質は」それ自身に特有な（実質の）方へ急き立てられる。ちょうど鉄が磁石に引き寄せられるように。……同じように、水と混じり合っていた照明の光線は、修練と教示からそれ自身の特有な場所を持つと、上からやってくるロゴスの方へ急いで近づく。[109]

この一節を要約すると、照明の光線は、上方の領域の光から降りてきて、暗い水の中ですべてを混合してしまいます。しかしそれから、ロゴスが一種の神の刀として降りてきて、これは絡み合った混合物を分離する効果を持ちます。そして照明の光線は、暗い水の中であらゆるものと混ざり合っていたのが、自ら分離して、鉄のやすり屑のように、ロゴスへと、それらの正しい場所へと惹かれて行くのです。聖書の言及は『マタイによる福音書』(10:34-36)にありますが、それに対してグノーシス派は、伝統的な歴史家の解釈とは全く異なる解釈を与えました。キリストは次のように述べています。

地上に平和をもたらすために私がやっていたと思ってはならない。平和ではなく、剣を投げ込むために私はやって来た。私が来たのは、人をその父と、娘をその母と、嫁をその姑と仲たがいさせるためである。自分の家の者がその敵となるだろう（ASV）

グノーシス派は、キリストの「刀の側面」をロゴスと解釈しました。ロゴスは闇の中で混合していた光線を分離する効果を持つからです。降り注ぐ光線のこのイメージは、ソフィアが落ちてきて闇に抱かれて救済される必要があるというグノーシスの観念に対応するものです。照明の光線について、ユングはこう述べています。

ここでは、磁石の引き付ける力はロゴス［剣］に由来する。ロゴスとは、系統立てて明確に表現された思想、概念のことであり、意識の内容であると同時にその産物でもある。その結果、ロゴスはま

さに「教義の水」(*aqua doctrinae*) に近づくが、しかし、一方ではロゴスは自律的な人格であるという利点を持っている。後者［教義の水］は人間の行為の対象となる単に受身なものである。（パラグラフ**293**、訳書**212**ページ）

同一の磁力に対して異なるイメージを持つこれら三つのテクストを要約すると、このようになります。

1）『楽園の四つ組』のテクストではユーフラテスの水のイメージが見られ、それぞれの性質に応じて、それにふさわしいものをひきつけます。

2）『父のしるし』のテクストでは蛇のイメージが見られ、父のしるしを持つ者をひきつけます。

3）『照明の光線』のテクストでは分割する刀のイメージとしてのロゴスが見られ、闇の混合物から光をひきつけます。

これら三つの象徴について、ユングはこうコメントしています。

［最初の作用者は］生命を持たない、それ自体受動的な実質、すなわち、水である。それは井戸の底から容器に汲み上げられ、人間の手によって操作され、人間の必要に応じて用いられる。それが意味するのは、目に見える教義、「教義の水」(*aqua doctrinae*) で……ある。［二番目の場合、］作用者は、生命をもつ自律的な存在、蛇である。……［第三の場合、］作用者はロゴス、哲学的な観念であり、一方では身体を持ち人格を持つ神の息子を抽象化したものであり、他方では思考と言葉の動的な力でもあ

109　Ibid., pp.68.〔同書〕

る。

**　これらの三つの象徴が、受肉した神の不可知な本質を何とか言い表そうと努めていることは明らかである。しかし同じく、これらの象徴が、高度に具象化されていることも明らかである。**（パラグラフ**293f**、**訳書211－212**ページ）

　この三重の配列―水、蛇、刀―を磁気の象徴のヴァリエーションだと銘記しておくと、そのうちの一つが現れてきた時に、それ以外の二つを想起する助けとなるでしょう。その結果、かの生ける水のようなものが、適切な場面で口を突いて流れ出てくるでしょう。

　これらのグノーシスのテクストから、ユングは共通の糸を引き出して一つにまとめ、無意識的な神という概念ideaを作り上げました。彼はいくつかの資料を引用してその概念を例示し、パラグラフ303〔訳書219－220ページ〕で要約しています。これは晩年のユングにとって重要な概念で、革命的な貢献を残しました。

**　神格（Deity）の本質（nature）に関するこれらの発言が表しているのは、様々な神イメージの変容であり、それは、人間の意識における変化と並行して生じている。どちらがどちらの原因であるかということは言えないのであるが。神―イメージは「発明されたもの」（*invented*）ではなく、人間に自発的に生じる体験（*experience*）である。―そのことは、理論と先入観によって真実が見えなくなっているのでなければ、自ずとわかるだろう。それゆえ、無意識的な神イメージは意識の状態を変化させることができるのとまさに同じように、後者〔意識状態は〕、一度意識的になれば、神―イメージに修正を加えることができる。これは明らかに、「第一真理（prime truth）」、知られざる神、とは全く関係**

ない。—少なくとも、実証できるような関係は何もない。しかしながら、心理学的には、神の無知［*agnosia*］あるいは無意識的な神［*anennoetos theos*］は、きわめて重要である。というのも、それは神格を無意識のヌミノース性と同一視するからである。

私が思うに、実際的な面から言えば、ここでもっとも際立つ言葉は、無意識的な神イメージは意識の状態を変化させることができるのとまさに同じように、後者（意識の状態、自我）は一度それが意識的になると神イメージに修正を加えることができる、という言葉です。これを例示しているのがユーフラテス川の象徴体系で、というのも口に相当する川は、双方向に動くからです。無意識的な神—イメージは、それが活性化すると、自我に対して強い効力を持ち、自我が憑依され、それと同一化して、一種の原初的なヤハウェとして機能するという危険があります。それが一つの可能性です。もう一つの可能性は、もし自我が無意識的な神—イメージの急襲に十分意識的な自覚を持って臨むことができれば、神—イメージそのものが変容するというものです。

『ヨブへの答え』の中で、ユングは無意識的な神について、多くのコメントをしています。これ以上露骨な言い方はないと思えるような言葉で、ユングは次のように述べています。

世界の創造者は意識的な存在であるという素朴な仮定は、悲惨な偏見とみなすべきであり、それは後に、途方もない論理の混乱を引き起こした。たとえば、「善の欠如」（*privatio boni*）という無意味な教義は、最初から善なる神の意識は悪なる行為を生み出すことはできないと仮定する必要がなければ、必要とされることはなかっただろう。一方で、神の無意識と反省の欠如とからわれわれが形作ることになった神の概念とは、道徳的な判断を超えた行いをし、良いことと獣のようなふるまいとの間に何

の葛藤も抱かない、というものであった。[110]

無意識な神という概念の全体は、ユングをマイスター・エックハルトの思想へと導き、ユングは彼と非常に親密な関係を持ちました。エックハルトはおよそ一二六〇年から一三二八年まで生きた人で、ダンテと同時代の人です。ある手紙の中で、ユングはエックハルトのことを、「世界の歴史の難局に精神の橋を架けることのできる十指」の一人であると言及しています。[111] 十指の一人なのです。（ユングの上げている十とは、ギルガメシュ、『易経』、『ウパニシャッド』、老子、ヘラクリトス、ヨハネによる福音書、パウロの手紙、マイスター・エックハルト、ダンテ、そしてゲーテの『ファウスト』です）。

エックハルトについて、ユングはこう言います。

マイスター・エックハルトの神学は一つの「神性」を知っているが、それは一なるもので存在するもの」で、それ自身はまだ主（Lord）ではないが、対立物の絶対的な合致を表象している。……対立物の合一（union）は、人間の論理が及ぶ限りでは無意識と等価である。なぜなら、意識は主体と客体への分化とそれらの関係を問題にするからである。「他者」が存在しない、あるいはまだ存在していないところでは、あらゆる意識の可能性は停止する。神性から「湧き出てくる」父、すなわち神だけが、「自分に気づく」。そして「自分の知るところとなり」、「人格としての自分と向き合う」。……神性が本質的に無意識であるように、神の中に生きている人間も無意識なのである。

これは心を打つ考えです。しかしながら、テクストには少し説明が必要でしょう。エックハルトは神性と神とを区別しました。彼が神性と呼んだものは、われわれなら無意識、原初の自己、いわば、原初的な無意識すべて、と呼ぶものでしょう。自我がそれに浸され、同一化すると、自我は独立した実体としては存在しなくなり、神もリアルには存在しなくなります。他方、エックハルトの用いた言葉としての神は、意識の結果なのです。神は人間の魂の中に生まれるのです。これがエックハルトの教えの基本的なテーマです―神は人間の魂の中で生まれると。これはキリストの生誕になぞらえることのできるプロセスです。キリストは実際には生まれるまでは存在しませんでした。これは、ユングが人の心を打つと考えた考え方であり、神は、存在するためには意識的な人間を必要とするのです。エックハルトはこのことを明確に述べた最初の人物です。彼は現代なら深層心理学者と呼んでもよい人です。

110　*Psychology and Religion*, CW11, par. 600, note 13.〔『ヨブへの答え』38ページ〕

111　*Letters*, vol. 1, p. 89.〔『書簡集』〕 *Psycohlogical Types*, CW 6, pars. 407-433〔『タイプ論』(林道義訳、みすず書房、一九八七年)260–279ページ〕にある、エックハルトについてのユングのエッセイも参照されたい。

自己のグノーシス主義の象徴（承前）

ユングは続けてグノーシス主義の資料について、いくつかのグノーシスの象徴を並べながら、宇宙の「基盤」やグノーシス主義の神的実体について述べています。

これらのイメージでもっとも重要なのはデミウルゴスという像である。グノーシス主義には、根源、起源、存在の中心、創造主、そして被造物の中に潜む神的実体などを表わす象徴がおびただしくある。読者がこれらのイメージの豊かさに混乱させられないように、それぞれが、新しいイメージはあらゆる被造物に内在している神的な神秘の別の側面を表しているにすぎない、ということをつねに覚えておかねばならない。私が並べるグノーシスの象徴も、唯一の超越的な観念の拡充に過ぎないのである。それがあまりに包括的で、それ自体視覚化するにはあまりに難しいため、その多面性を描き出すには非常に多くのさまざまな表現が必要となる。（パラグラフ306、訳書222ページ）

グノーシス主義の基本的な考えは、天上のものが、天上から物質の中へ、暗い領域へと落ちた、あるいは下降した、誘い込まれたというものです。この天上のものがその後世界と光を生じました。天上のものは生きているものだったので、創造をもたらしました。数多くのいろいろな言葉やイメージがこの神的実体にあてがわれました。これはしばしば原始人間 Primordinal Man、最初の人間 the First Man、原人間 Anthoropos（「人間」の意味のギリシア語）、ときにはヌース nous、光と呼ばれました。天上のもののよく知られた用語の一つは、ソフィア Sophia、神智です。この後者のイメージについて、ユングは以下のように要約して述べています。

ソフィア……は、「下方の領域に沈む」……ソフィアは力ずくで下方の力に捉えられた。……彼女は、後代の錬金術の「枷をはめられた魂」という考えに照応している。……「魂はかつて物質の方を向き、物質に惚れ込み、肉体的喜びを感じたいという欲求に燃えつつ、物質からもはや離れようとしなかった。かくして世界が生じた」。……『ソフィア信仰』Pistis Sophia においては……、ソフィアはバルベロの娘である。それは悪魔アウタデスの偽りの光に惑わされ、混沌の中で囚われの身となる。（パラグラフ307、注33、訳書434-435ページ）

『ソフィア信仰』の中でその一文がある一節は、この象徴的なイメージの感じを与えてくれ、これは心理学的に非常に重要です。

彼女［ソフィア］は下方を見、……自ら考えた。［あそこから］光を取って来て、自分のために光の時代《イーオン》を作ろうと。……こう考え、彼女は自分のいるところから［下方に］進んだ。……［そして彼女は］混沌の領域にやって来て、自らを取り囲むあの獅子の顔をした光の力［これは自分の意志を持つもの Self-willed とも呼ばれるが、「Authades」という言葉の翻訳である］を近くに引き寄せた。そして偉大なる獅子の顔をした……力は……ソフィアをむさぼり食らい、彼女の光を一掃し、むさぼり食らった。そして彼女の物体［体］は混沌の中に追いやられた。……これは私が何度も話してきたヤルダバオート

Yaldabaoth である。このことが起こったとき、ソフィアは非常に疲労困憊し、あの獅子の顔をした……力は、ソフィアからすべての光の力を取り去る仕事を始めた。そして……ソフィアを取り囲み、彼女の痛みを押さえつけた。そしてピスティス・ソフィア Pistis Sophia は上方の光の中の光に向かって並々ならぬ勢いで叫び、……次のような悔恨の言葉をつぶやく。「光の中の光よ、私は初めから信じておりました。耳を傾けてください、ああ、私の悔恨に光を。お救いください、ああ光よ、邪悪な考えが私の中に入ってしまいました」。[112]

ソフィアは捉えられたのです。彼女の光は獅子の顔をした自分の意志を持つもの self-willed の力に持っていかれたのです。それは挑発的なイメージ、自我発達のイメージです。天上の光のものを低い世界へ持って降りる、天界からのあらゆる下降は自我の顕現への下降に相当し、これこそが「自分の意志を持つもの self-willed」という表現が示しているものです。このイメージの例が、夢に生じました。

私は粗暴な男が経営する地下の売春宿に下りていきます。傷つけられ、痛めつけられた若い女性を見つけますが、それにもかかわらず彼女は輝く美しさを持っています。私は彼女にキスをし、目覚めさせます。私は一瞬にして、彼女への、私への、そして人類の状況の悲哀への同情の気持ちに圧倒されます。乱暴な経営者が階段の上に立っています。[113]

このイメージには、分析の全プロセスの基本的な仕事の概観が封じ込められています。つまり、無意

112 G.R.S. Mead, tranl., *Pistis Sophia*, pp. 36f.〔『ソフィア信仰』〕

113 拙著 *The Living Psyche*⊠*A Jungian Analysis in Pictures*, p.91〔『生きる心－絵画のユング派的分析』〕を参照されたい。

識の中に下降し、そこに囚われている魂イメージを救出し、取り戻すのです。

次にユングは拝蛇教 Naassenes と、ナアス、蛇のテーマを取り上げています。これは〔グノーシス主義の〕あらゆる生き物の神的物体のイメージであり、原人間やソフィアにたとえられます。

拝蛇教徒たち自身、ナアス、蛇を自分たちの中心的な神格であると考え、これを「湿潤なる実体」だと説明している。これは、すべての命の拠りどころなる水を根源的実体とみなしたミレトス出身のタレスと一致している。同様に、すべての命あるものは蛇に依存しており、「蛇は自分の中に、一角の雄牛がその角の中に含んでいるように、あらゆる事物の美を含んでいる」。蛇は「エデンから流れ出して四つの根源〔*archas*〕へと分かれてゆく水のように森羅万象いたるところにはびこる」。（パラグラフ311、訳書225ページ）

このテクストのより完全な版で、ヒッポリュトスは拝蛇教について考察しています。拝蛇教は、蛇を意味するナアスを神格とするためそのような名前で呼ばれます。

彼らは蛇 **Naas** 以外のいかなる対象も崇拝しない。……〔そしてそれゆえ彼らは拝蛇教徒と呼ばれる〕。しかし、拝蛇教徒（**Naassenes**）が言うには **Naas** は、神殿（**Naous**）と呼ばれる天の下にあるものすべてに由来する蛇である。……〔拝蛇教は〕次のように述べている。あらゆる聖堂、あらゆる参入の儀式そして秘儀は、**Naas** に対してのみ捧げられており、神殿（**Naos**）が存在しないような宗教的儀式は天の下に見つけることはできず、神殿の中そのものが **Naas** である。〔蛇を表す言葉はナアス **Naas** で、神殿を表す言葉はナオス **Naos** です。古代の著者によくある語源学上のトリックによって、彼らはここで神殿を表す言葉は蛇を表す言葉に由来していると述べています〕。……そしてこれら〔グノーシス主義者たち〕

は次のように述べている。ミレトス学派（万物の始原は水であると説いた）のタレスのように……蛇は湿った存在だと主張し、蛇がいなければ、存在するものすべて、不死のものも死すべきものも、生物も無生物も、全く存立し得ないと。そしてすべてのものは蛇に服従しており、蛇は善であり、一角牛の角の中に［雄牛はすべてを有しているように、蛇は］自身の中にすべてを有していると。［あるいは欽定訳聖書によれば、一角獣の角は］それ自身の本性 **nature** や独自性に従って存在しているあらゆるものに、美と開花を分け与える。それはまるですべてを通り抜けるかのようで、ちょうど（「川が）エデンから流れ進み、**四つ**の流れに分かれていくのと同じである。[114]

『ニケーア以前の教父 The Ante-Nicene Fathers』の中では、その後エデンの園とそこから流れ出る四つの川に関する四つの楽園というテクストが続きます。グノーシス教徒は、蛇を、エデンの園の川の水、哲学者タレスによる万物の根源である始原の水、寺院、Naos と同じものとみなしています。この蛇は、以前父のしるしを携えて天から降りてきた蛇として考察した蛇の続きであり、万物を創り出します。これはあらゆる神殿に住まうヌミノースな存在です。

ここに二〇〇〇年前の注目すべき思想があります。〔それは〕宗教が宗派に分かれる前、つまり異なる神格のために別々の神殿が建つ前に一つの存在がある、というものです。そこには原初的なものがあり、それは神殿が捧げられた神の如何に関わらず、あらゆる神殿に住まう神性の本質です。すなわち、

114 Roberts and Donaldson, *The Ante-Nicene Fathers*, vol.5, p.57.〔『ニケーア以前のキリスト教教父著作集』〕

これは真に心理学的な普遍化であり、あらゆる宗教的現象の背後にあるヌミノースの象徴的な声明です。この着想は重要な偉業で、なぜこれほどユングがグノーシス主義に関心を持ち、〔なぜグノーシス主義が〕深層心理学と関連を持っているのかを説明してくれます。

パラグラフ313〔訳書227－228ページ〕はぎっしりと詰まった長い段落ですが、そこでユングは原人間、アントロポスについてのグノーシス主義の長い記述を要約しています。原人間とアダムを、多くの神話学的な伝統の中に姿を現す原人間と同じものとみなし、最終的には勃起した男根を持つヘルメスのイメージへとつなげています。パラグラフ313では、横道にそれてしまい、中途半端になっていて、パラグラフ325－327〔訳書234－235ページ〕で再びこの資料についてきちんと説明するために〔資料に〕戻っています。これらのパラグラフはあまりに要約されすぎていて理解が難しいです。ユングは、資料全体から心理学的なクリームをすくい取るという貴重な貢献をしています。ゆっくり繰り返し読むとメッセージが伝わってきます。パラグラフ313の随所から、この資料は十分に精読すれば完全に理解できるということがわかります。

拝蛇教徒にとって世界の「基盤」は原人間である。この原人間を知ることが完全（全体性）への始まり、神の認識への架け橋であると見なしていた。〔訳書227ページ〕

これははっきりとしていて、夢に原人間 Anthoropos のイメージが生じるときわれわれが体験するものと対応しています。実際そのようなイメージは超越の認識への橋を提供してくれます。それらは全体性とのつながりを作り出してくれます。ユングは続けます。

彼［原人間］は、男であり女である［つまり二重のもの、対立物の合一］。「父と母」は原人間に由来

している。彼は三つの部分から成る。理性的な部分［*noeron*］、心的な部分、大地的な部分［*choikon*］の三つである。これら三つは「共に一人の人間たるイエスの中に降り立った」。

この三重の実体の下降という象徴体系の背景にあるのは、無意識の内容が自我認識の中に入るとき三の領域に入るという事実である、と私は思います。三の象徴体系は自我存在の時空間の世界に属しており、時間と空間は自我のカテゴリーです。三つ組 triad は不完全な四つ組であるというのは事実ですが、原初の全体性の顕現が自我性の中、時空間の中に落下したときに、それらは三つ組的な性質を持つというのもまた事実であり、ここにわれわれは三の象徴体系を見るのです。ユングは続けています。

ヒポリュトスの述べるところによれば、拝蛇教徒は「万有の生み出す性質は生み出す種子の中にある」とする。……「これは彼らにとって秘められた神秘的なロゴスなのである」。……オシリスの男根に喩えられる。［それはオシリスのばらばらにされた部位であり二度と発見されることはなかった］。……さらに類似しているのは勃起した男根を持つヘルメス・キュレニオスである。「なぜなら彼らはいう。ヘルメスはロゴスであると」。

ヘルメス・キュレニオスはヘルメスの勃起した男根を持つ像―ペニスが勃起しているヘルメス―像に言及しています。この像はキュレーネー Kyllene 山の上にあるヘルメスの神殿の中にあります。それはペロポネソスで一番高い山であり、この神を祭っていました。グノーシス主義はこのヘルメスをロゴスと同じものと見なしました。この性的な象徴体系からユングは別のテクストへと寄り道をしますが、それについては後で触れましょう。もし本題を無視するならば、その説明はパラグラフ325〔訳書234ページ〕の初めで完結していて、そこではユングは再びヘルメスの象徴体系を取り上げ、そのいくつかの属性について述べています。つまり死霊を呼び出す者、魂の導き手、黄金の杖を持たされている者です。ヘルメス像の男根のイメージは、ユングを別の性的なイメージを含むテクストへと導きます。私はそれをキリスト結合《コニウンクチオ》テクストと呼んでいます。このテクストについての言及はパラグラフ314〔訳書228－229ページ〕にあり、ユングは次のように述べています。

次のように語られている。キリストはこのマリア〔処女マリアではない〕を山の上へ連れて行った。そこでキリストは横腹から女を生み出すと、その女と交わり始めた。……〔テクストは次のように述べている〕。マリアは大変ショックを受けて地面に倒れたと。するとキリストは彼女に次のように言う。「なぜお前は疑うのだ。信仰薄き女よ」。これはヨハネによる福音書3：12の「私が地上のことを話しても信じないとすれば、天上のことを話したところで、どうして信じるだろう」を表しているだろう。

それからユングはこのテクストについてコメントしています。

この象徴体系はおそらく元々幻視的な体験に基づいたものであろう。このようなことは今日の心理療法においても決して珍しくはない。医学心理学者にとっては、何も恐れるようなものではない。コンテクストを辿るだけで、すでに正しい解釈に至る道が示されている。イメージは合理的な言葉ではほとんど述べることのできない心理素（**psychologem**）を表現していて、それゆえ具体的な象徴を用いざるを得ない。それはちょうど、睡眠中に生じる「意識水準の低下」(***abaissement du niveau mental***) の間に多少とも「抽象的な」思考が生じてくるとき、夢がそうせざるを得ないのと同じである。これらの「ショッキングな」驚きは、夢の中では確かに事欠かないのであって、下品さや卑猥さに躊躇せず官能的なイメージで表現されてはいるが、つねに「……であるかのように」受け取られねばならない。

それらは攻撃については無関心である。というのは本当にそんなつもりはないからである。捕らえどころのない意味を何とか表現しようとして口籠っているかのようなものである。そしてそれは、夢見手の関心を掴む。（パラグラフ**315**、訳書**229**ページ）

これは、夢にあからさまな性的なイメージが現れた時いかに理解すべきか、という問題全体を持ち出しています。多くの場合、このような夢のイメージは、具体的な性とは何も関係はないと思います。むしろ、それらは結合《コニウンクチオ》や合一の象徴体系に関わっています。それはあたかも、夢を生み出す無意識は、生物学的性質natureに根ざしていて、そのため自然natureのイメージに関わる観念を表現しているかのようです。例えば、次の夢は、詩人としてそして学者としての創造的な力を発揮し始めていた中年女性のものです。

母のアパートでパーティがある。見知らぬ騒がしい男性、詩人のX氏が、賓客である。（幾つかの出来事の後、母はパーティを去る）。母が去った後、ある種の宇宙的な、自然と生じてくるような喜びの雰囲気となり、私もそれを感じるが、どうしたのかは分からない。しかし、すぐに分かった。というのも、直ちにXは自分の周りに女性たちを半円に集め、そこで彼は服を脱ぐと、射精をして、精液の流れが私たち一人一人に噴水のように降りかかってきたからである。彼にこのように仕えよということなのかと思ったけれど、それはほんの一部に過ぎなかった。というのは、精液が私たち一人一人にかかると、各々が、それぞれ個別的なオーガズムを体験したからである。[115]

115 拙著 *Anatomy*, p.63〔『心の解剖学』81ページ〕を参照されたいさて、イメージに関していえばこれ以上セクシャルにはなれないくらいですが、注目すべきなのは、無意識から生じてくる自らの創造的な力への洗礼です。同じ患者の、同時期の別の〔夢の〕例があります。

汗で光り輝いている裸の若い男性が見える。彼の姿態、つまりピエタの崩れ落ちる動きと、有名な古代ギリシアの円盤を投げる人の像の力強い解き放たれた姿勢とが組み合わさった姿態がまず私の注意を惹く。……第三の伸びた足という形をとった巨大な男根を持っていることで、彼は目立っている。その男性は勃起していることで苦悩している。[116]

それから彼女はその男性と性的関係を持ち、方向転換を経験しますが、それは一種の革命です。これは、意識に入る無意識の内容の三重性の例です。つまり、三本足の男性、三本目の足が同時に大きな男根です。この夢のポイントは具体的な性のことではありません。性的なイメージが何か別のこと、つまり創造的な無意識との結びつきに言及するのに用いられているのです。

人間の魂の中に生まれる神という思想に戻り、先にマイスター・エックハルトとの関連で触れましたが、ユングはアンゲルス・ジレージウスに言及しています。

マイスター・エックハルトはこの思想をまた違ったふうに表現して、「神は魂の中から生まれ出る」と言っているが、アンゲルス・ジレージウスの『天使のようなさすらい人 Cherubinic Wanderer』まで行くと、神と自己とが絶対的に重なり合う。時代は、深い変遷を遂げたのである。産み出す力はもはや神から出て来るのではない。むしろ神が魂から生まれるのである。（パラグラフ321、訳書232－233ページ）

ユングは別の幾箇所かでアンゲルス・ジレージウスに言及しています。アンゲルス・ジレージウスというのは実のところ、ペンネームでした。本名はヨハネス・シェフラーでした。彼はポーランド人の神秘主義者で、一六二四年に生まれ、一六七七年に亡くなりました。ユングはエックハルトの思想を正確にそしてより極端に繰り返します。例えば、次のように。

神は、私が神を私のうちに包み込めば、私の中心点であり、
私が愛によって神の内に溶け込めば、私の円周である。[117]

私は知っている、私がいなければ
神は一瞬たりとも生きられないことを
私が死ねば、神は
もはや生き延びることはできない……

神は私の内なる炎であり
私は神の内なる輝きである
われわれは命において一体で

116 拙著 *Ego and Archetype*, p.70〔『自我と元型』〕を参照されたい
117 CW14, par. 132, note 71.〔『結合の神秘Ⅰ』401ページ〕

離れていてはわれわれが成長できない[118]

ユングは次のように書き加えています。

マイスター・エックハルトのそれをも含めて、このように大胆な思想を意識的な思索のむなしい作り事に過ぎないとみなすのは馬鹿げていよう。こうした思想は常に歴史的に意味のある現象であり、それらは集合的な心理の中を流れる無意識的な潮流によってもたらされるものである。[119]

これら二人、ジレージウスとエックハルトは深層心理学の先駆者です。

ユングはまた『アイオーン』の中で、後に心的な発達の予言となる別の思想、つまり神イメージが自然となるというヨハネス・ケプラーの思想に言及しています。このことについてユングは次のように述べています。

ようやく人間の元型を受け入れようという緒についたばかりの、まだ荒削りな自然観察。この試みは十七世紀まで連綿として続けられる。そしてついにヨハネス・ケプラーが、三位一体が宇宙構造の基盤であることを認めるに至る。すなわち、これは三位一体という元型を天文学の考え方に同化したということである。(パラグラフ323、訳書324ページ)

この思想は、ユングとパウリの共著の中にも見出せます。そこでパウリはケプラーを引用して次のように述べています。

三位一体の神のイメージは、球体の表面にある。つまり父が中心、子が外部の表面、そして聖霊は中心点と円周とのちょうど等距離にある。……

[球の]中心に位置する点が表面上の一点まで動くことによってできる[一本の]直線は、創造の最

初の動きを表し、これは、永遠に子の創生に匹敵する。[120]

ケプラーは太陽の周りを巡回する惑星の軌道について考えていました。彼は、この天文学的なイメージは三位一体の表現、つまり、中心の太陽が父、惑星が子、これら二つを維持する求心性の絆が精霊であるという考えを持っていました。この着想はどこか別のところでユングがヌミノースなものを物体に投影したものとして述べていることに対応しており、これこそが現代科学の基礎なのです。今や、神イメージは自然の中に宿っています。ケプラーの思想はこのことの初期の表現なのです。物理、化学、生物は、つまりこれらの科学を研究するために生み出されたエネルギーなのですが、神イメージの自然への投影に由来するものです。これが魅惑の源です。ユングはウイリアム・ジェームズの次のような言葉を引用しています。「事実に対してのわれわれの評価は、われわれの中でいかなる宗教性からも中立的であるというわけではない。科学自身がほとんど宗教的である。われわれの科学的気質は信心深いものである」[121]。

科学を発展させる真の科学者たちにとって、科学的知識の追求は宗教的な企てです。これこそが、現代の心《サイキ》にとって、科学がこれほど重要である所以なのです。宗教からこぼれ落ちてしまった失われた神

---

118 *Psycological Types*, CW 6, pars. 432〔『タイプ論』277ページ〕

119 Ibid., par. 433.〔同書、278ページ〕

120 *The Interpretation of Nature and the Psyche*, pp. 159f.〔『自然現象と心の構造』(河合隼雄・村上陽一郎訳、海鳴社、一九七六年)161–162ページ〕

121 *Pragmatism*, pp. 14f.〔『プラグマティズム』(桝田啓三郎訳、岩波文庫、一九五七年)〕

イメージは、自然の中、自然の科学的な観察の中に陥れられてしまいました。ユングが、科学的な伝統に対して絶対的に忠実であろうとした一つの理由がこれです。神イメージがいまだ本物のやり方で機能し続けている限り、それは現代科学の気質の中にあるといえるのです。

グノーシス主義における自己の象徴（承前）

この章においてユングは、グノーシスのイメージ群が詰まった一つの流れを示していますが、その議論の始まりは、宇宙的な三つ組〔三位一体〕とモーセの四つ組 Moses Quaternio〔四位一体〕と名づけられています。このイメージは、この本〔『アイオーン』〕の後の部分で、非常な関心の的となっています。最初の言及はパラグラフ328に見られ、ここでユングは、多くのことを詰め込みながらその大意だけを述べる文体で、ヒポリュトスの次の言葉を記述しています。

拝蛇教徒は、……すべての事物を三つ組（triad）から導き出す。その三つ組の第一の要素は「アダムという祝福された上なる人間の祝福された性質」である。第二は、下なる人間の死すべき性質である。第三は、上から生み出された「王なき種族」である。この種族に属するものに、「……マリアム Mariam、……イオトル Jothor、……セポラ Sephora、……モーセ Moses」がある。この四人が一体となって結婚の「四つ組」（*quaternio*）を形作る。〔訳書236ページ〕

これは非常に多くのものが凝縮しているテクストです。宇宙的な三つ組は三つのレベルからなります。高次のアダムが一つのレベルです。マリアム、イオトル、セポラ、モーセという4人からなるグループが第二のレベルです。下なるアダムが第三のレベルです。ここでは、三つ組の象徴が四つ組の象徴と一緒に現れるという、よくある現象が見られます。展開しているレベルには三段階ありますが、その構成の少なくとも真ん中のレベルは、四つ組となっています。ここでは、他のヒポリュトスのテクストと同じように、グノーシス派がヘブライ―キリスト教の聖典とギリシア神話のイメージ群を同化して、グノーシス派自身の精緻な宇宙のファンタジーにしていったのです。ここで、グノーシス派は、基本的な登場人物を『出エジプト記』からとってきて、彼らをグノーシス的なイメージに変えています。

その四人の聖書の人物とは、マリアム、イオトル、セポラ、モーセです。モーセはもちろん、イスラエルの民を囚われの身から連れ出した人物なので、その名前からは、束縛からの解放、紅海の渡河、約束の地への到達が連想されます。グノーシス派はこのイメージ群を非常に多用しました。イェトロ Jethro（イオトル Jothor）はモーセの義父で、ミディアン人の司祭でした。モーセが逃れなければならなかったのは、彼がエジプト人の奴隷の馬子を殺したからでした。モーセは荒野へ逃げ込み、そこでイェトロの一隊の手当てをして、イェトロの娘、セポラと結婚しました。イェトロは、異国の、イスラエル以外の文化に属する智慧を示唆します。マリアムはモーセの姉妹で、ある文献では預言者として述べられています。モーセの妻のセポラは、ある文献では「エチオピアの女性」と呼ばれていて、彼女は黒さと関連があります。これは、モーセの四つ組で、テクストの後の方で再び出てきます。ユングはこの四つ組からさらに進んで三つ組について、三つのレベルについて、語っています。

三つ組の特徴は、おそらく擬音語であろうと思われる語（カウラカウ Kaulakau、サウラサウ Saularau、ツェエサル Zeesar）に表れている。カウラカウは上なるアダムを意味する。サウラサウは下なる死す

べき人間を指す。ツェエサルは「上流へ流れるヨルダン河」のことである。ヨルダン河はイエスによって上流へ流れるようになった。[122]ヨルダン河は満ちる潮であり、既に述べたように、神々の産み手である。「ヨルダン河はあらゆる被造物の中でも人間的な両性具有であり、無知な人たちはこれを「ゲーリュオン Geryon、三身よりなるもの」［すなわち……大地より流れ出るもの」と呼ぶ。（パラグラフ330、訳書237ページ）

ここには駄洒落、ギリシア語の洒落があります。ゲーリュオン Geryon は三つの体を持つ怪物で、ヘラクレスの一〇の難業の中で退治されました。ヘラクレスはゲーリュオンの牛を盗んだので、この三つの体を持つ怪物を退治しなければなりませんでした。語呂合わせによると、ゲーリュオン Geryon という言葉は「ゲリアン Ge-rian」という言葉に由来します。ゲリアンとは「大地より流れ出るもの」を意味します。さらに語呂合わせがあります。それは、ゲーリュオン Geryon という言葉とヨルダン Jordan という言葉の間に類似性があるからです。ヨルダン Jordan という言葉を少しひねれば、ヨリアン Jo-rian という言葉ができますが、これも何か流れ出るものを意味します。ゲリアンとヨリアンは二種類の川の語呂合わせなのです。グノーシスのテクストはこの種の流動性に満ちていて、「いかがわしい偽の」語源にあふれています。私たちにとって非常に興味深いのは、無意識が夢の中で同じように振舞うことを

122　この真ん中のレベル、四位一体は、「王なき競争」という名前を持ち、またの名を「上流へ流れるヨルダン河」という。「王なき競争」とは自分自身の権威を持ち、それゆえに自分の上に王を持たない個人を指している。もしあなたが王なき競争に参加しているのであれば、あなた自身が王なのである。

私たちは見てきているからです。夢はそのような遊び好きな素材を好みます。夢は恥を知らない洒落の名人なのです。

この上流へ流れるヨルダン河は、天地創造のロゴスと結びついていて、ヨハネによる福音書第一章の引用が述べられています。そこでは、キリストは「彼の中にある生命」と記されています。ですから、聖書のその部分は、この特別なグノーシスのイメージと結びついているのです。これらのグノーシスのテクストを作り上げている豊かな連想のネットワークが見え始めてくるでしょう。そしてグノーシス主義者は、今日無意識が働いているのを目に見えるものにするのとまさに同じような形で機能していたので、ユングは彼らを、実際に、最初の心理学者であると語っています。彼らは聖書のイメージ群と神話とを、教義としてではなく、経験的に受け取り、彼ら自身のテーマを増幅するために用いたのですが、そのテーマとは基本的には心理学的なテーマなのです。

テクストは数多くの様々なイメージに触れながら進んでいますが、それらはすべて、同一の原初的な観念の周りに房をなすように群がっています。この観念とは、原初の人間という観念、原初の創造的なもの、最初の全体性という観念です。ユングはこのテーマに関するヒポリュトスの叙述をパラグラフ331〔訳書238ページ〕で要約する中で、これらのイメージのうちのある特定のものに言及しています。それは予言の杯のイメージです。「このロゴス、もしくは四つ組は、「杯であり、王がそれを飲んで予兆を引き出す」のです。

これは、創世記四四章を指していて、それによると、ヨセフの兄弟は家に送り返される前に彼を訪ねました。ヨセフの命令によって、王の杯は弟のベンジャミンの種袋に入れられました。彼〔兄弟〕はヨセフに嵌められたのです。兄弟がまだ遠くに行っていない時に、ヨセフは家僕に彼らの後を追って探し出すように言いました。それからヨセフは兄弟になぜ杯を盗んだのかと尋ねました。この杯は王が予言をするために使うのだ、と家僕は述べます。グノーシスの語るところによれば、ロゴスの四つ組はベンジャミンの小麦の袋で見つけられた杯に対応しています。それはアナクレオンの杯〔広口コップ〕でもあります。グノーシスは、いとも簡単に、ヘブライの聖書からギリシアの源に移っています。アナクレオンの杯は、アナクレオンというギリシア詩人のいくつかの詩の一節に言及があります。それにはこうあります、「私の大ジョッキが私に告げる／私がどういう人間にならねばならないかを」。[123] 言い換えれば、その詩人〔アナクレオンを指す〕は、自分が誰なのか、自分の本質にある同一性、あるいは本性が何であるかを、自分の杯によって知るのです。『酒の中の真実〔酒に酔えば、人は本音や欲望を表に出す、という意味のラテン語慣用句〕*In vivo veritas*』の基調をなす観念は、アナクレオンの杯があなたが何者かを告げるというものです。

予言の杯というイメージから、ヒポリュトスはカナの地の葡萄酒の奇跡へと筆を進ませます。「この奇跡によって天の王国のことが暗示されている。なぜなら葡萄酒が杯の中にあるように、王国はわれわれの中にあるからである」〔パラグラフ331、訳書238ページ〕。聖書によると、葡萄酒の奇跡はカナの地で起こり、そこでキリストは水を婚礼の葡萄酒に変えた〔『ヨハネによる福音書』第二章〕のですが、それがここでは、このグノーシスのテクストに引き継がれているのです。

123 Roberts and Donaldson, *The Ante-Nicene Fathers*, vol.5, p.53.〔『ニケーア以前のキリスト教教父著作集』〕

グノーシスのテクストは、何でも飲み込んでしまう口のようなもので、関連のあると思われるこれらすべてのイメージを消化して、連想のネットワークを作り出します。もしそれらを綿密に調べれば、それらがあなたに語り始める時が来るでしょう。当面は、だらだらとした、ばらばらの断片のように思えるでしょう。しかしこのネットワークに注意を集中していると、それは生き生きとしたものになり、生きた心の織物を見ていることがわかるでしょう。それが、ユングがこの資料を差し出した理由です。『アイオーン』を読むだけでそういう体験を持つのは、もし細部に関心を払い続けなければ、難しいでしょう。もし注意を払ってこれらの連関を辿り、一つ一つ調べていくなら、独特の体験を持つ瞬間がやってきます。生きた心が、その微光に輝く現実の中に見えてくるのです。

引用は続きます。カナの地の葡萄酒の奇跡でとどまりません。パラグラフ331で、ユングはキリストが自己のことを指している部分を持ち出しています。キリストが弟子にこう言う所です、「あなたは……この私が飲まねばならない杯を飲むことができるか……?」（マルコによる福音書10：38、JB）。この杯とは、キリストの磔刑の杯です。それからユングは、『ヨハネによる福音書』6：53を引用しています。「もし人の子の肉を食べず、その血を飲まなければ、あなたの内に命はない」（JB）。

グノーシスのテクストに、キリストは「弟子の各々の〝個別的な本性〟を意識していて、さらにそれぞれが『自分自身の特別な本性にいたる』必要も意識していた」（パラグラフ331、訳書238ページ）とあることをユングは指摘しています。ここでの概念は、それぞれがキリストの血を飲むけれども、それぞれが自分独自のやり方でその血から養われる、というものです。キリストの血は、個別的な本性を養うのです。ユングが引用していないヒポリュトスの一節で、グノーシスのテクストは次のような説明をしています。ある一定の地域に水をもたらす一つの同じ川から、オリーブの木はオリーブ油を引き出し、ブドウの木はワインを引き出し、他の植物はそれにふさわしいものを引き出す―おのおのがそれ自身の天性の資質に従って引き出す、キリストが意味するのはそのことである、と。[124] ですから、各個人についても同じことが当てはまります。それぞれが同じ杯を持って、そこから自分自身に独特な形で関連しているものを引き出すのです。

ユングは続けてパラグラフ332〔訳書238ページ〕で洪水に宿る神というテーマに触れています。予言の杯と同じく、原初の全体性のもう一つのイメージです。ユングが語っている「コリュバスは、頭のてっぺんから降りて来た者で……、万物に浸透する。……彼は洪水の中に宿る神である」と語っています。ユングがここでこの象徴について記述する必要を感じなかったのは、既に「精神的現象としてのパラケルスス」という論文の中で、ある程度詳しく論じているからでしょう。そこでユングはこうコメントしています。

それは大洪水の中に宿る神である。詩篇では、その神は大水〔の中〕から呼びかけ叫ぶ［これは詩篇二九章を指しています。「主〔ヤハウェ〕の御声は水の上に響く！……主は洪水の上に御座をおく」。ですから、洪水に宿る神のイメージは詩篇の特定の節から抜粋されたものです］。**大水とは、大勢の死すべき人間であり、それゆえに、個性を与えられていない人間（uncharacterized Man）**［まだ形のない、目に見えない人間］**に対して、声高に叫ぶのである、「私のものを、唯一の子どもを、ライオンから救いたま**

124 Ibid., p.57.〔同書〕

え」と。[125]

この最後の部分は詩篇21：22を指しています。そこでの考えは、水から―テクストによれば水は人間を生み出すものですが―叫んでいる神は、原人間〔アントロポス〕の集合的なイメージとも言えるもので、その原人間が大衆という集合性の中で溺れていて、助けを求めているのです。その答えとして、聖書のテクストははっきりとこう述べています。「汝は私のものである。汝が水を通り抜ける時も、我は汝とともにおり、大河の中を通っても、押し流されることはない」(Isa.43:1-2)。〔聖書のテクストのいくつかの異文では、ヒポリュトスが大河という言葉で言おうとしたことは、〔様々なものを〕産み出す湿った物質となっています〕。これらはすべて、どのようにして、聖書の中の様々な重要な一節が元の文脈から引き抜かれ、グノーシス全体の図式の新しい文脈の中に置かれるかを示しています。

洪水に宿る神と水からの叫び声のイメージは、錬金術にそれと並行する重要なイメージがあります。それは、海の中で溺れ、助けを求めて叫んでいる王のイメージです。ミヒャエル・マイアーの『逃げるアタランタ』Atalanta Fugiens の中の一つの図が、海で溺れる王を描いていて、註釈にはこう書かれています。

［王は］深い所から叫んでいる。誰か私を水の中から救い出して乾いた陸地へ導いてくれるものはいないのか。この叫びを多くのものが耳にしたとしても、それをちゃんと聞いて、憐れみに駆られて行動を起こし、王を探そうとする者などいない。そう、自分から水の中へ飛び込むものがいるものか。誰が自分の命を危険にさらしてまで、他人の危機を救おうなどするものか。その嘆きを聞き、信ずる者が僅かにいたとしても、彼らはむしろ、スキュラとカリュブディスの突進する騒音やうなり声だと

思うだろう。それゆえ無精にも家に座ったままで、王の宝のことなど思いもかけず、自分自身の救済のことなど思いも及ばない。[126]

ですから、ここにあるイメージは、海の中の神で、それは聖書のある文脈に端を発するものですが、そこから引き抜かれて、グノーシスによって別の文脈で使われて、それを錬金術師が拾い上げ、さらに第三の設定で用いたのです。そして今、ユング心理学がそのイメージを取り上げ、それを第四の文脈で使おうとしています。つまり、それが指し示しているのは、無意識の中に住まう個人を越えた自己であり、自我によって救済される必要があり、それを取り戻すために自我は洪水の中に飛び込まねばならないのです。いまやわれわれは、それを、無意識の、捨て去られた神のイメージが意識的な実現を求めているものと理解することができます。

さらにもう一つのグノーシスの資料のネットワークは、ドアとか門のイメージに集中していて、これは原初の全体性のもう一つのイメージです。これへの言及は、パラグラフ333に見られます。

「完全なる人間」の中心から、大洋(そこに神が宿ると既に述べたが)が流れる。その「完全な」人間は、イエスが言うように、「真の扉」であり、再生するためには、「完全な」人間はそこを通って行かねばならない。〔訳書**239**ページ〕

これはマタイによる福音書7:14以降を拾ったものです。「命に通じるのは、狭くて険しい道である。

125 *Alchemical Studies*, CW 13, par. 182.〔『パラケルスス論』(榎木真吉訳、みすず書房、一九九二年)140–141ページ〕
126 ユングの ibid., par. 181.〔同書、139–140ページ〕における引用

それを見出す者は僅かである」（JB）。ヨハネによる福音書10：9のキリストの言葉もそれに関連しています。「私は門である……。私を通って入るものは誰でも安全である。そのものは自由に出入りし、牧草地を確実に見つけられる」（JB）。

門と扉のこのイメージは『アイオーン』のパラグラフ336〔訳書241ページ〕でも続いていて、そこではヤコブがベテルで見た夢に言及があります。ヤコブは天の梯子とそれを昇ったり降りたりしている天使たちの夢を見ました。彼がこの夢から覚めたとき、こう言いました。「この場所は何と畏敬の念を起こさせるんだろう。これはまさしく神の家である。これは天国の門である」（創世記28：12‐18、JB）。グノーシスはこの特定のイメージ、ヤコブが夢に見た天国の門のイメージを、キリストが門であるという叙述と結びつけました。グノーシスは、ユング派の心理学者がしているのとまさに同じことをしているのです。イメージは生きたものであり、それを平気で文脈から引き離しました。というのもそれらが指し示しているのは、生きたイメージそのものだからです。

門や扉の夢、特に、見慣れない新しい領域へと通じる門や扉は数多くあります。これらの特定のイメージが心的な有機体であることに一度気づけば、それらを認識するようになり、それを拡充するためにこの資料を用いることができるようになります。―使うところが他にどこにもなければ、自分自身の心でできます。（あまりにたくさんの拡充の資料を人々に投げ込むことはお勧めしません。その中で溺れてしまうでしょうから）。しかし、夢を聞いている時にとても重要なことは、これらのイメージが自分自身の心で共鳴しているということです。それは夢に対する態度にも影響してきますし、その、より大きな、豊かな態度が、無意識を通して自然に患者に伝わります。

ユングは、原初の全体性のイメージのこの糸に続けて、パラケルススのムミアに関するヒポリュトスのテクストを持ってきます。

> ヒポリュトスは続けて言う、彼〔根源的な人間〕は「フリギュア人からはパパ（アッティス）と呼ばれていた……と。……この「パパ」はネキュス *nekus*（死体）とも呼ばれる。なぜならそれは、ミイラが墓に埋められているように、肉体の中に埋められているからである。同様の考えがパラケルススにも出てくる。……「まことに生命とは、一種の防腐処理を施したミイラ以外の何ものでもない。死すべき定めの体を、死をもたらす虫から守って保つ。肉体は「ムミア Mumia」によってのみ生きている。ムミアを通して、……さすらうミクロコスモスは……物質としての体を支配する。〔ユングはここで様々なムミアの同義語を挙げている。次の言葉もその一つである〕「すべての生き物がそこから創れるところの門」。……ムミアは体とともに生まれ、体を維持させる……。
>
> パラケルススのムミアは、……あらゆる点で原初の人間 Original Man に相応しており、これが死すべき人間の中のミクロコスモスを形作っている（パラグラフ334f、訳書240ページ）。

これは奇妙で興味深い考えです。というのも、墓の中に埋葬された死体のように、われわれの目に見える体の中にもう一つの体が宿っていていることになるからです。この第二の体は、目に見える体とは異なる性質を持っています。それは保存されたミイラのようなものです—それは不死で、われわれの死すべき一時的な存在の先駆けとなる不死のものです。そのイメージは、肉体に対する骨格の概念と似ています。肉体は死後急速に分解されますが、骨は無限に残ります。ムミアというパラケルススの概念、そして、体に埋まっている死体というグノーシスの概念は、よく似ています。両者はともに内的な父子の実体を指し、それは一時的な存在に先立ち、またその後引き続いて存在します。それは永遠で、時間の外にあるものです。

ここでユングは聖書からギリシア神話に移り、パラグラフ338〔訳書243ページ〕で『オデュッセイア』の話に言及しています。メネラウスがトロイから帰ろうとしている時に、どうしたら帰国できるかわかりませんでした。プロテウスという海の神を捕まえなければならないと告げられます。プロテウスは海の神で、正午になるとアザラシの一群を随えて現れます。メネラウスは強烈な臭いのするアザラシの皮の下に隠れました（ホメロスは、それがどれほど嫌な臭いがするか、どれほど耐えられないものかについて多くの記述をしています）。プロテウスがアザラシの群れを随えて現れた時、メネラウスは飛び出して彼を掴みます。プロテウスはありとあらゆるものに形を変えることができますが、メネラウスは彼がどんな形に姿を変えても彼を離さず、ついにプロテウスは「わかった、私にどうして欲しいのだ」と言います。メネラウスは「ギリシアに帰国する方法を知りたい」と言い、プロテウスは彼にその方法を告げます。

これは心理学的な目的からはすばらしいイメージで、というのも、それは、人が時として無意識をどう扱わねばならないかを適切に表現しているからです。無意識から何かを必要とするのなら、それをしっかりと掴まえている必要があります。ある種のアクティヴ・イマジネーションでは熱心な関心を無意識に注いで、ついには知る必要のあるものまで到達します。

パラグラフ340〔訳書245-246ページ〕に見られる、原初の全体性の次のイメージは、点のイメージです。[127] このモノイモス Monoïmos の引用では、モナドが点のイメージで記述されていますが、点としての自己、目に見えない起源、あらゆるものの中心のイメージを喚起します。ギリシアの幾何学は点の記述から始まります。それは場所に他なりません。しかし幅を持ちません。それが動くと線ができます。線が動くと面になります。面が動くと立体になります。立体が動けば時空が生じます。

そしてわれわれの意識的存在全体もこれと同じで、現実の時空間で知覚できるものはすべて、点から始まります。ユークリッド幾何学は、広大な幾何学的宇宙発生論とみなすことができます。そして、それを古代人の心をあれほど捉えるものにしたのは、その象徴的な性質だったのです。それは世界の本性 nature を明らかにする学問と考えられます。そしてこれらの幾何学的なイメージは、今なお、夢の中に生じてくるのです。

127　本書227 - 228ページと *Mysterium Coniunctionis*, CW 14, pars. 40ff〔『結合の神秘Ⅰ』74 - 77ページ〕を参照。

22. パラグラフ347－365

自己の構造と力動

『アイオーン』の副題、「自己の現象学の研究」を思い出してみてください。非常に科学的です。ユングの厳密で実証的〔経験的〕な方法が、この著書の中で示されています。『アイオーン』の後半数章は非常に理解するのが難しく、ユングは資料を提示する以外に分かりやすい方法はなかったのか、と尋ねたくなるかもしれません。しかし、彼のアプローチには非常にもっともな理由があったのです。ユングはここで徹底的に実証的です。彼は心《サイキ》、特に元型的な心《サイキ》や自己という元型の、あるイメージの客観的な研究を提示しています。

心の深層を探るというのがここで為されていることなのですが、そのために考古学者が失われた文明の残された埋葬品を扱うのと同じように、ユングは心の深層が顕現したものを扱わねばならなかったのです。それらを掘り出して、遺物、すなわち発掘によって得られたデータを整理し、分類する必要があったのです。心《サイキ》を研究するのに、これは二つの場所で行うことができます。〔われわれは〕個人の心《サイキ》を掘り下げることができますし、この場合、夢、ファンタジー、無意識的徴候といったような深層の分析の過程で生じる現象を調べます。これはいわば、個人の考古学です。

もう一つの掘り下げることのできる場所は、集合的な心《サイキ》です。この場合は考古学的なデータは宗教、神話、おとぎ話であり、これらは集合的な夢やファンタジーに相当します。錬金術やグノーシス主義の研究において、ユングは、後者、集合的な心《サイキ》の発掘、つまり表面に現れてきた現象を深く掘り下げています。これは難しい仕事ですが、ただ理論的な先入見を押し付けるのではなく、徹底的に客観性を持ちながら心《サイキ》を探求するにはこの方法しかないのです。前もってデータに意味を押し付けると、分かりやすくて読みやすいのですが、これは実証的〔経験的〕な手続きではありません。正しく実証的であるには、まず生のデータを吟味し、それから結果を引き出すのであってその逆であってはなりません。

グノーシス主義は心理学的な遺物の源泉として特に興味深いのですが、それはその資料が無意識の拡充のプロセスを示しているからです。グノーシス主義はギリシア神話とヘブライ‐キリスト（旧約‐新訳）聖書という、西洋人の心《サイキ》の二つの偉大なルーツを引き受けながらも、それらの源泉を自らの教義へと同化しています。ユングはこの点について、『哲学の木』というエッセーの中で重要な主張をしています。彼は象徴の比較研究の重要性について述べているのですが、これこそ、まさに『アイオーン』で行われていることなのです。次に示すのが彼の方法論についての主張です。

イメージは集合的な性質を持つがゆえに、個人の連想からその意味の全範囲を確定するのはしばしば不可能である。……［そこで］象徴の比較研究の必要性が……明らかになる。……この目的のために、研究者は、人間の歴史を遡り、象徴の形成が妨げられることなく進んでいた時代に戻らねばならない。形成されたイメージに認識論的な批判がなされることがまだない時代、その結果、それ自体知られていなかった事実が目に見える形ではっきりと表現され得た時代に戻らねばならない。このような時代

で現代に最も近いのは中世自然哲学の時代であり、それは……錬金術とヘルメス哲学においてもっとも意義深い展開を遂げた。[128]

同じ種類の資料の、さらに昔の具体例が、グノーシス主義のファンタジー体系の中に見られるということを付け加えることができるでしょう。ユングの主張で重要なのは「形成されたイメージに認識論的な批判がなされることがまだない」という部分です。これは、主観と客観、あるいはファンタジーと外的現実の間を明確に区別しない、素朴《ナイーブ》なありようの時代という意味です。何らかの認識論的な洗練された知識、つまり「知る」プロセスを批判する能力を持つやいなや、素朴に内的なファンタジーのイメージを外界に投影することはなくなります。というのは、そのようにすることで自分自身の何かを暴露してしまうのではないかとそれとなく感じてしまうからです。そのような行動を恥ずかしく思ったり自ら批判してしまうので。もちろん周囲にはいまだに、ほとんど認識論的な批判を持たない人もたくさんいますが、ユングは〔西欧の〕民族の文化的発展について述べているのです。〔西欧の〕民族は十六世紀頃に初めて認識論的な批判を学び始めました。それを前面に持ち出した哲学者が、ロック、バークレー、ヒュームです。

ここでユングはモノイモスの著書に戻ります。モノイモスについては、原初の全体性のイメージとしての点（ドット）に関して、前の章で、最後に聞かれたとおりです。モノイモスは二世紀のグノーシス教徒で、その生涯は「アラブ人」という名前で通っていたということ以外は全く知られていません。ユ

128 *Alchemical Studies*, CW 13, par. 353.〔『哲学の木』88ページ〕

ングが引用しているモノイモスの一節をヒポリュトスが繰り返していますが、二世紀のものとしては心理学的にかなり注目されるものです。

彼を汝自身の中から探せ。そもそも汝の中の一切のものを横領し、それをわが神、わが精神、わが悟性、わが魂、わが体だといっているのが誰なのか学べ。また悲しみ、喜び、愛、憎しみ、自分が意図せざる目覚め、意図せざる眠たさ、意図せざる腹立たしさ、意図せざる愛情、それらのものがどこから来るのかを学べ。そして汝がこれをきちんと探求するならば、汝は彼を一にして多なるものとして汝の中に見出すであろう。それは、かの点［*kareia*］に照応するものである。というのも、彼がその源と救いを持っているのは汝の中なのだから。（パラグラフ**347**、訳書**250**ページ）

現代の心理学者でもこれ以上に簡潔に述べることはできないでしょう。これはわれわれに、自分自身の意志と無意識との間の区別をしなくてはならない、ということを言っています。その区別する能力は、自己と出会うプロセスにおける非常に重要な発見です。まずわれわれは、自分が一人ではなく二人であって、〔自分の中には〕他者がいるのだということを実感しなくてはなりません。このことが分かり始めるにつれて、同時にわれわれは日常生活の中で行っていることの多くが、全く自分の選択によるものではないということを発見するのです。自分が意図していないことをやっていることに気づくのです。口が滑るとか、偶然の出来事は言うまでもなく、その他の自分の嗜好に反するぞんざいなふるまいも、明らかにそうなのです。この二面性に気づけば気づくほど、われわれは自己のリアリティーを実感するのです。これが、モノイモスの述べていることなのです。

ユングは、このテクストの中に、古代ヒンズーの哲学書『ウパニシャッド』の中の考えとの類似性を見ています。「ウパニシャッド」という言葉の文字通りの意味は、「忠実に側に座ること」であり、側に座ることで師から秘密の教えを授かり、このようにして神聖な知識は伝えられます。ウパニシャッドはサンスクリットで書かれており、それがペルシャ語に翻訳された紀元前一六五〇年頃までは、その言語を知らない者は使うことができませんでした。ペルシャ語からさらにラテン語に翻訳される一八〇一年にまで、それは、西ヨーロッパには達しませんでした。

ウパニシャッドの影響はすぐに明らかとなりました。その書物の影響を受けたもっとも著名な人物は、ショーペンハウエルでした。その哲学全体は西洋化されたもので、ウパニシャッドのある側面を入念に仕上げたものでした。影響を受けたもう一人の人物は、ラルフ・ウォルドー・エマソンです。ニーチェは彼らの影響を大きく受け、ユングもそうでした。いずれも、直接ショーペンハウエルとニーチェを通して影響を受けました。ユングはウパニシャッドから「自己」という言葉を取りました。ユングはパラグラフ348、349〔訳書250－251ページ〕で引用しています。これらの引用部分をもう少し詳しく記せば、より鮮明で、よりインパクトを与えるものとなります。

誰の命令で精神は思索するのか？誰が体に生きるよう命じるのか？　誰が舌に喋らせるのか？　目に形と色、耳に音を伝えるまばゆいばかりの神とは誰なのか？

自己はその耳の耳、その精神の精神、その言葉の言葉。神はまたその息の息、その目の目。……神を、その目は見ず、その舌は語らず、その精神は理解しない。神のことをわれわれは知らず、教えることもできない。知られるものとは神は異なり、知られざるものとも神は異なる。……精神によって理解できるものではないが、それによって精神は理解される。それをブラフマンと知るべし。……

目で見られるものではないが、それによって目が見るもの、それをブラフマンと知るべし。……耳で聞こえるものではないが、それによって耳が聞くもの、それをブラフマンと知るべし。[129]……万物に住まうが万物からは離れている、誰もその存在を知らない。その体は万物のもの、そして万物を内側から統御する。彼、自己、それは内界の支配者、不死なる者。[130]

これらの文書は、すでに紀元前五〇〇年に書かれたものです。これらは、東洋、特にインドが、洗練された心理学的知識という点で、はるかに西洋を凌駕していることを示しています。

ユングは続けて、自己についての多岐に渡る説明とその意識との関係について記述する中で、以下のように述べています。

自己は真の「対立物の複合体（complexio oppsitorum）」である。とは言っても、これは、それ自体が対立的なものであるという意味ではない。一見背理に見えるものが、意識的態度のエナンティオドロミー的変化の反映にほかならない、ということは極めてありうることだが、その結果、全体に対して好ましい効果がもたらされることもあれば、好ましくない効果がもたらされることもある。同じことが無意識一般にも当てはまる。無意識のぎょっとさせるような姿形は、意識の側が無意識に対して抱く不安によって惹起されているかもしれないからである。意識の持つ意義は過小評価してはならない。だから、無意識の矛盾だらけの現象を、少なくともある程度は、因果的に意識の態度に関連付けるのが賢明である。（パラグラフ355、訳書253‐254ページ）

ユングがここで言及していることを、私は「逆数原理」という奇抜な名をつけて強調したい。ここで用いている「逆数」という用語は、数学で用いられているものです。数学においては、すべての数字は逆数的（相互補完的）〔ある数を乗じると1になる数がある、つまり逆数を持つ〕です。$2/3$の逆数は$3/2$です。5の逆数は$1/5$です。逆数を見つけるには、整数を分数にする、つまり、少なくとも分数表記にすればよいのです。言い換えれば、〔分母と分子の〕二つの項で表記するのです。二つの項が存在する時のみ、逆数が存在します。二つの逆数を乗じると常に一になる。私は、これは心理学的に重要だと思います。

心理学的な逆数原理とは、無意識が意識的な自我に対して相互補完的に反応することです。特定の心理学的な性質や心理学的な内容と自我との関係は、分数の項で表現することができます。そして逆数原理に従えば、その性質の無意識的な表れは意識の表れを補完するものということになります。例えば10点という尺度で攻撃性を扱うとします。0点のところは、完全な犠牲者、ぶるぶる震えて、膝ががくがくして、逃げ出してしまう犠牲者です。尺度のもう一方の端〔10点のところ〕では、完全な攻撃者で、追いかけて攻撃をするものといえます。さて、ある自我が、犠牲者の領域にいて、攻撃性を$2/10$しかもっていないとすると、逆数原理によれば、無意識は$10/2$の攻撃性を持つということになります。

すなわち、もし自我が犠牲者になることに非常に同一化していると、無意識には攻撃者が布置され、自我を追いかけるようになります。自我はもちろん走るでしょう。われわれは皆、動物を見ていて、一匹、たとえば猫が走ると犬はそれを追いかけるだろう、ということを知っています。もし猫が走るのを

129 *Kena Upanishad*, trans. Swami Prabhavananda and F. Manchester.〔『ケーナ・ウパニシャッド』〕

130 *Brihadakanyaka Upanishad*, trans. Swami Prabhavananda and F. Manchester.〔『ブリハド・アーラニヤカ・ウパニシャッド』〕〔Brihadakanyaka は Brihadaranyaka の誤植と思われる〕

止めて振り返ると、犬は突然止まって、走り出すかもしれません。これは、無意識がいかに働くのかを示しています。その原理は個人の中だけではなく、個人と周囲との関係の中にも適応されます。もし話者が演台で、弱々しくびくびくした犠牲者のように振舞えば　すぐに全聴衆が彼を追いかけるでしょう。

このようなやり方で無意識は働き、転移と逆転移もまたこのように働きます。犠牲者の役割とひどく同一化している患者には、分析家がいかに自分は穏やかで優しいと思っていても、敏感な分析家なら自分自身が患者をいじめていることに気づくことになります。なぜならそれが布置されていることだからです。この原理は他のあらゆる種類の性質のものにも働きます。特に患者は、気分が悪いから、弱いから、あるいは傷ついているから分析家を訪れるのであり、このことは分析家の中に健康、力、治癒の活力を布置します。分析家がこれらの性質を帯びている限り、患者の役には全く立ちません。課題はこれらの逆数を逆にすること、分析家の中に布置されてきたことを、どのように患者に戻すのかを知ることです。これは容易なことではありませんが、少なくとも何が起こっているのかを知ることは有益ですし、ここでは逆数原理 Reciplocality Principle が役に立つと思います。私は、これを「相反性 reciplocity」と呼ぶよりは、この用語を使いたいと思います。というのは、相反性は相互性という意味を言外に持っているからです。

意識と無意識の間の別の側面について、ユングはパラグラフ355で言及しています。

意識と無意識の間には、いわば一種の「不確定性関係」とでもいうべきものが存在する。なぜなら、観察者と観察対象とを分かつことは不可能だからであり、観察者は観察という行為を通して観察対象を妨害しているからである。つまり、無意識を正確に観察しようとすれば、意識の観察は割を食うこ

とになり、またその逆も正しい。（パラグラフ355、訳書254ページ）

ユングの「不確定性関係」という言葉は、ヴェルナー・ハイゼンベルクによって初めて確立された原子物理学の不確定性原理に関連しています。この原理は、理論上においてさえ、粒子の位置と運動量と、両方同時に正確に測定できないというものです。例えば電子のような原子より小さな粒子の運動量を正確に測定することを試みてみても、予測できない方向にばらつき、その位置がひっくり返るのが観察されます。その位置を測定すると、その運動量は変ります。原子より小さな粒子を観察するというまさしくその行為がその状態を変え、正確で客観的な読みは不可能になるのです。より一般的にいえば、この原理は、観察者は観察されているデータの中に引き込まれ、それに影響するのは避けがたいということを示しているのです。

確かに同じ状況が無意識を観察するときに起こります。観察するというプロセスによって無意識は変ります。無意識からの絶対的に客観的な心理学的データといったようなものはない、ということです。観察されるためには観察者が無意識を見て、触れて、持って帰ってくるのですから。このようなことすべてを行うプロセスにおいて、人は無意識の中に指紋をつけてしまうのです。その逆もまた事実です。観察するものも、されるものも、どちらも互いに影響しあうのです。自我が無意識を観察するとき、無意識に影響を与えるだけではなく、無意識、自己もまた無意識を観察している自我を変えるのです。自己には神の目という側面があり、それは自我を見つめ、自己に影響を及ぼすのです。[131] ユングは「不確定性関係」についての記述の中でこのことに言及しています。

さてユングは自己のグノーシス主義の象徴、特にモーセの四つ組（前章で始めて考察されている）に戻りたいと思います。ユングが到達した結論とは、上なるアダムと下なるアダムが三つ組 Triad 中にあって、モーセの四つ組を創り出しているのと同じように、モーセの家族の四人の人物にも、上なる四つ組と下なる四つ組とがあるはずだ、というものです。図21、22はこの状況についてのユングの図を繰り返しています。ユングは、『アイオーン』を進めながら、この構造をさらに建て増ししています。モーセあるいは原人間の四つ組をもう一度要約すると、まず上なるアダムがいて、その原人間像が四つに分かれます。その後これらの四人の人物が一人の下なるアダムへと合成ないしは合一します。四つ組の四人の人物とは、モーセ、イェトロ、ミリアム Miriam、ツィポラ Zipporah（セフォラ）です。

モーセは奴隷の御者を殺してミディアンに逃亡します。そして彼は将来の舅、イェトロに会い、娘のツィポラと結婚します。四人目の人物はミリアム、モーセの姉です。ミリアムは、モーセが幼少の頃、ファラオの娘に発見されるようにモーセを籠に入れてガマに隠しました。ある経典ではミリアムは預言者、先見者であるとしており、彼女のその側面が上なるミリアムを特徴付けています。しかし別の一節では、ミリアムはモーセを批判し、ツィポラと結婚したことで怒ります。彼女はヤハウェの天罰を受け、ヤハウェは怒りが収まるまで彼女をハンセン病のように白くしました。

怒っている、復讐心を持つミリアムは下なるミリアムで、図22に示される影の四つ組に位置します。ツィポラはイェトロの娘であり、あるテクストには黒いエチオピア人だとあります。その影としての性質において、彼女は否定的なツィポラで、影の四つ組と関連があります。他の経典では彼女は賢明なツィポラであり、原人間の四つ組を占めています。同様の二重性がイェトロにも当てはまります。イェトロはミディアンの司祭で、それゆえ聖職者の智慧を持っていますが、他方伝統的なイスラエルの領地の

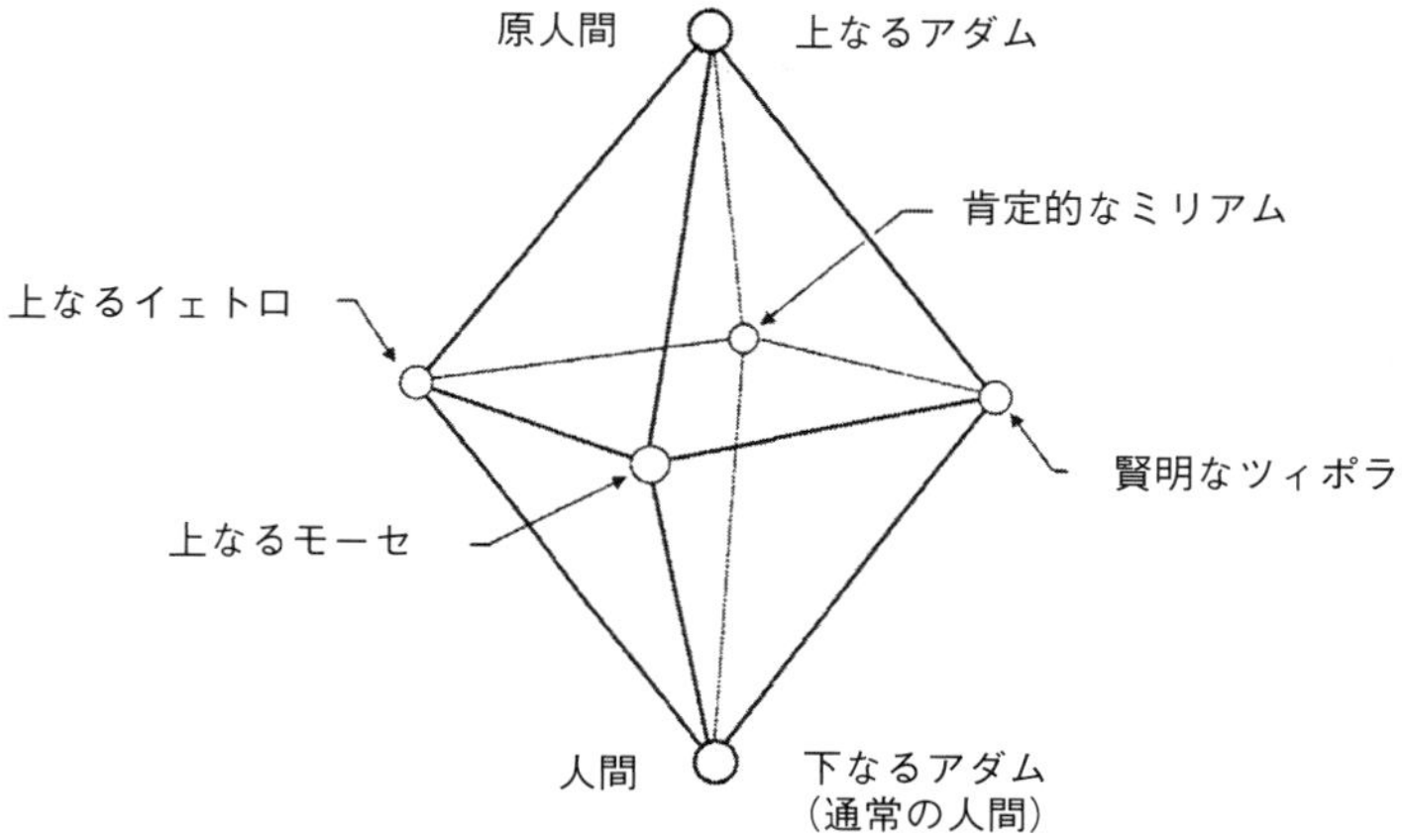

図 21　原人間の四つ組

上の図は自己が顕現しうる一つのレベルを表している。それぞれのレベルで、図の頂部に示される原初の単一体 orignal unity が四つの部分に分かれ、それぞれが、原初の全体性の、ある側面を表している。このことによって、様々な性質が、より意識的なものになるが、一度分離してしまうと互いに葛藤状態に陥り、再び単一体へと戻されねばならない（図の底部)。

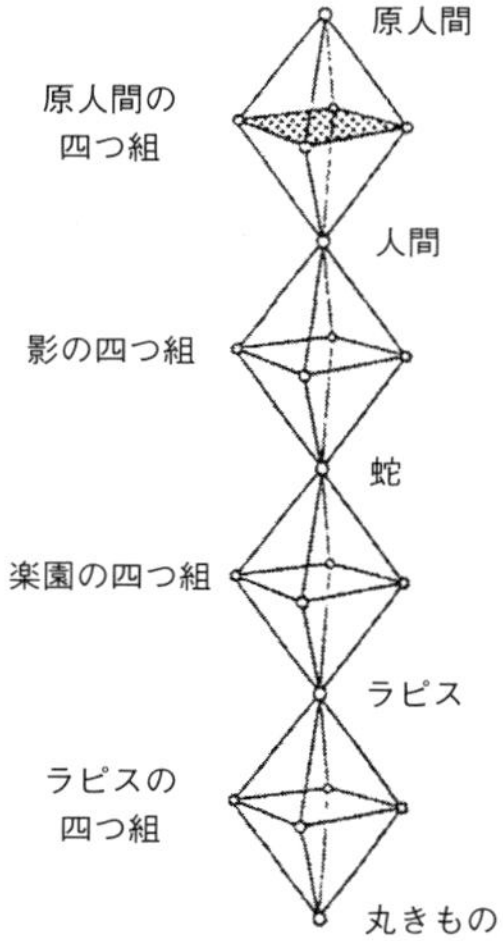

鍵：四重の四つ組

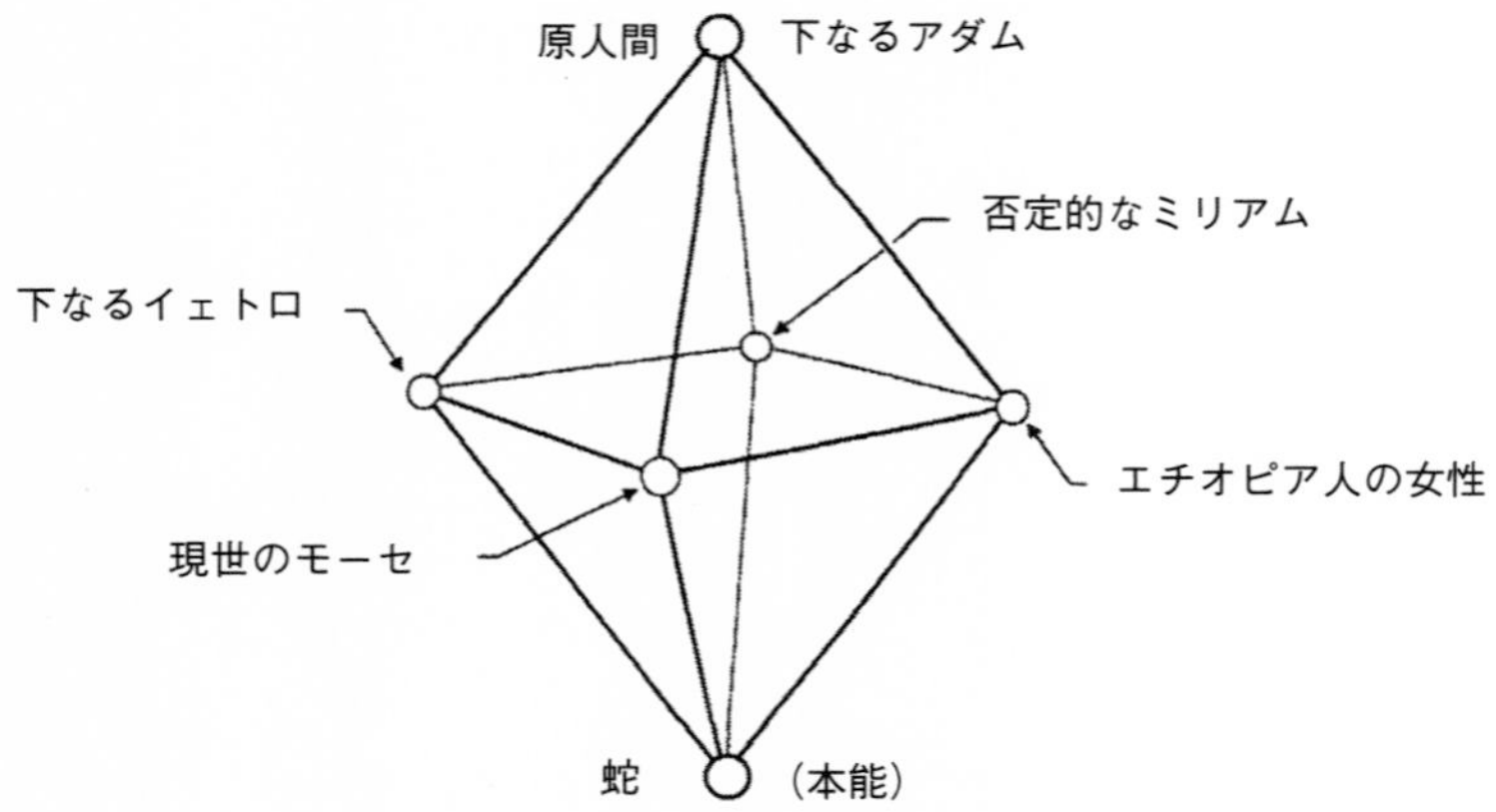

図 22　影の四つ組
下なるアダムは自我を表し、霊的な四つ組と影および本能レベルとの間の中間的な位置を占める。

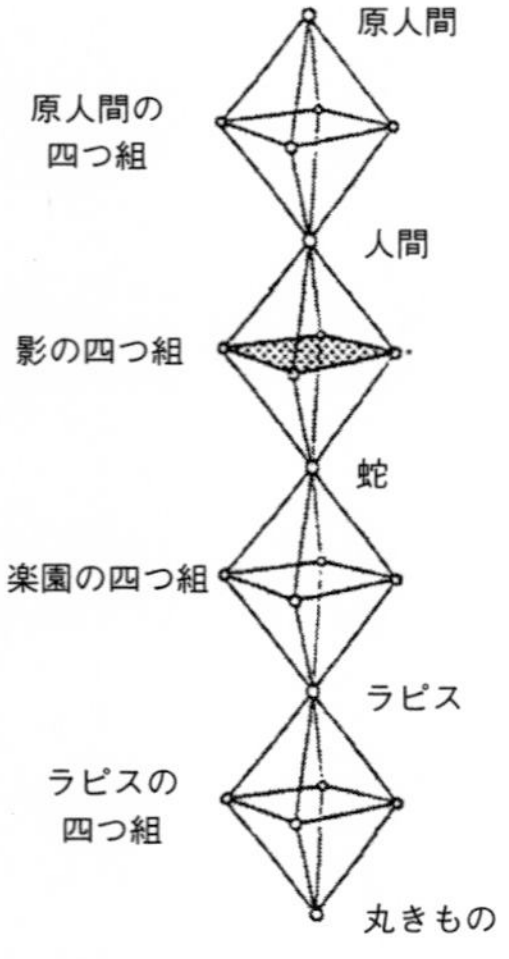

鍵：四重の四つ組

外にいる「異教のアウトサイダー」なのです。この側面において彼は下なるイェトロなのです。同様のことがモーセの二つの側面にも当てはまります。上なるモーセと下なる、あるいは現世のモーセです。

ここまででモーセあるいは原人間の四つ組について理解しうるのは、この図で下なるアダムと呼ばれるものがわれわれのことであり、自我、つまり通常の経験的な自我である、ということです。自我が中心の位置を占め、もし一方向を見るならば、明るく、輝かしい精神的な四つ組に出会います。もし反対方向を見るならば、暗く、影の多い、怪しげな四つ組と出会います。その中をずっと見ると底には蛇が見えます。われわれはまだこの四つ組をやり終えてはいません。事態はさらに複雑になるでしょう。

131 拙著 *Mysterium Lectures*, pp. 65ff.〔『神秘講義』〕も参照のこと。

自己の構造と力動（承前）

自己の暗い側面に関する資料を、ユングは「影の四つ組」を導入することから始めましたが、それに続けてユングはグノーシスのイメージを取り上げます。

善にして完全なる精神的な神には、不完全で虚栄心の強い無知で無能な造物主（デミウルゴス）が相対していた。アルコン的力（archontic Power）というものがあって、それらの力が人類に人間を堕落させる「証書 chirographum」（手書きの書 handwriting）をもたせてやったのであり、キリストはその堕落の書から人類を救わなければならなかったのである。（パラグラフ366、訳書259ページ）

脚注25でユングはコロサイの信徒への手紙から短い引用をしています。その文献をもう少し長く示せば、もっと理解しやすくなります。コロサイの信徒への手紙第二章一〇節から一五節（AV）で、パウロは集会した信徒たちへ祝福された状態を〔証書に〕書き留めます。そして、いまや信徒は教会の一部となります。

あなた方はキリストにおいて満たされているのです。キリストはすべての支配（principality）〔元は公国、君主・大公（の権限）を意味する〕や権威（power）の頭《かしら》です。あなた方はキリストにおいて、手

によらない割礼、つまり肉の体を脱ぎ捨てるキリストの割礼を受け、洗礼によって、キリストと共に葬られ、また、キリストを死者の中から復活させた神の力を信じて、キリストと共に復活させられたのです。肉に割礼を受けず、罪の中にいて死んでいたあなた方を、神はキリストと共に生かしてくださったのです。神は、私たちの一切の罪を赦し、規則によって私たちを訴えて不利に陥れていた証書を破棄し、これを十字架に釘付けにして取り除いてくださいました。そして、もろもろの支配と権威の武装を解除し、キリストの勝利の列に従えて、公然とさらしものになさいました。

ここでの考えは、人間は、悪い支配者《アルコン》 archon の証書 handwriting に汚されてきたが、キリストによってそのネガティヴな証書から救われる、というものです。彼らは「支配（principalitiy）と権威（power）」と呼ばれるものから救われます。ここで「支配」と翻訳された言葉のギリシア語の原語はアルコス *archos* です。「宇宙的な力 cosmic power」と訳されることもあります。この証書は、前章で議論したように、蛇が［天上から］降りて来るという「父のしるし」のもう一つの例です。しかしながら、ここでは、証書はネガティヴなものです。新しく生まれた魂が下降して受肉し、地上の存在となる時、惑星の神性を通り抜けてきます。降りて来るにつれ、様々な惑星の神の性質を纏うことになるのです。それで、それが地上に到達する時には、それらの性質を、いわば証書を、背負うことになります。心理学的に言えば、証書とは、われわれの祖先からの、あるいは元型的な、背景であり、われわれにはそのパターンが刷り込まれてきたのです。

　証書 handwriting も人の運命を表象するものです。その一例は、ベルシャツァルの祝祭の間に壁の上に記述された証書です（ダニエル書5：27）。ベルシャツァルは、聖なる器を聖地から祝宴に持ってきて、それでワインを飲み、その神聖さに傷をつけました。すると、壁の上に証書が現れたのですが、ダニエルが連れて来られるまでは誰も読むことができませんでした。そしてそこに「あなたは秤にかけられ、不足と判定されました」と書いてあることがわかりました。これは無意識の深みから告げられた運命の顕現でした。

いつのことだったか、私はこれと同じテーマを持つちょっとした物語と出会いました。基本的なイメージとしては、ある男性がクローゼットの壁に手書き文字 handwriting を見つけたのですが、それを解読することはできませんでした。毎日調べてみると、文字が増えていきました。だんだん不吉なものになっていきました。ついに、気がふれつつあった彼の妻がクローゼットの壁に書いていたことが判明したのですが、これはベルシャツァルの物語に見られるのと同一の元型的なイメージです。

心 psyche の闇の側面 dark side に関するユングの議論は、現代人の心 mind が物質の闇へと下降するという概念へと向けられます。

> **近代科学は……物質の「闇の」側面について未曾有の知識をもたらし、……生命そのものの根源を研究対象にした。このように、人間の心（mind）は物質という月下の世界［地上の世界］に深く沈み、ヌースがはるか下界にある自分の似姿を認めて下に降りていき、物質《ピュシス》に抱かれたまま飲み込まれてしまう、というグノーシスの神話を繰り返すことになる。（パラグラフ368、訳書260ページ）**

ヌースが物質の中に沈んでいくというグノーシス派のイメージは、『エノク書』という聖書外典に記述されている堕天使の物語に相応しています。この書の中に、ちょうどノアの洪水の直前の部分ですが、こう書かれています。

その頃、人の子らが数を増していくと、彼らに、見目麗しい娘たちが生まれた。これを見た天使、すなわち天の子たちは、彼女らに魅せられ、「さてさて、あの人の子らの中からおのおの妻を選び、子供をもうけようではないか」と言い交わした。

天上から地上に落ちてきた天使は、人間の女性たちと交わり〔この女性たちが四番目の巨人を生んだのですが〕、同時に男たちには技術と学問とを教えます。天使は男たちに天の秘密を明らかにしました。この結果として、神の存在を信じないものや腐敗が横行して、それが洪水をもたらしたのです。これは、ユングが言及しているのと同じテーマで、現代の私たちにも生じていることです。私はこの天から降りてきた天使〔堕天使〕によって生み出された巨人のイメージを現代人の夢の中に見ました。その一つは、人がニュージャージーのパリセーズ〔ニュージャージー州北東部のハドソン川河口近くの西岸に続く絶壁〕を、ニューヨークの町を眺めながら歩いていると、町が巨人、宇宙人に襲われるのを目撃するという夢です。「街はなぎ倒された……空には火の玉があり、……世界の終わりだった。……巨人族が宇宙からやってきた」[132]。彼が目撃している時に、巨人は人々を掬い上げ、食べてしまいます。これはエノク書に記述されているのと、そしてユングがパラグラフ368で書いているのと、同じモチーフです。

パラグラフ370で、ユングは「影の四つ組」に再び戻っています。

「影」という言葉で、私は人格の劣等部分、その最も下の段階が動物の本能ともはや区別できない段階のことを指す。これは遠い昔からあった見方で、イシドルス Isidorus の「異常生成した魂（excrescent soul）」〔*prosphues phuche*〕という考えの中に見出される。〔訳書**261**ページ〕

「異常生成した魂」と訳されたギリシア語は prospio という言葉に由来します。この言葉は「成長すること」あるいは「付着すること」を意味します。その語根はphaèo（成長すること）に由来し、その同じ語根に由来しているのが物質《ピュシス》という言葉です。こちらは「自然 nature」と翻訳されました。それゆえ、ここで暗示されるのは、心のある側面が生成し、付属物となる、ということです。ユングはイシドルスから引用した言葉を参照していますが、これはアレクサンドリアのクレメンスの著作の中に見出されるものです。そのテクストの一節が、この「異常生成した魂」に光を当ててくれます。

バシリデスの支持者たちは、情熱のことを付属物と呼ぶ習慣がある。これらは、本質的には、原初の動揺と混乱を通して、合理的な魂に付着したある種の精神だと彼らは言う。そして、他の異形の、異質な、精神の本性もまた、狼やサルやライオンやヤギのそれと同じような精神だが、その上で生成する。……［この付着物は］魂の欲望を同化して動物と似たものにする。……人間は、バシリデスによると、木馬の外観を残しており、詩的神話によれば、一つの体に多数の異なる精神を保つかのように含んでいる。[133]

この考えは、証書の象徴ととてもよく似ています。というのも、ここでも、新しく生まれた魂が、これらの生成の付属物を獲得しながら下降していく時に、惑星の圏内を突き抜け、それぞれの惑星の支配者《アルコン》 archon から、それ自身の本性の付属物を受け取るからです。マクロビウスもこのイメージにつ

132 拙著 *Creation of Consciousness*, p.28〔『意識の創造』〕を参照されたい。
133 Roberts and Donaldson, *The Ante-Nicene Fathers*, vol.2, pp.371f.〔『ニケーア以前のキリスト教教父著作集』〕における Stromata, II, 20, 113.〔『論集』〕

いてこう述べています。

魂は、最初の重みの衝撃によって、黄道帯と銀河の交差するところから、その下に続く一連の惑星に向かって下降を始める［魂が上方の天空から降りてくる途中の話である］。それらの惑星を通り抜ける際に、それぞれの属性を獲得し、……その属性があとで働くことになる。土星という惑星では、理性 *logistikon* と理解 *theoretikon* を獲得する。木星では、活動する力 *praktikon*、火星では大胆な精神 *thymikon*、太陽では感覚－知覚 *aisthetikon* と想像力 *phanatasikon*、金星では情熱の衝動 *epithymetikon*、水星では話し、説明する能力 *herumeneutikon*、そして月では体を形作り大きくする機能 *phytikon* を獲得する。[134]

ヘンリー・ヴォーンの詩、「しつこく迫る運命」は、これと逆の動きを記述しています。大地に縛られた魂が、大地の付着物を自ら浄化していきます。それは宇宙の階段を上って戻っていき、その際、下降の途中で支配者《アルコン》から手渡された付着物をすべて返していきます。これらのイメージでは、心が、いわばそれ自身の言葉で、自我の受肉を、自我が様々な元型的本質を割り当てられて生まれてくる様子を、記述しています。自我はそれらの断片を受け取り、それを自分自身の存在の中に取り込み、いわゆる「付着した魂」を産み出します。受肉した存在として、人は、それらの様々な元型的な要因を無意識のうちに生きていくことになります。個性化のプロセスを通して、自分にあると同定されたこれらの元型的本質が、意識的な実現を受けるようになります。意識によるそのプロセスは、自我をその付着物から分離します。これは、魂が階段を上りながら、降りてくる途中で刻印された様々な性質を支配者《アルコン》の権威へ返していくという、ヴォーンのイメージに対応するものです。[135]

これは心理学的発達のきわめて美しいイメージです。それは理論に基づくものではありません。というのも、それはすべて、神話から生じてきたものだからで、心そのものが、どのように発達を遂げてきたかをわれわれに語ってくれていると理解することができます。

ユングが述べている二つの四つ組は、既にここで吟味しました。いわゆる、モーセの「上なる四つ組」と「下なる四つ組」です。前者は「原人間の四つ組」と呼ばれ、後者は「影の四つ組」と呼ばれます。「影の四つ組」の最も下の項は蛇によって表わされました。ユングは今、その下に別の四つ組を造り、それを「楽園の四つ組」と呼びます。それはヒッポリュトスに由来するもので、その引用については以前に議論しました。[136] ここではその要旨を再び出しておきます。

［グノーシス派の主張では］エデム［エデン］は脳であり……それを取り巻く天のような覆いに硬く結び付けられている。しかし、彼らは、人間は、頭だけである限り、楽園である、と考えた。それゆえ、「エデムから」、つまり脳から、「流れ出る川は、四つの頭に分割され、最初の川の名はフィゾン Phison と呼ばれた……」。［これは目である］……第二の川の名はギホン Gihon、……［それは聞くもの、耳である］……。第3の川の名はティグリス Tigris［これは嗅ぐものである］……。しかし第4の川はユーフラテスである。彼らはそれを口であるというが、その口を通して、外には祈りの言葉が発せられ、内には栄養が入っていく。［口は］喜びを生み出すもので、スピリチュアルな人間、完全な人間

134 拙著 *Anatomy of the Psyche*, pp.134ff.〔『心の解剖学』161ページ〕を参照されたい。
135 これは *Mysterium Lectures*, pp. 154ff.〔『神秘講義』〕で詳しく論じられている。
136 本書247ページを参照されたい

（the Spiritual, Perfect Man）に栄養を与えて作り上げる。[137]

ユーフラテスの水は「蒼穹の上の水」で、キリストが「もしあなたが……『水を飲ませてください』といったのが誰であるか知っていたならば、あなたの方からその人に頼み、その人はあなたに生きた水を与えたことであろう」（John 4:10,JB）と言ったときの水です。

ユングはここで、グノーシス由来の「モーセの四つ組」を、ユングの言う「楽園の四つ組」と結び付けています。図23に図示してあるとおりです。この四つ組において、蛇はエデンの四つの川に分かれ、ラピス（石）の中で再び一つになります。ユングはこうコメントしています。

拝蛇教徒たちにあっては、楽園は「モーセの四つ組」と並行する四つ組で、それと同様の意味を持っていた。その四者性とは四つの川で構成されている……。創世記の蛇は木の精霊《ヌーメン》の人格化を例示するものである。……それは木の声であり、イヴを誘惑して……その木〔の実〕を食べさせた」（パラグラフ**372**、訳書**263**ページ）

次のレベルが、ユングが「ラピス〔石〕の四つ組」と呼ぶもので、図24に示されています。これによって、ユングがいかに楽園からラピスへと移っていったかがわかります。

蛇の象徴はわれわれを楽園、木、大地のイメージへと導いてくれる。これはいわば、動物界から植物界へ、そして無機物的自然へという進化論的退行に等しい。この無機物的自然は、錬金術において

137 Roberts and Donaldson, *The Ante-Nicene Fathers*, vol.5, p.57.〔『ニケーア以前のキリスト教教父著作集』〕

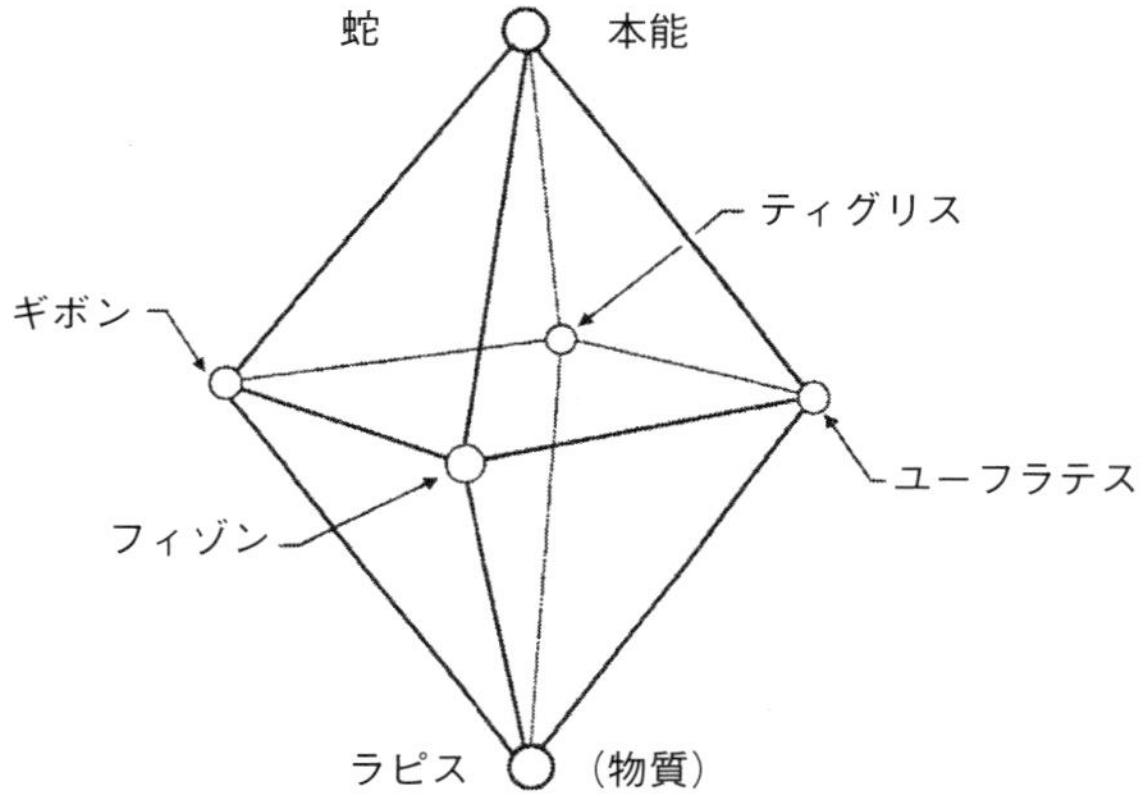

図 23　楽園の四つ組

図は自己が顕現する第三のレベルを表している。四つの川は、原初の蛇、もしくは本能レベルが、それぞれの要素へと分離することを表す。それらは、ラピス、もしくは目に見える世界の原初の基本物質として、再合一する。

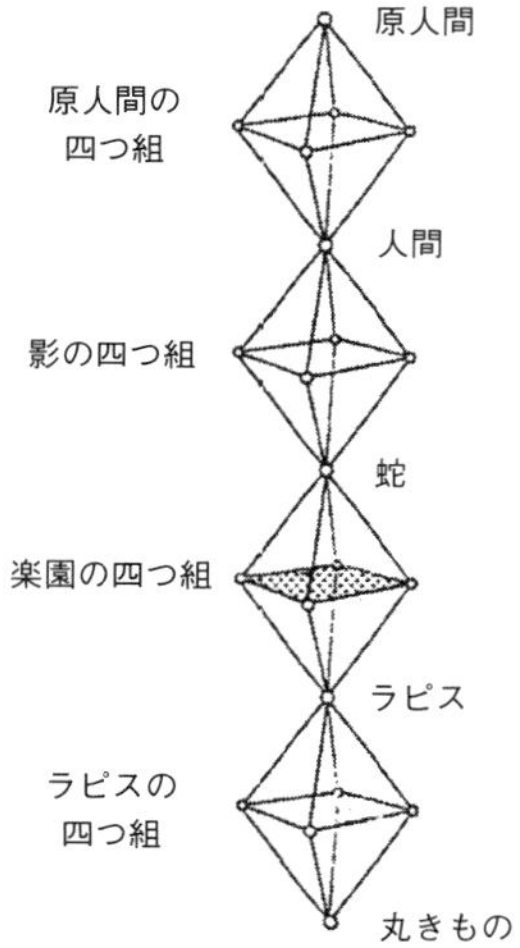

鍵：四重の四つ組

は物質の秘密であるラピスに典型的に示されている。

ユングが言うように、私たちは、ここでは下方への動きに巻き込まれていて、「天の原人間」から、「上なるモーセの四つ組」、そして「下なるモーセの四つ組」、これは影の領域で、さらに蛇を通って、自然のレベルへと降り、そこでは木とエデンの園の川が姿を現します。これらをすべて通って降りていくと、粗暴な物質のレベルに降り、それを象徴化しているのが、岩、まさに普通の石なのです。ここでユングが話しているラピスとは、錬金術的作業の最終産物ではなく、第一質料 *prima materia* としてのラピス、元素的な石という素材のことです。ユングは「ラピスは単一体と考えられていて、しばしば第一質料一般を表わした。……原初の混沌の小片［を表象するものと考えられた］」（パラグラフ375、訳書264ページ）と言っています。

第一質料という原初の混沌を扱う錬金術の課題として、分離 separatio のプロセスを被らねばならないと言うことがあります。ユングはこうコメントしています。

混沌においては、諸元素は一つになっていない。それらは原初の葛藤状態、相互に反目しあっている状態……を表わしている。このイメージは、もともと一つであるものが目に見える世界の多様性へと分裂していく、あるいは展開していくことをうまく例示している（パラグラフ375、訳書264ページ）。

この「分裂」は、第一質料の四元素—地、水、火、風、への分離に相当します。パラグラフ376で、ユングは「ラピスの構成要素は四元素の合一に基礎を置いており、それが今度は、知られざるまだ手のついていない状態、混沌、の展開を表象する」〔訳書265ページ〕と述べています。

ですから、この「下なる四つ組」において、ラピスは錬金術のプロセスにおける第一質料として「ラ

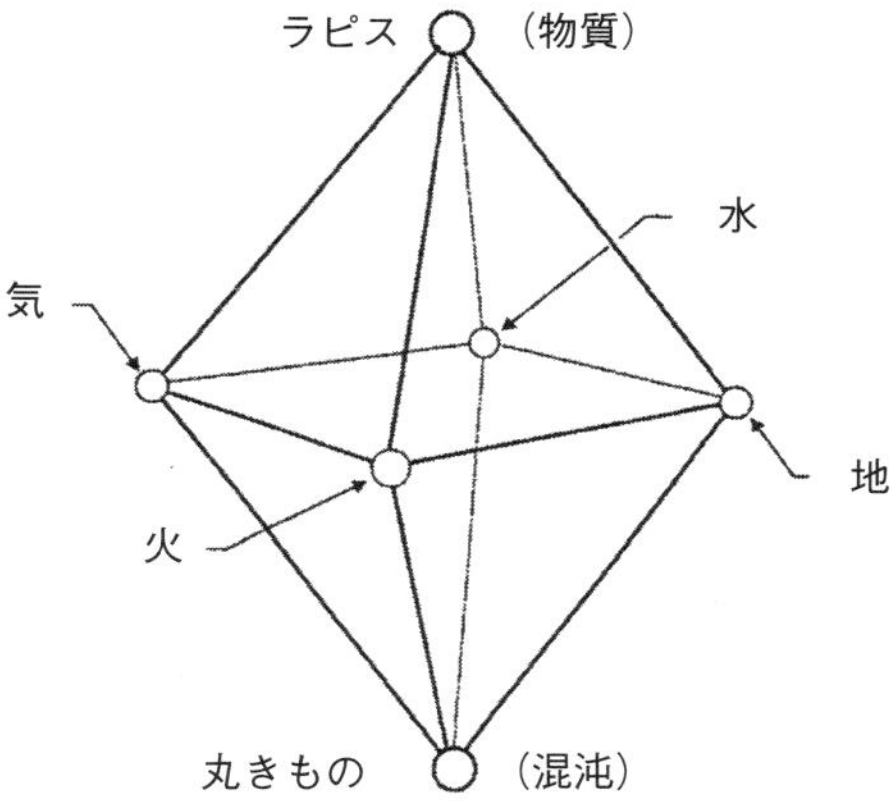

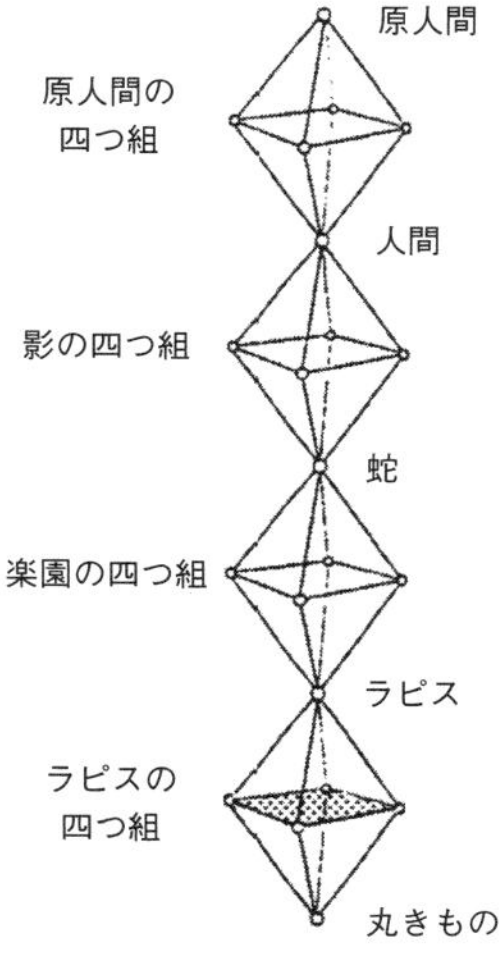

図 24　第四の四つ組もしくはラピスの四つ組

第四の四つ組であるラピスの四つ組は、その底部では不可知の初期状態、もしくは混沌となり、そこから四元素が展開するが、それらが今度はラピスの中で合一する。

ピスの四つ組」へと（四元素へと）分化を被ります。その後、それらの分離した元素が再び一つになって丸きもの rotundum になります。「ラピスの四つ組」の図は錬金術的プロセスを、そして心理学的なプロセスも要約しています。「ラピスの四つ組」には、一連の三つの状態がある、と言うことができます。最初に円、次に正方形、そして再び円です。（円としての）原初の単一体、それに続く正方形、これは四元素によって表象されますが、そして四元素が一つになったものとしての外の円、という一連の流れは、分析と統合、分離《セパラチオ》と結合《コニウンクチオ》、という二重のプロセスのイメージであり、それは心理的発達の全プロセスの構成要素でもあります。ここに、この独特のイメージを目に見える形で用いている夢があります。

三つの正方形があり、加熱ユニットは金属製のコイル、あるいはネオン管でできている。それらは私の性的な問題を表している。さて、それらは今、分解され、掃除されるところである。神の新たな世界観があり、世界の広大さに対する自覚を拡大する。永遠性を背景にすれば、性的問題のような一時的な問題は取るに足らないことである。洗浄は、ある意味では儀式的な洗浄で、三つの正方形が、巨大な全体の中でそれらの自然な場所になるようにさせるために行われる。

夢の中で、私の心は三つの正方形の視覚的なイメージと戯れている。最初にそれぞれの正方形の中に円を描くことはきわめて自然なことであり、その後それぞれの正方形の外に円を描く。[138]

この夢が持ち出している特別なイメージは完成の状態をもたらします。最初の円で表わされる、無意識的な単一体の状態から出発しました。心理学的な発達のプロセスは、その単一体の分化による進展を必要とし、望むらくは、大体四つの意識的機能へと分化します。しかし、それらの機能は、分離している限り、相互に敵対したままです。プロセスを完成させるために、原初の単一体が、意識のレベルで再び達成されねばならず、それが第二の円によって表わされています。

ユングのラピスに関する議論は、容器 vas の象徴体系へと通じています。

このようなラピスの象徴体系もまた、二重ピラミッド構造として図式的に表すことができる。［図24にみられるように、このラピスの帰結する所は「丸きもの」（*rotundum*）です」。ゾシモスはその「丸きもの」を……オメガ要素と名付けた。オメガとはおそらく頭〔head 先頭〕を意味するのだろう。……容器 vas はしばしばラピスの同義語であり、容器とその内容との間には何ら区別がないということになる。……『黄金論説』（Tractatus aureus）の著者不詳の注釈に円積法〔円と等積の正方形を作る方法〕のことが書かれており、四隅が四元素で形作られている正方形を示している。その中心に小さな円がある。［これは「ラピスの四つ組」と同じイメージです」。……後の章で、［注釈の著者が］容器、すなわち「真の哲学のペリカン」を図解している（パラグラフ377、訳書266ページ）。

図25はこのペリカン〔錬金術に用いられる循環蒸留器。その名は形がペリカンに似ていることに由来〕を表わしています。一見したところ、それはあまり印象的ではないかもしれません。しかし、この小さな図の中にたくさんのことが凝縮しています。ユングは、この「哲学のペリカン」をむしろ重要なものと考えました。というのも、彼は『結合の神秘』の中でそれに戻り、それについてかなりの長さにわたって述べているからです。[139] ユングはここでは「著者不詳」の文献を引用して、パラグラフ377でペリカンの

138 拙著 *Ego and Archetype*, p.210〔『自我と元型』〕を参照されたい

139 CW 14, pars. 8ff.〔『結合の神秘I』37－38ページ〕

イメージについて次のように述べています。

Aは内なるもので、これを源としてその他の文字〔B,C,D,Eのことを指す〕が出ているいわば起源、源泉である。と同時に、それは究極の目標でもあり、この目標に向かってその他一切のものが、ちょうど川が大洋に注いで大海となるように流れ込む。（パラグラフ378、訳書267ページ）

このペリカンのイメージは、楽園の四つの川のそれと同じです。[140] 四つの川の頭を見ることができ、それらは、目、耳、鼻、そして口から流れ出て、マンダラを作ります―これは「哲学のペリカン」のイメージと正確に同じです。「哲学のペリカン」の方が単にやや抽象的なだけです。四つの川とペリカンのイメージの両方において、四重の本質 entity が中心の源から流出して、その結果として正方形を創ります。ペリカンにおいては、正方形はB、C、D、Eを直線で結ぶことで目に見えるようになります。

これらのイメージはきわめて大切で、注目と熟考とに値するものです。というのも、それらの基本元素のイメージによって、心の基盤が姿を現し、基本的には合一化された状態にあるという性質が明らかになるからです。夢や分析の仕事において、根本にあるこの下図に基づく無限のバリエーションを見出すことになるからです。この中心的な存在 entity が容れ物としての容器 vas として描かれています。これによって、複雑な容器の心理学的象徴体系全体が持ち上がってきます。

基本的には、個々の心の自己性 Selfhood という容器を表わします。通常の人間生活においては、この入れ物としての容器は関係性とか、グループ、教会、その他の集合的な場面に投影されます。個人的な意味での容れられている感じとか充足感は、何であれ集合的な容器とのつながりに依っています。分析的な関係性もしばしば、具体的な容器として働きます。それは一時的な現象としてはよいのですが永続する満足を与えてはくれません。結局のところ、容器は何とかして個人へと戻る道を見出さねばならないということになります。

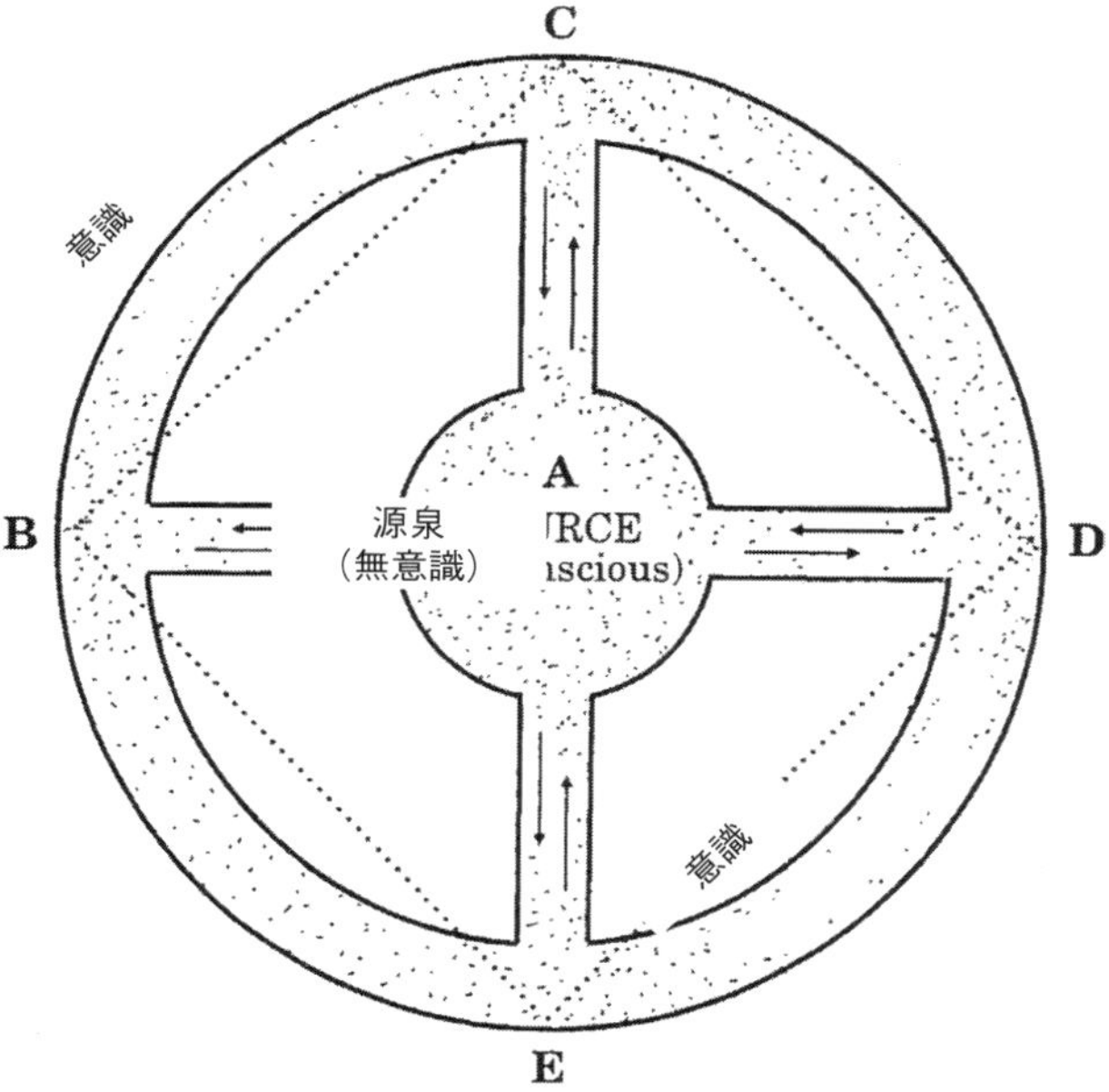

図 25　真の哲学のペリカン

140　本書の19.と図19（249ページ）を参照されたい。

24. パラグラフ381 - 401

自己の構造と力動（承前）

『アイオーン』の一四章は、グノーシス主義のテクストにある一連の四つ組のイメージを続いて扱っています。われわれはこれまで〔次のような〕四つの四つ組について考えて来ました。

1. 上なるモーセあるいは原人間の四つ組
2. 下なるモーセあるいは影の四つ組
3. エデンの園の四つの川を含む楽園の四つ組
4. ラピスの四つ組、第一質料が四要素に分かれ、再び丸きものへと合成される錬金術のプロセスを示す

ユングが入念に作り上げたこれら四つの四つ組は、共通のイメージで互いにつながっています。それらは図26の下の図に示されているように、一本の糸でつながったものになっています。原人間、人間、蛇、ラピス、丸きもの、がそれをつなぐ項です。ユングはこの鎖の尾を一番目の図形の口とつなぐことで鎖を円に変えました。この手続きは図26の上の図に示されており、そこでは四つ組の鎖は、円の、ないしは正方形の構造になっています。これを行う際、原人間と丸きもののイメージは重なって同じとみなされているので、この連鎖を始めるのは原人間／丸きものということになります。

章の後半でユングはこの連鎖をさらに一歩進めて、抽象的な公式にしています。しばらくはこの四重の四つ組をより詳細に吟味し、これらの多くの要素が心理学的に何を表しているのかを見てみましょう。

図26の下の図の四つの異なる存在物は心《サイキ》の異なる四領域ないしは側面を表しており、全体性はそれらのどこにおいても顕れる可能性があります。それが顕われると、その領域の四つ組が生じます。ある典型的な象徴体系やイメージが、それら四つの領域それぞれに関係しています。原人間の四つ組は霊的spiritual 象徴体系、影の四つ組は動物の象徴体系（人類も含んでいます、なぜならわれわれも動物だからです）と関係しています。楽園の四つ組は、植物のイメージで現れます。ラピスの四つ組は鉱物、無機物の象徴体系と関係しています。

さらに、それぞれの領域にはその構造の中に三つ組が組み込まれています。それは四つ組であるだけでなく、三つ組、つまり発展の過程をも内包しています。それゆえ心《サイキ》の静的な領域を表す四つ組と、その領域が展開する際に発展する過程を表す三つ組とが含まれています。それぞれの四つ組を簡潔に要約すると次のようになります。

原人間ないしは霊的四つ組

心のこの側面を表すイメージは、上なる領域、天界、天空に属しており、光のイメージとともにあります。それゆえ大気、宇宙の現象はここに属しており、特に昇華 *Sublimatio* の象徴体系と関係があります。[141] 例としてヘンリー・ヴォーンの詩があります。

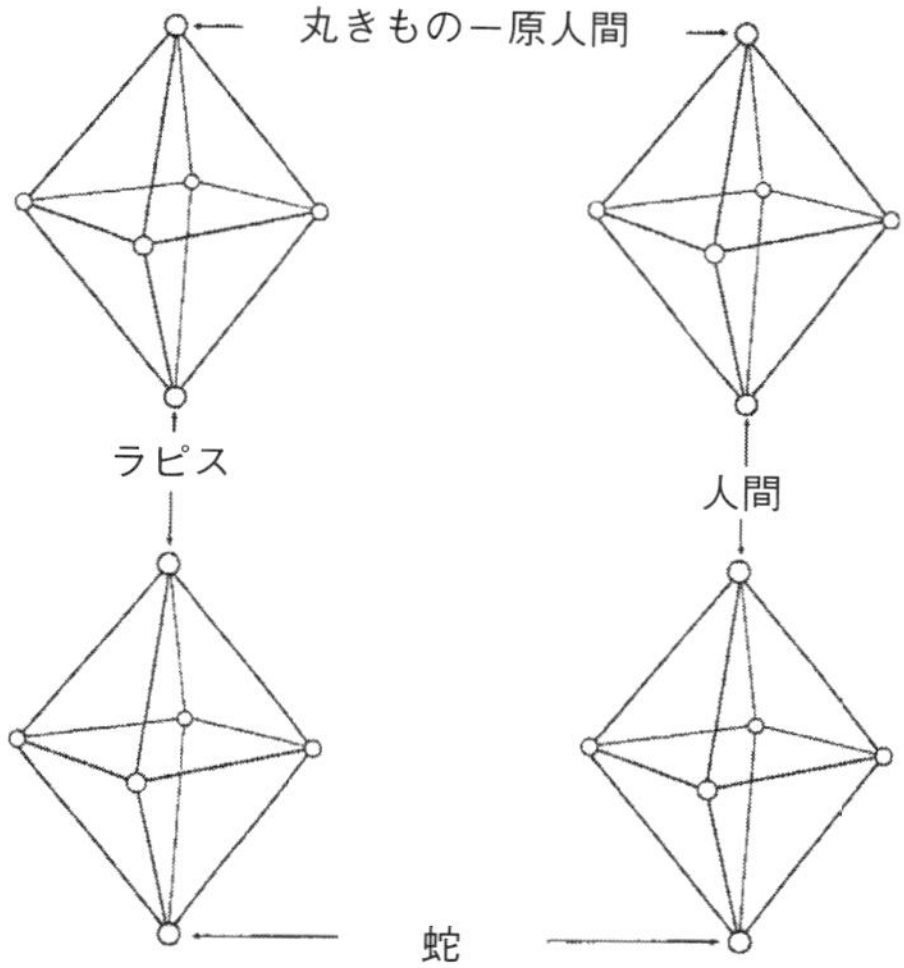

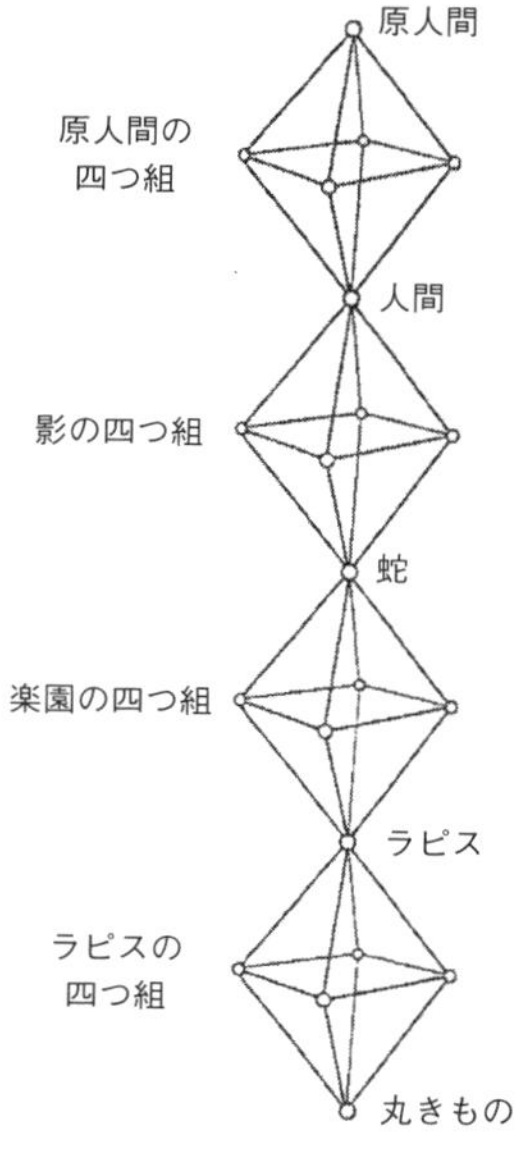

図 26　四重の四つ組

右の図は、自己の四つの四つ組、四つの側面が、共通項で繋がれている様子を示す。霊的なレベルから大地的、植物的なレベルを通り、無機的な物質のレベルへと下降することで、原初の無意識的な状態が意識的な状態へと変容する。これは上の図でも示されているが、そこでは、このプロセスを、最下と最上の項目、最初と最後の状態を合致させることで、連結した円として描いている。

私はある晩永遠を見た
純粋な環、無限の光のようだった
すべては穏やかで、輝いて
そしてその下は丸く、時、日、年という時間が
その球体に動かされ
大きな影が動いたように、そこには世界が
そしてその連なりが流れ込む[142]

これは光を強調した天上、宇宙のイメージの壮大な絵です。これは原人間や霊的な四つ組の古典的な例です。別の例はダンテの『神曲』の最後の、天上へのバラのヴィジョンでしょう。ダンテのイメージは、本質的には、光の壮大なバラであり、これは原人間の四つ組の象徴のもう一つの具体例なのです。

影あるいは動物の四つ組

これは怪しげな人間像、あるいは動物によって象徴される低くて暗い、肉欲的な領域を表しています。この動物にはあらゆる温血動物が含まれますが、進化の段階としては冷血動物まで下がります。この領域は地下の世界に関係しています。

怪しげな人間や動物たちが四重ないしは円の構造で含まれる夢やイメージは、この四つ組の具体例です。古典的な例としてはホロスの四人の息子があり、彼らは古代エジプトにおいて死者とともに埋葬さ

れた神聖な守護者でした。息子の一人はジャッカルの頭、一人はハヤブサの頭、一人は犬の頭、一人は人間の頭をしていました。エゼキエルのヴィジョンについては、後に考察しますが、象徴的にホロスの四人の息子と非常に似通った生き物が含まれています。これらの生き物はそれぞれ四つの顔を持っていました。一つは獅子の顔、一つは牛の顔、一つは鷲の顔、一つは人間の顔でした。同じ象徴体系がキリスト教の四人の福音伝道者を含むキリスト教のマンダラにそのまま引き継がれています。その四人は獅子、牛、鷲、人間として表されています。

この四つ組の例は、また『心理学と錬金術』の中の一連の夢にも見られます。例えば、ある夢ではテナガザル（ギボン）が正方形に再編成されることになっています。[143] 別の夢では動物たちは人間に変えられ再び正方形になっています。[144]

楽園の四つ組

この領域は野菜、植物、樹木、庭園の象徴体系を含んでいます。これは植物の世界に組み込まれた全体性のイメージです。このカテゴリーでは樹木が重要です。ユングの「リヴァプールの夢」がその例です。永遠の光に照らされた島の中心にはモクレンの木がありました。[145]『心理学と錬金術』の中の一連の

141 拙著 *Anatomy of the Psyche*, chap.5.〔『心の解剖学』第5章〕を参照されたい。
142 "The World," lines 1-7, in *The Complete Poetry of Henry Vaughn.*〔『ヘンリー・ヴォーン全詩集』〕
143 CW12, pars. 164ff.〔『心理学と錬金術Ⅰ』172ページ〕
144 Ibid., par. 183.〔『心理学と錬金術Ⅰ』194ページ〕

夢には、海底の庭園の夢があり、天球から緑色の植物が一本生え出ている夢、円の中にある緑の木の夢があります。[146]

ラピスの四つ組

これは石、宝石、水晶からなる四重の構造を含んでいるか、あるいは何らかの点で無機的な世界に属するものです。黙示録の最後に見られる天上のイェルサレムのイメージが良い例です。この天上の都市は上方から降りて来て、天界に起源があるというほどで、それは原人間／霊的な四つ組に属します。ところが、次に述べられているようにそれは宝石でできているのです。

［私は見た］偉大なる都、聖なるイェルサレムが下ってくるのを。……そしてその光は高価な宝石のようであり、……城壁には十二の門があった。その城壁［の材料］は碧玉で、その都は透明なガラスのような純金だった。城壁の土台は、……さまざまな宝石［碧玉、サファイア、メノウ、エメラルドなど、全部で十二の宝石］で飾られていた。（黙示録21：10－19、AV）

これは無機質の材料、石からなる四重構造の崇高なイメージであり、ラピスの四つ組の例です。これらの四つ組の領域は心に留めておくべきものです。というのも、これらを含む夢にはいつでも出会うからです。われわれが出会う四つ組は大抵全く純粋というわけではなく、混ざっていたり重なっていたりします。実際、循環 circulatio の過程を経た、より洗練された四つ組には、きわめて多くのものが混合しています。これら四領域のそれぞれは互いに影響を及ぼし合います。このことは最終章で、四つ組を抽象化したユングの公式と関連付けてさらに詳しく論じられるでしょう。

ユングはある手紙の中でこの公式はエゼキエルのヴィジョンに基づいていると告げています。[147] エゼキエルのヴィジョンは旧約聖書全体の中でもっとも洗練された神イメージであり、すべての西洋文明の中核にあります。このイメージはキリスト教芸術や、マンダラの中に取り上げられています。同じイメージがユダヤ神秘主義に現れています。ゲルショム・ショーレムがメルカバ Merkabah 神秘主義について書いていますが、それは王位あるいは戦車の神秘主義を意味します。[148] エゼキエルのヴィジョンは偉大なる王位－戦車のイメージなのです。その仕上げとして、現代の深層心理学は同じイメージをとりあげ、最も分化した形で自己を視覚化するための基盤として用いました。これはエゼキエルのヴィジョンが西洋人の心にとって中核的な重要性を持つということについて、幾つかのアイディアを与えてくれます。

私が見ていると、……北の方から激しい嵐と大いなる雲がやって来て、火を発し、周囲に光を放っている。……またその中から四つの生き物のようなものが出てきた。……おのおの四つの顔を持ち、……おのおのに四つの翼があった。……翼の下には……人の手があった。……おのおの正面には人の顔を持っていた、……右の方に獅子の顔、……左の方に牛の顔、そして……後ろの方に鷲の顔を持っていた。……この生き物の真ん中には燃える炭火のようなものがあり、……〔生き物の中を〕行き来

145 *Memories, Dreams, Reflections*, p.198.〔『ユング自伝1』（河合隼雄他訳、みすず書房、一九七二年）281－282ページ〕
146 CW12, pars. 154, 198, 232.〔『心理学と錬金術Ⅰ』165、206、233ページ〕
147 *Letters*, vol.2, p.118.〔『書簡集』〕
148 *Major Trends in Jewish Mysticism*, pp. 40ff.〔『ユダヤ神秘主義〈新装版〉：その主潮流（叢書・ウニベルシタス）』（山下肇他訳、法政大学出版局、二〇一四年）〕

していた。

私が生き物を見ていると、生き物の傍らの地に車輪があった。四つの生き物おのおのに一つずつ車輪があった。……［その車輪の］外観は、……緑柱石のように輝いていた。……［それらは］四方のいずれの方向にも進み、……四つの車輪には外枠と車軸とがあり、その外枠には周囲一面に目がついていた。……生き物が進むと、車輪も進み、生き物が地から引き上げられると、車輪もともに引き上げられた。……

生き物の頭上には、水晶のように輝く大空のようなものがあった、……そして……私は翼の羽ばたく音を聞いたが、それは大水の音のようだった……。

生き物の頭上にある大空の上に、王座の形をしたものがあり、サファイアのようだった。［その上に人のような姿をしたものが座っていた］。……そして腰から上方には火の形のような光る青銅のようなものが、……そして腰……から下の方には……火のようなものを見た。そしてその周囲に輝きを放っていた。［雨の日の雲にかかる虹のようであった］。主の栄光とはこのようなものだろうと思われた。

（エゼキエル書1：4 - 30、RSV）。

これはヌミノースのすばらしいヴィジョンであり、高度に四重の四つ組に分化しています。生き物の四つ組と輪の四つ組ですが、おのおのの生き物は下位の四つ組で、それはちょうど図25のようです。『アイオーン』のパラグラフ392で、ユングは錬金術の絵に言及し、それを説明する詩をラテン語で引用しています。以下がその英訳です。

汝、自然の仕事を模倣せんとする者は、この四つの輪を探さねばならない。

その中では輝く火が燃えている
最も下なる輪は火山とつながりがある。第二はメルクリウスを表し、第三は月 luna を意味する。第四はアポロ、自然の火とも呼ばれる。
この連鎖が汝の両手を導かんことを。〔訳書 275 - 276 ページ〕

ユングは続いてこの象徴体系について論じています。まず四要素について言及しています。上から下に向かって、四要素とは大地、水、空気、火であり、太陽、月、火星、地上の火であるヴァルカン〔十九世紀に彗星の内側にあって地球に一番近いとされた惑星〕に対応しています。アポロあるいは太陽は大地に関連しています。テクストを注意深く読むと、それは驚くべきものではありますが、その分類は正当であり、恣意的ではないことがわかります。

次にユングは、これら四要素を物質の四つの凝集状態、つまり固体、液体、ガス、炎に関連付けています。絵の中のイメージから、あらゆる要素に共通な特徴は火、すなわちエネルギーであるということが分かります。このことは心理学的には何を意味するのでしょうか？　心的内容は心的エネルギーないしはリビドーの凝集だということを意味していると、私は理解しています。これは、本当は近代物理学が発見した、物質とエネルギーは同じ現象の二つの表現であるという事実を述べることに他なりません。物質をエネルギーに変えることができる（$E=mc^2$）ということをわれわれは知っています。このイメージは、同じことが心にも当てはまるということを示しています。心的内容 psychic content はそのエネルギーの容量 energy content のおかげで存在するのです。

また、顕われ方はエネルギーの活性レベルによって決定されるということもできるのです。無意識の内容あるいはコンプレックスは、それが活性化されるまで全く休止状態のままでいることになります。エネルギーがほとんど蓄積されていないうちは、それは、いわば地です。ほとんど固まった状態にあります。しかしもし熱せられ、活性化されると、それは水や空気や火に変ります。これはよく考えるべき考えです。心的内容はすべて、異なる様式で現れるエネルギーの顕現であり、活性化のレベルの違いによって異なるのだと考えてみてください。

ユングは四つの火の玉―アポロ、火山、ルナ、メルクリウスについて述べています。そしてそれらのうちの三つは分かりやすいが、一つは両価的であると述べています。その一つというのは二重のメルクリウスです。これは、三つの実在物が、普通ではない四つ目のものによって結びつくという、典型的なイメージです。ユングはパラグラフ397で次のように述べています。

もしこの四つ組を空間の三次元性から見るならば〔彼はパラグラフ396で高さ、奥行き、幅、時間が描かれている図について言及しているが、それらはアポロ、火山、ルナ、メルクリウスの位置に描かれている〕時間は第四の次元と捉えることができる。しかしながら、もしこの四つ組を時間の三次元性―過去・現在・未来―という点から見るならば、静的な空間が第四の単位として加わる。というのも、空間の中で〔時間の三次元的な展開である〕状態の変化が生じるからである。いずれの場合も、第四のものは同一の尺度ではかることのできない他者を示している……こうしてわれわれは、時間によって空間を、空間によって時間を計ることになる。〔訳書279ページ〕

ユングは続けて次のように述べています。

空間・時間の四つ組は、物質的世界を理解するための元型的な必須条件 sine qua non である。実際、まさしくそれを理解する可能性があるといえる。それはもろもろの心的な四つ組の中でも特に有機的構造を与える図式である。（パラグラフ398、訳書279ページ）

ここでユングは、心と物質的世界との間に架橋する革命的な洞察を表明しています。それは、要するに、物質の物理学的な世界の中で機能し、それと関連付けて知る能力は、自己の表現であり、四つ組の表現であるということです。この洞察は哲学者イマヌエル・カントの初期の発見に基づくものであるということを知っておくことは重要です。これはユングを理解する上で不可欠のことです。

カントの基本的なイデア〔観念〕とは、外界の知覚と理解は、精神のア・プリオリな［／先験的な］形式あるいはカテゴリーに従って構造化される、というものです。われわれが対象という外界を知覚する時、われわれが行っているように、それは空間という三次元の中に配置され、時間と呼ばれる連鎖の中で繋がりますが、これらの空間と時間の構造は外界に存在するものではありません。それらの構造は、われわれの精神が、生《なま》の物理的な感覚の上に押し付けたり投影したりするものであって、それによって外界を理解するのです。空間と時間の秩序ある宇宙を創り出すのは精神です。カントの発見は認識論、知の科学にとって画期的なものでした[149]。

時空間の四つ組をこのように記述する際、ユングはカントのイデアを自分の自己の発見に取り入れています。この影響は甚大です。というのも、一つの理由として、心を知覚することと物理的世界を知覚することとは「カントの考え方を取り入れれば」重なるということを示しているからです。いずれも自己という器官を通して知覚されます。ユングはこのようなことをパラグラフ381での言述で仄めかしています。

> **四つ組は特に有機的構造を与える図式で、ちょうど望遠鏡の中の十字交差した線のようなものである。それは座標系であり、混沌とした多種多様なものを分けて整理するのにほとんど本能的に用いられる。例えば、地球の目に見える表面を分ける時、あるいはその年の経過や個人の収集品をグループに分ける時などに。〔訳書269ページ〕**

ユングが特に述べているわけではありませんが、ここに暗示されているのは、カントもこれと同じことをしていたということです。それは、外界からの感覚を知覚し秩序づける時に、時・空間のイメージという四つ組を用いていることをカントが発見したからです。このイメージは、われわれの知覚という望遠鏡の中の座標系の一つの変奏といえます。

ユングは、多くの出典から、四つ組の組み合わせに類似したイメージ群を指摘しています。それにはクレメンスの創造神話も含まれています。

> **私は……『クレメンスの第一の手紙』の独自の世界創造論に言及しておきたい。神においてプネウマ〔霊気〕とソマ〔身体〕とは一つである。両者が分離するとき、プネウマは息子として現れる。……しかしソマ、つまり実際の実体〔*ousia*〕あるいは物質〔*ule*〕は四つの要素に対応して、四つに分かれる（パラグラフ400、訳書280ページ）。**

そしてそこから、心が、多くのシジギー、対になった対立物が、現われるのです。またしてもこの素材は、余りに濃縮されていて理解するのが非常に困難です。ここでは図27の形で整理してみました。

この基本的なイメージはユングにとって重要で、これについては、前の部分、パラグラフ99〔訳書73

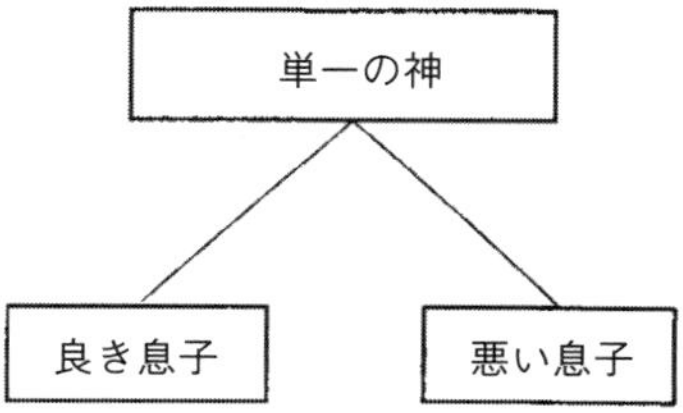

プネウマ*／精神	•	物質 （四元素ー火、気、水、地ーが悪魔を生み出す）
天	•	地
昼	•	夜
男性	•	女性
光	•	闇**
太陽	•	月
生	•	死
アダム	•	イヴ

図 27　クレメンスの創造のイメージ

図はクレメンスの創造神話、初期のキリスト教の神イメージを示す。初期のキリスト教の神は対立物を含んでいた。図の頂部で、神は、自身から一連の対立物のペアを展開させる。それは、良い息子もしくは霊と、悪い息子もしくは物質から始まる。物質はさらに四元素へと分裂し、それらが混合することで悪魔が生まれる。引き続いて、さらなる対立物のペアが神から発出する。

＊　〔原著の Pnema は Pneuma の誤りと思われる〕
＊＊〔原著の Fire は fear の誤りと思われる〕

ページ」で述べています。そこでユングが述べているクレメンスの神のイメージは、神の右手は善で左手は悪というものです。ここパラグラフ400では、同じイメージが別の形になっていて、単一の神が良き息子と悪い息子とに分かれます。良き息子は、右手、右の腕で、いわばプネウマ／精神です。悪い息子は物質で、この物質はさらに四つの要素に分かれ、そこから悪が生じます。これこそ、まさに対立物の最初のペアです。単一の神から生じるその他の対立物には、天と地、昼と夜、男性と女性、光と闇、太陽と月、生と死、アダムとイヴがあります。これはカバラのセフィロートの木に極めて近いもので、また、神性が一連の対立物の中に流出していくイメージでもあります。[150]

クレメンスの概念はユングにとって重要なものです。というのもそれは、初期の神イメージが、明らかに対立物を包含し、分裂していないことを示しているからで、それは、キリスト教のテクストのなかに表現されているキリスト教のイメージですらあったのです。それは、対立物を調停するものとしてのユングの自己の概念を予兆するものでした。

149 カントのイデアについての入門書としては、Will Durant の *The Story of Philosophy*『哲学の物語』を参照されたい。

150 *Mysterium Lectures*, pp. 39ff.〔『神秘講義』〕を参照されたい。

25. パラグラフ402－429

自己の構造と力動（承前）

前章において、ユングが時空の四つ組を二つの異なる方法でどのように語っているかを考察しました。一方では、空間の三つの次元が三つの項を構成し、時間が四番目の項を構成するというものです。もう一つの見方は、時間には過去・現在・未来という三つの位相があって、四つ組の四番目の項は空間である、というものです。

最初の見方の一例は一九八八年十月八日号のロスアンジェルス・タイムズに見られます。英国の哲学者、アルフレッド・J・エア卿の臨死体験、「恐るべき無神論者」がかなり詳細に議論されました。彼は、自分の心臓が四分間止まっている間の体験を語りました。彼はこう述べています。

私の面前には赤い光があって、きわめて明るい、とても痛い光で、それに背を向けても痛いほどでした。この光が宇宙の統御を担っているのだとわかりました。その支配者のうち、空間を司ってきたのは二人の生物でした。［空間が秩序を保って働くのを見守るのを任されたのですが、失敗し、空間は］うまく合わないジグソーパズルのようになってしまいました。

エア卿の話によりますと、突然混沌とした状態になった自然の秩序を正しく戻し、同時に、「その空間が歪んでいる」と警告を発しているように思われたその痛々しい赤い光を消してしまう必要がある、という感情を覚えているとのことでした。アインシュタインの一般相対性理論が時間と空間とを全体として扱っていることを思い出して、時間に働きかけることで空間を治すことができると思った、とエア卿は語りました。支配者と再び接触をしようと試みて、

私が思いついたとっさの処置は、時計を振りながらあちこち歩き回り、彼らの関心を、私の時計そのものではなく、それが計っている時間の方へ向けることを期待する、というものでした。何の反応も生じませんでした。私はだんだん絶望的になりましたが、ついにその体験が終わりました。［そして彼の心臓は再び鼓動を始めたのです］。

宇宙の「赤信号」というこの状況でエア卿が遭遇したのは、歪んだ空間でした。そして、そこに欠けているのは「第四のもの」だということを知りました。これこそ、彼が自然の三重の性質〔空間の三次元のことをさす〕にもたらそうとしたものだったのです。この第四のものとは時間です。エア卿の話は、ユングの空間―時間の四つ組というイデアを例示するものです。

ユングはここで続けて、原人間、影、楽園、ラピスという四つ組／四位一体性を精緻なものにしています。パラグラフ403から407〔訳書283‐285ページ〕で、ユングは、この一連の四つ組が、キリスト教時代《イーオン》の歴史的、文化的なプロセスの中でどのように表れてきたかについて語っています。ユングは、一連の四つ組を集合的な心の歴史的な発達に対応するものと見ています。

最初の五〇〇年、紀元五〇〇年までは、原人間の四つ組、霊的なspiritual領域に対応すると言えます。それは、その時代の集合的な態度を反映するものです。プネウマ的〔／霊気的〕、霊的な領域で、この

世のものではありません。紀元五〇〇年から一〇〇〇年までの時代は、影の四つ組に対応し、これは動物の領域を指していますが、肉体を持つ人間も含まれています。この時期は、教会が世俗的なものとなり、その厳格で霊的なアプローチを失った時代に対応する、とユングは述べています。教会が、いわば、降りてきて、肉体を持つ人間と関係をもったのです。（実際、何人かのローマ教皇自身が、かなりのことをして肉体まで降りてきています）。

紀元一〇〇〇年から一五〇〇年は楽園の四つ組に対応し、われわれはそれを植物の象徴体系と結びつけました。ユングはそれを、歴史的に、錬金術の出現と発展に関連付けています。紀元一五〇〇年から二〇〇〇年の時期を、ユングはラピスの四つ組と関連付け、物質という無機的な領域を指すもの、科学による物質主義と物質の神格化の時代を指すものとしています。ユングのイデアでは、全時代《イーオン》は、集合的な心に関する限り、これらの四つの四つ組を通る、循環のプロセス a *circulatio* process であったのです。

この四〇の四つ組が歴史的にどのように顕現するかを議論する過程で、ユングはそれをまとめるような興味深い叙述をしています。現代人の心はもはや、初期の教会に見られたプネウマ的「／霊気的」態度のような、上方だけを指向する心というのは想像できない、と言うのです。

キリストを通してのみ、人間は、この意識というものが神と世界の間を仲介するのを現実に目の当たりにし、キリストという人物を信仰の対象とすることによって、仲介者としてのキリストの地位を、徐々に自分のものとしていったのである。二人の強盗の間に挟まれて十字架に架けられたキリストを通して、人間は次第に自分の影やその二重性についての知識を手に入れていったのである。この二重性は、すでに、蛇の二重の意味によって先取りされていた。蛇が救済する力を表すと同時に堕落させ

る力を表すように、強盗の一人は上方へ、もう一人は下方へと定められている。それと同じように、影も、一方では嘆かわしい、非難されるべき弱点を意味するとともに、他方では健全な本能とより高い意識に欠くことのできない条件を意味している。

このように、仲介者としての人間の地位を相殺する影の四つ組がその居場所を得たのは、その地位が十分にリアルなものとなり、人間が自分自身の意識とか自分自身の存在を、神への依存と神による支配よりも強く感じる時である。(パラグラフ402以下、訳書282ページ)

その叙述には重要なことが詰まっています。ユングが言及している基本的なイデアとは、人間は神と世界の仲介者として存在する、というものです。この象徴的な位置は、最初は、神の息子であり、上から降りてきたキリスト、同時に人間という肉体に受肉したキリストのイメージによって提示されていた、とユングは言います。このように、キリストは、神と世界の間を仲介する働きをしていたのです。それからユングは、人間が自ら熟慮の対象になる、つまり人間が仲介者であるキリストを崇拝することは、自分自身がその役割を引き受けることの一種の前奏として働く、という注目すべきイデアを表明しています。このイデアに付随するもう一つの側面が、「二人の強盗の間に挟まれて十字架に架けられたキリストを通して、人間は次第に自分の影やその二重性についての知識を手に入れていったのである」という言葉です。正典の十字架のイメージは、それは実際には三重の十字架であったというものです。キリストの両側に強盗が一人ずつ同時に十字架にかけられていました。二人の強盗のうち、左側の方はキリストを罵り、右側の方はキリストを祝福しました。その結果、キリストを罵った強盗は死んでから地獄へと落ちていき、キリストを祝福した強盗は天へと昇っていったのです。十字架への磔は対立物の間で生じ、二人の強盗が別の方向に向かったことで、天と地獄という二つの領域を一つにしたのです。このイメージは、数えきれないほどの教会の奉仕活動や、数え切れないほどの芸術的な描写において熟慮されてきたものですが、影や対立物に関する意識的な知識をわれわれに用意するという無意識的な効果を持っていたのだとユングは語ります。

四つの四つ組を組み合わせたものから抽象化されたユングの公式は、パラグラフ410に図示されています〔訳書287ページ〕が、ここでは図28に再録しています。それは抽象的な四重の四つ組で、静的な本体（entity）と考えることもできますし、AからDへと時計方向に持続的に動き、それを繰り返すという円環的なプロセスと考えることもできます。

既に述べたように、この公式はエゼキエルのヴィジョンと極めてよく似ています。この公式では、四つの四つ組のそれぞれが、四つの角に自分自身と他の三つの四つ組の表象を持っていることに気づかれるでしょう。この特徴に対応しているのが、エゼキエルのヴィジョンでは四つの生き物それぞれが四つの顔をもつ―天使、牛、獅子、鷲の四つですが―という点です。しかし、この公式とエゼキエルのヴィジョンとの間には違いもあります。というのも、ヴィジョンにおいては、それぞれの生き物がその横に車輪を持っていて、それはちょうど公式においてそれぞれの四つ組がその横に文字を持っているのと同じなのですが、ヴィジョンにおいては車輪がすべて同一であるのに対して、公式においては文字が異なっているからです。それで、公式の方は、ヴィジョンが到達しているよりもさらに高いレベルの分化を遂げていると言えます。

図28は、この公式が作業法においてどのように働き、どのように利用され、想像されうるかについて、

例示するものでもあります。たとえば、四つの項をA、B、C、Dとして、それぞれが四元素を指すものとしてみましょう。つまりA＝火、B＝気、C＝水、D＝土、としてみます。

一番上から始めると、火は四重の分化を遂げ、原初の火が四つの異なる種類の火へと分化しますが、これは、錬金術の四つの異なる火のイメージと対応しています（パラグラフ393、訳書275－277ページ）。それからプロセスは次の本体であるB（気）へと移り、これも分化を受けて四種類の気になります。同じような一連のプロセスがCの水、Dの土にも起こります。

これと同じ一連のプロセスに、A、B、C、Dで表わされる四つの心理学的機能をあてることもできます。Aを直観、Bを思考、Cを感情、Dを感覚としてみましょう。それぞれの機能が、循環（*circulatio*）というこのプロセス全体の経過の中で、四重の分化を通っていくことになります。ユングの公式に暗に示されているのは、このように展開していく分化のようなものが、個性化の過程においてもまさに生じるのだということです。ユングはこのことをパラグラフ410でより簡潔にまとめていて、マンダラの回転について語っています。

心的内容が四つの側面に分解する場合、それは、心的内容が、四つの指向性を持つ意識の機能による区別（discrimination）を受けてきたということを意味する。これらの四つの側面が生じることによって初めて、全体的な記述が可能となる。われわれの公式によって描写されるプロセスは、もともとは無意識であった全体性を、意識的な全体性へと変える。原人間は上から降りてきてBの影を通り、Cの自然（Physis）（＝蛇）へと至り、D（＝ラピス）の一種の結晶化の過程を通して、混沌が秩序へ

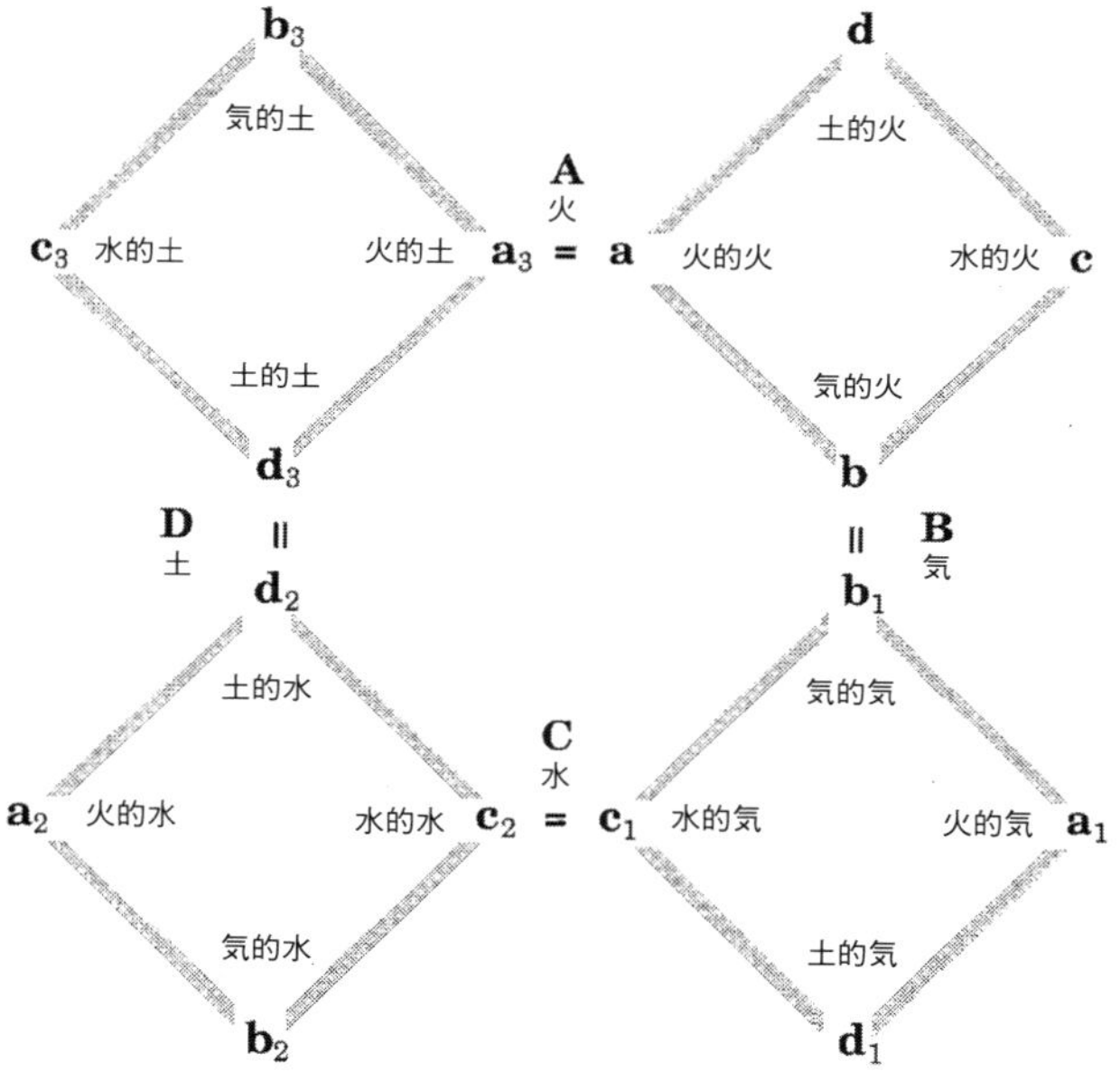

図 28　自己の公式

ユングによる、四重の四つ組を一般的な公式への抽象化がここに示されている。この公式を四元素の分化へと応用した一例が括弧内の用語で表されている。A から D へと時計回りに回ると、それぞれの元素の側面が分離される。

と変えられ（reduce）、再び上昇して原初の状態へと至る。この間に無意識なものから意識的なものへと変容が生じた。意識と理解は、区別によって生じる。〔訳書287ページ〕

ユングはその後、この十六項からなる公式との並行性を示しています。ここで扱っているのは、十六という数の象徴体系です。十六は四つの四つ組です。たとえば、パラグラフ414の四行四列の表を考えてみましょう〔訳書290ページ〕。これは図29に再録しています。

第1列は、錬金術作業の側面を指しています。第2列は四元素です。錬金術作業の四つのタイプのそれぞれが、水、土、気、火という四元素の一つと関連付けられています。第三列は、これら四つの作業の背後にある理念を指しています。そして第四列が指しているのは心理学的な本体entityで、錬金術作業の四つの側面に適応されるものです。この列の第四項、全体の配列では十六番目の項が、神秘的なもの、曖昧なもので、四つのものを並べると四番目の項目は大体そうなります。それは神秘であり、それに先立つすべての項の目標でもあります。実際には名付けることのできない神秘です。それは「秘密物質arcanum」と呼ばれるものです。

ユングはこの十六部構成の図式を、『心理学と錬金術』の中でもう少し詳細に示していますが[151]、そこでも、ユングが言いたいことを正確に理解するためにはかなりの労力が必要です。ユングはここでは、十六部構成の配列の一例として、さらに四つ組から作られる十六項目の系列として、この図式を示して

151　CW12, pars. 366ff.〔『心理学と錬金術II』49 - 54ページ〕

錬金術作業の四つのレベル	四つのレベルに関連する元素	四つのレベルに関連する概念	四つのレベルの心理学的側面
自然物についての作業	水	化合物、自然物についての観念	感覚 知覚
自然物の様々な部分を区別する作業	土	区別された物についての観念	知的区別
自然から魂を区別する作業	気	「単純なもの」についての概念（プラトンの観念など）	理性
知による自然についての作業	火	一層単純なものについての概念、例えばエーテル、や本質など	秘密物質

図 29　錬金術のプロセスの十六項図

ここに示した十六項図式のさらなる例は、錬金術のテクストに基づくものである。錬金術の作業の四つのレベル（第一列）、四元素の比喩的なイメージ（第二列）、作業で用いられる基本的概念（第三列）、心理学的要因（第四列）の間の並行性が示されている。

います。パラグラフ416〔訳書291ページ〕では、第二の類似物として、キルヒャーの四つ組の体系も持ち込んでいます。ユングの説明によると、キルヒャーの理念とは、一、一〇、一〇〇、一〇〇〇という数と関連する四つの異なるレベルがあって、それらは四つの四つ組と類比される、というものです。キルヒャーは、一という数を神と同定し、万物の根源であるとしています。そして二を一〇、二元性、霊的spiritualな世界とし、三を一〇〇、魂と知の領域、四を一〇〇〇、身体と具体的事物の領域であるとしています。

ここで再び見えてくるのが、上から下へ向かう一連のもので、これは、ユングが四重の四つ組に適応して、原人間の四つ組という霊的領域から、ラピスの四つ組の粗野な物質の世界まで降りてきたのと同じような形になっています。ユングがこれらの並行性から示そうとしているのは、心には四重の四つ組を生み出そうとする傾向がある、ということではないかと思います。

最後に、水瓶座の時代 the aeon of Aquarius というテーマについて考えたいと思います。これは『アイオーン』という本を離れることになりますが、それはユングが水瓶座の時代については何も語っていないからです。私がそれを述べようと思っているのは、それが今まで述べたことすべての論理的な帰結だからです。『アイオーン』の口絵〔日本語版では省略されている〕に戻ってみましょう。この講義もここから出発しました。これはミトラの神、アイオーンの絵で、人間の姿で、翼をつけていて、ライオンの頭を持ち、それを巨大な蛇が取り巻いていることが思い出されます。このイメージは、ユングが無意識との直面を体験した際に浮上してきたイメージでもあります。これは『ユング自伝』の中には書かれていませんが、一九二五年のセミナー〔の記録〕の中に見つけられるもので、『ユング自伝』の中では部分的にしか再録されていないことがわかります。ユングはエリアとサロメとの出会い、そして無意識への下降について述べています。ユングが出会ったサロメとエリアには蛇が一緒にいました。

それからとても耐え難いことが起こった。サロメは私にとても興味を抱き、私が彼女の盲目を治すことができると思ったようだった。彼女は私を拝み始めた。私は言った、「なぜあなたは私を拝むのですか」。彼女は答えた。「あなたはキリストだからです」。私が反対したにもかかわらず、彼女は自分の主張を曲げなかった。私は言った、「狂気の沙汰だ」。そして懐疑的な抵抗の気持でいっぱいになった。それから私は、蛇が近づいてくるのが見えた。蛇は私のすぐそばまで来ると私に巻きつき、そのとぐろの中で私を締め付ける。そのとぐろは私の心臓の高さまであった。私は苦闘しながら、自分が磔の姿勢をとっていることに気がついた。苦悶と苦闘の中で、私はひどく汗をかいたので、水が流れ落ちて私の周りを取り巻いた。するとサロメが立ち上がった。彼女の目が見えるようになった。蛇が締め付けている間、私は自分の顔が、犠牲の獣であるライオンかトラの顔になっているのを感じていた。[152]

これはアイオーンのイメージと並行しています。それでは、このヴィジョンはどういう意味があるのでしょうか。私が思うに、それが意味することの一つは、ユングは新しい時代《イーオン》を代表する最初の人物the first representativeであり、彼の体験はアイオーンの神the god Aionと同一化するというイニシエーシ

152 *Analytical Psychology, Notes of the Seminar Given in 1925 by C.G.Jung*, p.96.［『分析心理学セミナー』（横山博監訳、みすず書房、二〇一九年）120－121ページ、『分析心理学セミナー1925』（河合俊雄監訳、創元社、二〇一九年）100ページ］

ヨンを通過するためのものだったということでしょう。ユングは新しいアイオーン〔という神〕であり、新しい時代の先駆者である—それをユングの時代 the Jungian aeon と私は呼んでいますし、将来そう呼ばれるようになると思います。ユングが魚座の時代〔の真相〕をつかみ、まとめることができたのは、ユングがその時代の外にいたからでしょう。何かを眺める時に、既に外に出ていない限り、その全体を客観的に眺めることはできません。ユングは、いわば、次の時代《イーオン》にいたのです。キリストが魚座の時代に入った最初の人物であったように、ユングは水瓶座の時代を除幕した最初の人物であったのです。

ここから導き出される問いを簡潔に言うと、水瓶座の時代の性質とはどんなものだろうか、となります。これまで、われわれは魚座の時代について話してきたのですから。

「水瓶」という言葉には、私の知る限り三つの異なる解釈があります。「水の人 water man」〔渡し守、船頭、水の精、など〕、「水を運ぶ人 water carrier」〔水上輸送、送水管、雨雲、など〕、「水を注ぐ人 water pourer」。水瓶座は、人が水差しの容器を運んでいる姿の絵で示されます。水差しから水を注いでいる場合もあれば、水差しをただ運んでいるだけの場合もあります。これは三つの異なることを示唆しているます。一つは、水がめ座は人間の姿をしていて、動物とか魚の姿ではないということで、水瓶座の時代は、やはり、人間の本性を持つものとなるだろう、ということです。さらに、その姿が、魚のように水に浸かっているというよりもむしろ、水を運んでいます。これは、二つの時代が、心と全く異なる関係を持つだろうことを示唆します。それに浸かっている魚であるのと、水を運ぶ者、注ぐ者であることとは別のことです。三つ目は、そこには容器のイメージがあります。それが暗に示すのは、錬金術の容器の象徴体系と心を容れる能力であって、それに容れられるのではありません。心的な魚の池に容れられている魚である代わりに、個人が心《サイキ》を意識的に運び、施す者となるのです。
マルコとルカとは、キリストが弟子の二人に指示して最後の晩餐を用意させたことを詳しく記しています。キリストはこう言いました。「町へ入ると、水がめを運んでいる男に出会う。その人について行きなさい」（マルコによる福音書14：13；ルカによる福音書22：10、JB）。

この男はその二人の弟子を家に連れて行きました。[153]その家に行って二階に上がると、過ぎ越しの祭り、つまり最後の晩餐を行うことになっている部屋があるのです。これは2000年後に到来する時代のイメージであり、魚座の時代の始まりの時においてすら見えていたものなのです。それは、キリストのある種の象徴的な側面にも対応しています。キリストは、水を運ぶ者、水を施す者として描かれました。井戸のそばのサマリア人の女性に、彼〔キリスト〕は、もし彼女が一杯の水を求めるなら、彼女のために永遠の生きた水を施すだろうに、と言ったからです（ヨハネによる福音書4：10）。

磔にされて、キリストの脇腹が刺された場面にも、キリストから流れ出る水の流れのイメージがあります。これらのイメージは、ある意味では、キリストは水を施すものとしての水瓶座を予示していたことを教えてくれます。しかし、彼が施した水は、さらに施すものを生み出すことはありませんでした。それは水を運ぶものよりもむしろ、魚を生み出しました。というのも、教会が水の運び手、魚の池となり、その中で信心深い魚が泳いできたからです。誰が水を見つけたのでしょうか。それを見つけること

153　私はこの一節に私の注意を向けてくれたスティーヴ・ガリポー Steve Galipeau に感謝する。

がなかったのは誰か、はわかります。魚です。今いえるのは、それを見つけた人が水瓶座だということです。ユングが水を見つけたのです。

もしこの象徴体系に関する私の読みが正しければ、水瓶座の時代は個別的な水の運び手を生み出すことでしょう。心のヌミノースな現実は、もはや、宗教的な共同体―教会、シナゴーグ、モスク―によって担われるのではなく、その代わりに、意識的な個人によって運ばれるということになるでしょう。これこそ、ユングが、持続的な受肉という観念の中で推し進めたイデアであり、それぞれの個人が、持続的に聖霊を受肉する容器となるべきだというイデアです。彼はこのイデアを、次に書いた著作『ヨブへの答え』の中でさらに十分に展開しています。しかしそれはまた別の物語です。

『アイオーン』英語版の訂正と補足

（日本語版はドイツ語版を底本にしていて、エディンジャーによる指摘の多くは日本語訳では修正がなされているため、日本語訳で修正、補足が必要な部分のみ、記している）

訳本384ページ、注50：引用はThe Pseudo-Clementine Homilies〔『偽クレメンス説教集』より。Roberts and Donaldson, The Ante-Nicene Fathers, vol.8, pp.339f〔『ニケーア以前のキリスト教教父著作集』〕所収。

訳本384ページ、注51：引用はThe Ante-Nicene Fathers, vol.8, pp.334〔『ニケーア以前のキリスト教教父著作集』〕

訳本384ページ、注53：『クレメンス説教集』Ⅶは㈧の誤り

訳本419ページ、注57：ルランドゥス『錬金術辞典』203ページ（訳本では189ページ）は128ページの誤り

訳本419ページ、注66：『反証』Ⅴ、16、2はⅤ、11の誤り

訳本421ページ、注79：この言葉の原点は、現在ではナグ・ハマディ文書のトマスによる福音書に由来することが知られている

文献

Aeschylus. *Agamemnon.* Trans. H. Weir Smyth. *Aeschylus.* Vol. 2. Loeb Classical Library. Cambridge: Harvard University Press, 1983.（『アガメムノーン』久保正彰訳、岩波文庫、一九九八年）

——. *Seven Against Thebes.* Trans. David Grene. *The Complete Greek Tragedies.* Vol. 1. Ed. David Grene and Richmond Lattimore. Chicago: University of Chicago Press, 1959.（『ギリシア悲劇〈1〉』高津春繁訳、ちくま文庫、一九八五年）

Alighieri, Dante Gabriel. *The Divine Comedy.* Trans. Lawrence Grant White. New York: Pantheon Books, 1948.（『神曲［I］地獄篇』寿岳文章訳、集英社、二〇〇三年）

Augustine, Aurelius. *The City of God.* In *The Works of Aurelius Augustine, Bishop of Hippo.* Vol. 2. Trans. and ed. Marcus Dodds. Edinburgh: T.T. Clark, 1934.（『神の国（全5冊）』服部英次郎・藤本雄三訳、岩波文庫、一九九九年）

Benedict of Nursia, St. *The Rule of Saint Benedict.* Ed. and trans. Abbot Justin McCann. London: Bums Oates and Washboume Ltd., 1952.（『聖ベネディクトの戒律』古田暁訳、すえもりブックス、二〇〇一年）

Budge, E.A. Wallis. *The Book of the Dead.* New York: Dover Publications Inc., 1967.（『エジプトの死者の書』今村光一訳、たま出版、一九九四年）

Burtt, E. A., ed. *The Teachings of the Compassionate Buddha.* New York: Mentor Books, 1955.

Cumont, Franz. *The Mysteries of Mithra.* New York: Dover Publications, Inc. 1956. (『ミトラの密儀』小川英雄訳、平凡社、一九九三年)

Durant, Will. *The Story of Philosophy.* New York: Simon and Schuster, 1953.

Durant, Will and Durant, Ariel . *The Age of Louis XIV.* New York: Simon and Schuster, 1963.

—— . *The Age of Napoleon.* New York: Simon and Schuster, 1975.

Edinger, Edward F. *Anatomy of the Psyche: Alchemical Symbolism in Psychotherapy.* La Salle, IL: Open Court, 1985. (『心の解剖学』岸本寛史・山愛美訳、新曜社、二〇〇四年)

—— . *The Christian Archetype: A Jungian Commentary on the Life of Christ.* Toronto: Inner City Books, 1987.

—— . *The Creation of Consciousness: Jung's Myth for Modern Man.* Toronto: Inner City Books, 1984.

—— . *Ego and Archetype: Individuation and the Religious Function of the Psyche.* Boston: Shambhala Publications, 1992.

—— . *The Living Psyche: A Jungian Analysis in Pictures.* Wilmette, IL: Chiron Pub lications, 1990.

—— . *The Mysterium Lectures: A Journey through* C.G. *Jung's Mysterium Coniunc tionis.* Toronto: Inner City Books, 1995.

Eliot, T.S. *Four Quartets.* New York: Harcourt, Brace and Company, 1943. (「リトル・ギディング」『四つの四重奏』174ページ)

Evans, R. *Jung on Elementary Psychology.* New York: E.P. Dutton and Co., Inc., 1976. (『無意識の探求―ユングとの対話』浪花博・岡田康伸訳、誠信書房、一九七八年)

Goodenough, Erwin R. *Jewish Symbols in the Greco-Roman Period.* Vol. 5. New York: Bollingen Foundation, 1956.

Harrison, Jane. *Prolegomena to the Study of Greek Religion.* New York: Meridian Books, 1957.

Harter, Jim, ed. *Animals: Illustrations of Mammals, Birds, Fish, Insects, etc.* Orig. ed. 1419. New York: Dover Publications, Inc., 1979.

Heidel, Alexander. *The Babylonian Genesis.* Chicago: University of Chicago Press, 1963.

Hennecke, Edgar. *New Testament Apocrypha.* Ed. Wilhelm Schneemelcher. Philadelphia: The Westminster Press, 1963.

Homer. *The Iliad.* Vol. 2. Trans. A.T. Murray. Loeb Classical Library. Cambridge: Harvard University Press, 1960.（『イリアス〈上、下〉』松平千秋訳、岩波文庫、一九九二年）

—— *The Odyssey.* Vol. 1. Trans. A.T. Murray. Loeb Classical Library. Cambridge: Harvard University Press, 1984.（『オデュッセイア〈上、下〉』松平千秋訳、岩波文庫、一九九四年）

James, W. *Pragmatism.* New York: Longman's, Green and Co., 1909. Jonas, Hans. *The Gnostic Religion.*（『プラグマティズム』桝田啓三郎訳、岩波文庫、一九五七年）

Jonas H. *The Gnostic Religion.* Boston: Beacon Press, 1963.（『グノーシスの宗教』秋山さと子訳、人文書院、一九八六年）

Jung, C.G. *Analytical Psychology, Notes of the Seminar Given in 1925* (Bollingen Series XCIX). Ed. William McGuire. Princeton: Princeton University Press, 1989.

—— . *The Collected Works* (Bollingen Series XX). 20 vols. Trans. R.F.C. Hull. Ed. H. Read, M. Fordham, G. Adler, Wm. McGuire. Princeton: Princeton University Press, 1953-1979.

——. *Letters* (Bollingen Series XCV). 2 vols. Trans. R.F.C. Hull. Ed. G. Adler, A. Jaffe. Princeton: Princeton University Press, 1973.
——. *Memories, Dreams, Reflections*. Ed. A. Jaffe. New York: Random House, 1963.
——. *Nietzsche's Zarathustra*. Ed. J.L. Jarrett. Princeton: Princeton University Press, 1988.
——『結合の神秘Ⅰ』（池田紘一訳、人文書院、一九九五年）
——『結合の神秘Ⅱ』（池田紘一訳、人文書院、二〇〇〇年）
——『ユング自伝１』（河合隼雄他訳、みすず書房、一九七二年）
——『ユング自伝２』（河合隼雄他訳、みすず書房、一九七二年）
——『ヨブへの答え』（林道義訳、みすず書房、一九八八年）
——『無意識の心理』（高橋義孝訳、人文書院、一九七七／二〇一七年）
——『心理学と錬金術Ⅰ』（池田紘一・鎌田道生訳、人文書院、一九七六／二〇一七年）
——『心理学と錬金術Ⅱ』（池田紘一・鎌田道生訳、人文書院、一九七六／二〇一七年）
——『アイオーン』（野田倬訳、人文書院、一九九〇年）
——『心理学と宗教』（村本詔司訳、人文書院、一九八九年）
——『元型論』（林道義訳、紀伊国屋書店、一九九九年）
——『転移の心理学』（林道義訳、みすず書房、一九九四年）
——『哲学の木』（老松克博監訳、創元社、二〇〇九年）
——『タイプ論』（林道義訳、みすず書房、一九八七年）

——『パラケルスス論』（榎木真吉訳、みすず書房、一九九二年）

——『分析心理学セミナー』（横山博監訳、みすず書房、二〇一九年）

——『分析心理学セミナー 1925』（河合俊雄監訳、創元社、二〇一九年）

Jung, C.G. and Pauli, W. *The Interpretation of Nature and the Psyche.* New York: Pantheon Books, 1955.（『自然現象と心の構造』河合隼雄・村上陽一郎訳、海鳴社、一九七六年）

Leoni, Edgar. *Nostradamus and His Prophecies.* New York: Bell Publishing Co., 1982.

Mead, G.R.S., trans. *Pistis Sophia.* London: John W. Watkins, 1947.

Ostrowski-Sachs, Margaret. *From Conversations with* C. G. *Jung.* Zurich: Juris Druck and Verlag, 1971.

Patai, Raphael. *The Messiah Texts.* Detroit: Wayne State University Press, 1979.

Plato. *Selected Dialogues.* Ed. Edith Hamilton and Huntington Cairns. New York: Bollingen Foundation, 1963.（『パイドン―魂の不死について』岩田靖夫訳、岩波文庫、一九九八年）

—— *Timaeus.* Trans. Benjamin Jowett. In *The Dialogues of Plato.* Vol. 2. New York: Random House, 1920.（『プラトン全集〈12〉ティマイオス・クリティアス』種山恭子・田之頭安彦訳、岩波書店、一九七五年）

Plotinus. *Plotinus.* Trans. and ed. A.H. Armstrong. New York: Collier Books, 1962. Prabhavananda, Swami and Manchester, Frederick, trans. *The Upanishads.* Hollywood, CA: The Vedanta Press, 1983.

Roberts, Alexander and Donaldson, James, eds. *The Ante-Nicene Fathers.* Grand Rapids, MI: William B. Erdmans Publishing Co., 1986.

Ruland, Martin. *A Lexicon of Alchemy.* Trans. A.E. Waite. York Beach, Maine: Samuel Weiser Inc., 1984.

Scholem, G. *Major Trends in Jewish Mysticism.* New York: Schocken Books, 1941.（『ユダヤ神秘主義〈新装版〉：その主潮流（叢書・ウニベルシタス）』山下肇他訳、法政大学出版局、二〇一四年）
Schopenhauer, Arthur. *The World as Will and Representation.* Trans. E.F.J. Payne. Indian Hills, CO: The Falcon's Wing Press, 1958.（『意志と表象としての世界（I）』磯部忠正訳、理想社、一九七〇年）
Shakespeare, W.『お気に召すまま』（阿部知二訳、岩波文庫）
Thompson, John, ed. *The Book of Enoch.* Trans. Richard Laurence. Thousand Oaks, CA: Artisan Sales, 1980.
Untermeyer, Louis, ed. *Modem American Poetry and Modem British Poetry.* New York: Harcourt, Brace and Company, 1936.
Vaughn, Henry. *The Complete Poetry of Henry Vaughn.* Ed. Freuch Fogle. New York: Doubleday, 1964.
von Franz, Marie-Louise. *Alchemical Active Imagination.* Irving, TX: Spring Publications Inc., 1979.
——. *The Passion of Perpetua.* Irving, TX: Spring Publications, Inc., 1980.（「ペルペトゥアの殉教」『アイオーン』野田倬訳、人文書院、一九九〇年）
Waite, A.E., ed. *The Hermetic Museum.* New York: Samuel Weiser Inc., 1974.
Ward, Charles A. *Oracles of Nostradamus.* New York: Random House, Modem Library, 1940.

訳者あとがき

本書は、一九八八年から一九八九年にかけてEdward F. Edingerがロスアンジェルスの C・G・ユング研究所で行った連続セミナーを、後にユング派分析家Deborah A. Wesleyが編集した *The Aion Lectures: Exploring the Self in C. G. Jung's Aion*, Inner Books, 1996の全訳である。はじめに岸本と山が分担して下訳を行い、その後それぞれが全文を検討して、全体として統一できるように試みた。レクチャーの雰囲気が再現されるよう、語りかけるような口調で訳出してみた。

あとがきから読まれる方も少なくないと思われるので、ここでお勧めしておきたい。ぜひ本書のエディンジャーによる「まえがき」(11ページ〜)をまず読んでいただきたい、と。ユングの著書に興味を抱く人なら、この「まえがき」に惹きつけられない人はいないのではないか。『アイオーン』を手に取ったことがなくとも、きっと読み進めたくなるはずである。『アイオーン』がなぜ手強い書物なのか、そして、ユングがどのようなスタンスでこの本を書き、どのような書き方をしているのか。それを解き明かしているからである。同時に、「批判的な態度で読み始めるのならば、わざわざ読まなくてよい」と痛烈な一撃も浴びせている。批判は、その真価を正しく十分に理解した上でなされてはじめて実りのあるものになるのであり、俄か知識でユングのこの貴重な本が批判されるのは御免被りたい、という著者の『アイオーン』に対する熱い思いが伝わってくる。

『アイオーン：自己の現象学の研究』は、一九五一年ユングが七六歳の時に出版され、ユング全集の第九巻第二部に収められた。そこには、古典、キリスト教、グノーシス、錬金術、占星術などの膨大な資料が取り上げられており、しかもユングは、読者がそれらについての知識を持ち合わせていることを前提として、ほとんど説明することもないまま論を次々と展開している。そのため、多くの読者は、『アイオーン』を手に取っても、すぐに挫折し、諦めてしまうことになる。そこで、「ユングの素材をより分かりやすくしよう」との意図で書かれた本書が中継ぎとして登場した。しかし、本書は単なる中継ぎには止まらない意義を持っている。エディンジャーは「ユングは新しいアイオーンであり、新しい時代の先駆者である」（本書366ページ）と見定めているからである。『アイオーン』の意義を発掘し「後世に向けて」書かれたこの本（後述）を同時代人にも開いたエディンジャーの功績は見逃せない。

本書は、『アイオーン』をパラグラフごとに読み進め、「自我」「影」「シジギー：アニマとアニムス」と順に論じた後で、「自己」の問題に入っていく。ユング心理学を学んだことのある人ならば、これらは概念としてはすでに知っている用語ばかりであろうが、エディンジャーの語りに耳を傾けていると、単なる知的な理解ではなく、自分自身の体験と照らし合わせて、体感しながら、イメージしながら、読み進めることができる。ユングの他の著書や『ユング自伝』からの引用、エディンジャー自身の体験や臨床事例などが『アイオーン』と読み手の間にあるギャップを埋めてくれる。

そして本題の『自己』について議論となる。「ユングの『アイオーン』における自己の探究」という副題が示すように、「自己」は本書の中心テーマである。しかし、ここでいう「自己」は日常会話で使われる「自己」とか、ユング派以外の心理学で用いられる「自己」とは相当異なっている。ユング派分析家の重鎮であるMurray Steinが、「(自己) が心的領域に限定されたり含まれたりするのではなく、それを超えている。…むしろ自己が心的領域を規定するのである」と述べているように、ユングにとって自己は「超越的」なのである(Stein, M. 1998/2019)。

自己が「超越的」であるとはどういう意味だろうか。それはユング自身の凄まじい体験と関係がある。ユングは、一九一二年頃から、理解ができないような夢や、圧倒されるようなヴィジョンを見るようになり、精神的に危機的な状況に陥った。ユングは『自伝』の中で、この時期のことを「無意識との対決」と呼び、「すべての私の仕事、創造的な活動は、ほとんど五〇年前の一九一二年に始まったこれらの最初の空想や夢から生じてきている」(274ページ) と述べている。この間ユングは、アクティヴ・イマジネーションという手法を用い、無意識から生じるイメージや空想を『黒の書 *Black Book*』に書き留め (『黒の書』(英語版) が出版される二〇二〇年という年に、本書が日の目をみることになったことにも巡り合わせを感じる)、さらにヴィジョンや対話を絵に表現し、自分の解釈を加えて『赤の書 *Red Book*』にまとめた。そこに見られるのはユングの「個性化のプロセス」であり、彼のコスモロジーが確立されるまでの長い苦難の道のりでもある。一九一六年、自らの心の深みからやってきた死者との語らいを、三日で書き上げた『死者への七つ語らい』には、ユングのコスモロジーを見て取ることができる。また、一九一六年、はじめはそれが何を意味しているのか知らないままに、おびただしい数のマンダラを描く体験を通して、ユングは次のような考えに至った。「一九一八年から一九二〇年の間に、私は心の発達のゴールは自己であることを理解し始めた。それは直線的な発展ではなく、自己の周囲の巡行のみである。均一な発達は存在するが、それはたかだか最初のころだけで、後になると、すべてのことは中心に向けられる。…マンダラを自己の表現として見出すことにおいて、私は自分にとって究極のことに到達したと知った」（『ユング自伝』280ページ）のである。

この辺りのところまではユング心理学に馴染みのある読者には比較的よく知られているだろう。しかし、ユングはさらにその先に進んだ。『アイオーン』のパラグラフ70〔訳書57‐58ページ〕で、「キリストは自己という元型の一例を示す」と、「新しい世界観」を表明したからである（73ページ）。ユングは自己をめぐる上記の体験を、ユングという個人に留めず、人間の歴史というより広い文脈に推し進めたのだ。その結果、ユングは「後世に向けて」書くこととなり、「新しい時代のアジェンダ（儀式定式書）」（92ページ）を確立しようとした。『アイオーン』は同時代人に向けて書かれた本ではなく、後世に向けて書かれた本である、というエディンジャーのこの指摘は衝撃的ではないだろうか。そして、エディンジャーは「ユングは新しい時代を代表する最初の人物」であり、「水瓶座の時代を除幕した」とまで述べている。

このことを理解するためには占星術について知る必要があるが、エディンジャー自身の説明に加え、鏡リュウジ氏に解説を寄せていただける事になったのでそちらもぜひ参照していただきたい。ユングは一般に知られている以上に占星術から強い影響を受けていることは、鏡氏が訳出された『占星術とユング心理学』（リズ・グリーン、二〇一九年、原書房）にも詳しい。

我々が迎えつつある新しい時代（アイオーン）が、将来、ユングの時代 the Jungian aeon と呼ばれるようになると思います（本書366ページ）、というエディンジャーの予見通りになるかどうかは後世に判断を委ねるしかないが、新たな時代を見据えて書いたユング のアジェンダを、今を生きる我々が読み解くことで、（コロナ禍もふくめ）今生じていることを、より広く深い視点から見るヒントが得られるのではないかと思う。エディンジャーはその扉を開いてくれた。

エドワード・F・エディンジャー Edward F. Edinger（1922-1998）は、インディアナ大学で化学、イェール大学で医学を学び、精神科医となった後、ユング派の分析家になった。彼は、ニューヨークのC・G・ユング研究所の創立メンバーの一人であり、一九六八年から七一年まで所長を務めた。その後ロスアンジェルスに移り、そこで開業し、C・G・ユング研究所で講義を行なった。ユング派の理論家として、米国において指導的な存在であった。著作も非常に多い。ユング心理学の基礎となる概念について述べた『自我と元型（*Ego and Archetype*）』（1972）、錬金術の作業と心理療法について論じた『心の解剖学（Anatomy of the psyche）』（二〇〇四年、新曜社より岸本・山の翻訳にて『心の解剖学―錬金術的セラピー原論』として出版されている）など、キリスト教や錬金術に関するものに加えて、ユングの主要な著書を読み解いたものもある。本書もその中の一書であるが、ユングの晩年の難解な著書を読む際に、これらのEdingerの著書は、読者にとって親切な導き手となってくれるであろう。なお、『心の解剖学』を訳出した際には、著者の表記をエディンガーとしたが、本書では、実際の発音に近いエディンジャーの表記に変えたことを断っておきたい。

この翻訳の訳文は既に二〇〇五年には出来上がっていたが、なかなか企画実現には至らなかった。この度、鏡リュウジ氏のご協力を得て、青土社の篠原一平氏をご紹介いただいた。その後は、とんとん拍子に企画が進み、出版が実現することとなった。ようやく陽の目を見ることになり大変嬉しく思う。鏡氏にも、本書出版の企画に尽力してくださった青土社の篠原一平氏にも心から感謝申し上げる。本書がユングの真意を汲み取る一助となればと願う。

二〇二〇年一〇月吉日

岸本寛史・山愛美

本書に寄せて

魚座から水瓶座、そしてペガサスへ
ユングの宇宙論的歴史観をめぐって

鏡リュウジ

ユングの著作の難渋さ

一九八〇年代から九〇年代にかけてであろうか。日本では世界でも例をみないほどユング心理学が注目を集めていた。河合隼雄先生や秋山さと子先生のご尽力によるところが大きいと思うのだが、「アニマ」「アニムス」「アーキタイプ（元型）」、あるいは「集合的無意識」、「シンクロニシティ（共時性）」、そして本書『ユングの『アイオーン』を読む』の主題である「セルフ（自己）」といったユング心理学特有の語彙も広く知られるようになった。専門家ならいざ知らず、一般の人々の間ではユングの用語は、さまざまな事象を分析、理解する使いやすい枠組みとして認知されるようになったと言えるだろう。

だが、ユング自身の著書に当たるとそれは「使いやすい」どころの話ではない。ユングに関心をもつ人間の間ではよく知られたことだが、ユング心理学の「入門書」は大変明快でわかりやすいことが多いのにたいし、ユング自身の著作の多くは難渋を極める。ことに『結合の神秘』などユング後期の書物になると正直言って、僕のような浅学な読者ではほぼ「お手上げ」である。

その難渋さの最大の理由はユングが大量に引用、参照する素材が極めて謎めいた秘教的（あるいはオカルト的）なものであるということ。そのほとんどは現代の平均的な読者にとっては馴染みのないものだろう。またそうした素材の解釈、そして書物としての構成もけして見通しのよいものではない。ユングはそうした素材を、集合的無意識の表現として取り上げるわけであるが、錬金術にせよ、グノーシス派の文書にせよ、ユング自身によるの解読は他の多くのユンギアンたちが展開するような明快なものではない。謎めいた錬金術の暗号文書を解読したはずのテクストが、まるでもうひとつの暗号文書になっているかのようにさえ見える。逆を言えばそうしたミステリアスな雰囲気や匂いがユングの魅力の一つでもあるわけだがそれにしてもユングの著作を「読み解こう」とすると、ユング研究者ハイジックがどこかで言っていたように「泥沼に足をとられる」ように感じ、数ページで睡魔との戦いが始まってしまうのである。

そこでエディンジャーの登場である。豊富な臨床経験と豊かな学識をもったエディンジャーは、ユングの難渋な書物をひも解き、僕たちにもなんとかアクセス可能にしてくれる。学生時代に僕もエディンジャーの一連の「レクチャー」シリーズには大変お世話になったものである。

ユング心理学の「噛み砕けぬ石」

だが、ユングの「難渋さ」にはもう一つの理由があると僕は考えている。それはただただ、ユングが次から次に引用してくる素材の奇怪さばかりではないのである。ユングの思考や世界観そのものに、どうも僕たち「合理的」な現代人の枠に収まりきらず、受け入れがたいものであって、その違和感が読者の中にある種の抵抗を生み出しているように感じるのだ。

ユング研究者の入江良平氏はそれを的確にユング心理学の「噛み砕けそうもない硬い石」と呼んだ。[1]また、本書でエディンジャーがユングを我々の時代ではなく、それを外から眺めることのできる「次の時代にいた」[2]と呼んでいたのは、そのことと関係があるのだろう。

そう、ユングは僕たちの意識状態、僕たちの時代の制約を超えていたとエディンジャーは言う。あたかもユングが「預言者」であるかのようだ。これはかなり剣呑な表現。つまりユングが「水瓶座の時代（アイオーン）」を先取りしている人物である、と言っているのだ。この水瓶座の時代という言葉が示すような占星術こそ、「噛み砕けそうもない硬い石」の最たるものなのである。そしてさらに厄介なことに、この占星術が後期ユングの主著の一つ『アイオーン』の重要な主題でもあるのだ。

水瓶座の時代とは、本書でも解説されているようにおよそ二〇〇〇年単位で推移する占星術的な時代区分を指す。占星術的教義によれば僕たちは今、過去に二〇〇〇年ほど続いた魚座の時代から来るべき水瓶座の時代へと移行しつつあるとされる。この教義は一九六〇年代から七〇年代には大いに流行し、ヒッピーやカウンターカルチャーの支持者たちによって大きく標榜された。「水瓶座の時代がやってくる」という挿入歌がヒットしたミュージカル「ヘアー」の大ヒットは象徴的な出来事だったという。彼らによれば古い時代から新しい自由な価値観への時代の革命の旗印が「水瓶座の時代」だったわけである。

ユングの著作をつぶさに読むと、この「水瓶座の時代」の概念が重要なキーとしてあちこちに登場す

1　入江良平「二匹の魚」（『ユリイカ』誌一九九三年六月号所収　青土社）
2　本書346ページ

る。だが、まさかあの知識人であるユングがニューエイジの到来を素朴に期待する連中と同じムジナであるはずがない。あくまで占星術的象徴を「心理学的」に分析し、解釈しているはずだ…と合理的な読者は期待するだろう。

　だが、読めば読むほど、ユングが天体の動きと時代の変化の間に実際に平行関係が存在する、そして、その解釈は並みの占星術家たちの連想力をはるかに超えているように見えてしまうのである。そこで読者の中には自分の読み方がどこか間違っているのではないか、と不安にかられてしまうのである。実際、占星術を看板に掲げる僕自身ですら、そうだった。

　だが、リズ・グリーンの最近の著作が明らかにしたようにどうやらユング心理学の成立には、僕たちがこれまで想像していた以上に占星術の伝統が大きな影響を与えていたのは確かなようだ。ユング自身占星術を深く実践していた。[3] これから少しばかりご紹介するように、ユング心理学には占星術的時代論、歴史観が横たわっているのは事実なのである。だが、ここまで書いてきても、僕自身、ユングがどこまで本気で、あるいはどのように、普通に考えれば極めて面妖な歴史観を受け止めていたのか、理解しようとするといまだに戸惑う。これほどさようにユングの占星術論は突出しているのだ。

　この点、錬金術はまだいい。ユングは錬金術の奇怪な表象を夢と同じように「無意識の発露」と捉えている。それは心理学的な象徴なのである。ユングは錬金術を真剣に受けとめていたが、その教義を文字通りに信じていたわけではあるまい。錬金術の暗号にしたがってフラスコを熱し、化学物質を調合し、ときどき爆発事故を起こしていたユングを想像するなど、もはやギャグである。ユング心理学において錬金術は「心の内部」という容器の中におとなしく収まっている。しかし、占星術の場合にはどうだろう。ユングは個人的にもホロスコープを作成していた。さらにユングは西洋の精神史の変容が占星術的な天体の動きに沿って進んでいると断言している。本稿では詳述できないが、そこここで占星術の妥当性を主張しているのだ。ユングの占星術は、「心の内部」から漏れ出しているのである。[4]「スピ」的なニューエイジ思想の信奉者ならいざしらず、常識的で合理的な近代人たる読者は戸惑うほかない。だが、ここで立ち止まっていても仕方がない。ここではその戸惑いをいったん脇に置き、ユングのテクストに現れた占星術的歴史ヴィジョンを素直にご紹介してみよう。

時代精神の変容と星座の共時的関係

ユングは一九五八年の著作でこのように言っている。

「われわれはいま、大きな転換の時にさしかかりつつあるが、それは春分点が宝瓶宮（水瓶座）に入るときと考えてよい」。[5]

この書は専門家向けではなく、広く一般読者に向けて書かれたものなので一見、リップサービスのような修辞表現だと受け止めることもできそうだ。だが、そうではないのだ。続けてユングは言う。「軽率のそしりを受けぬよう、隠さずいっておくが、こうした考え方はおよそ尋常でないばかりか、あの占

3　リズ・グリーン著・鏡リュウジ監訳『占星術とユング心理学』（原書房　二〇一九年）
4　ユングの占星術についてはマギー・ハイド著・鏡リュウジ訳『ユングと占星術』新装版（青土社　二〇一三年）、リズ・グリーン『占星術とユング心理学』（原書房　二〇一九年）、および拙著『占星術の文化誌』（原書房　二〇一七年）など参照。
5　C・G・ユング著　松代洋一訳『空飛ぶ円盤』（朝日出版社　一九七六年　11ページ）

星家や世界改革者の脳裏に去来する雲か幻のたぐいに危険なくらい近づいているのである。私は、これまで営々としてきずいてきた自分の真摯さや信用や科学的判断力に対する世の評判を賭してまで、あえて危険をおかそうというのである。[6]」

ユングは自分の占星術的アイデアが「尋常ではない」ことを「十分に意識していたわけである。」そしてその「尋常ではない」占星術的アイデアについてもっとも詳細に論じているのが『アイオーン』であった。「われわれの宗教の歴史の推移とともに、われわれの心理的進展の本質的部分も変遷をたどる。それらの経過、成り行きについては、双魚宮(魚座)の星位を通る春分点の歳差運動から、時間的にも内容的にもある程度預言する」ことができるというのである。[7] そして今、時代を指し示す星座は魚座から水瓶座へと移行しつつあるとユングがいうわけである。

そして、後に述べるように占星術的な時代精神の変容というアイデアは、ユング晩年の産物ではなく(つまり老ユングの迷妄というわけではなく)ユング思想の構築時にはっきりとその姿を現していた。ユングの占星術的歴史観は、「大年」(グレートイヤー)、あるいは「大月」(グレートマンス)と星座の対応として現代の占星術家にはよく知られている考え方に基づいている。

二〇世紀半ばから後半における標準的な占星術の教科書であったマーガレット・ホーン著『現代占星術教科書』にはこのようにある。

「これ(大年)は黄道の極の周囲を地軸が一周するサイクルの期間(およそ二五八〇〇年)に与えられた名前である。[8]」

これは天文学上で歳差運動と呼ばれるもので、地軸は倒れかけ始めた独楽の軸のようにふらつき円を描くように動く。結果として二五八〇〇年周期で、春分点が見かけの太陽の通り道、黄道をゆっくりとバックしていくのである。黄道には十二の星座が並んでいるので、春分点はひとつの星座を二〇〇〇年強かけて通過してゆくことになる。この一周を「大年」と呼び、ひとつの星座分を「大月」と言う。「大年」「大月」という用語自体は、プラトンに遡るものだ。[9]

ホーンは続ける。

「通常の一年が一二ヶ月に区分されるように、大年も十二に分割される。」そこで春分点はひとつの星座をおよそ二〇〇〇年かけて通過する。この二〇〇〇年間を「時代」（エイジ）と呼ぶ。そしてホーンらは一つ一つの星座の時代にその星座表象と合致する宗教的象徴が立ち現れるというのである。紀元前八〇〇〇年頃から始まる「蟹座の時代」には豊穣の地母神が崇拝された。蟹座は大いなる母性の象徴である。牡牛座の時代には聖なる牛が崇拝され、牡牛座の時代の終わりから牡羊座の時代の始まりには「牡牛殺し」の英雄であるミトラ教が現れた。[10] 僕たちは今、魚座の時代の終わりに生きているが、およ

6 ibid. 11ページ

7 ユング／フォン・フランツ著・野田倬訳『アイオーン』（人文書院　一九九九年　111ページ）

8 M.Hone *The Modern Text-Book of Astrology* L.N.Fowler & co 1951 (quoted from 1978 edition, p276-280)

9 ただし、大年と大月はプラトンでは占星術と関係づけられてはいかなかった。プラトン大年と歳差運動は一九世紀末に神智学の影響において混同されるようになったのである。Nick Campion *Astrology and Popular Religion in the Modern West* Ashgate 2012 などを見よ。

10 一方でユングがいうような星座と宗教表象の共時的合致ではなく、歳差運動を知っていた神官／占星術家がミトラ教の教義を作った可能性も指摘されている。D.Ulansey *The Origins of the Mithraic Mysteries* Oxford University Press 1989 を見よ。

そ二〇〇〇年前に始まった魚座の時代はキリスト教の到来と期を一つにしている。初期キリスト教のシンボルは魚であり、これがユングが『アイオーン』において極めて詳細に論じた象徴なのである。つまり、ユングは占星術的「時代」の唱導者であった。そしてしばしばユングはこの二〇〇〇年単位の「大月」を「アイオーン」とも呼ぶのである。

しかも、このユングの占星術的「時代」の解釈は、通常の占星術家のものよりはるかに細密であったのだ。

魚座の時代

ユングの『アイオーン』における、「魚座の時代」についての驚くべき象徴解釈と歴史観についてはマギー・ハイド[11]と入江良平[12]がすでに詳細に解説している。ここではその内容を繰り返す必要はないだろうが、ごく簡単にユングの論点を抽出してみよう。

『アイオーン』における「魚座（邦訳では「双魚宮」、Sign of the Fishes）の論点は、西洋の精神に内在する二元論、とりわけキリスト教の歴史を貫く二元論である。魚座は、その二元論の象徴だというのだ。ユングは星座の魚座が二匹からなることに注目する。二匹の魚は尾をリボンで結ばれているが、最初の一匹は星座図の上では上向きに、そして二匹目は水平方向へと泳ごうとしている。ユングによれば、イエスは春分点の牡羊座から魚座への移動のタイミングで降誕した。その時期は木星と土星が牡羊座と魚座の境界線での接近と重なっている。聖書に登場する、イエス降誕を予告したという「マギの星」、「ベツレヘムの星」は、この木星と土星の接近のことだとユングは言う。太陽系での二大惑星である木星と土星の接近（会合）は中世以来、「グレート・コンジャンクション」と呼ばれ、中世アラブの大占星術家アブー・マーシャルが定式化して以来、占星術では大きな時代の転換を示すとしてされてきた。ユングは古い占星術の教義を参照しつつこの会合はユダヤ人の王の誕生を象徴するというのである。伝統的に土星はユダヤを、木星は「新しい王」を意味するからだ。当時、木星と土星は一年のうちに三回、会合したが、そのうちもっとも接近の度合いが近いものをユングは「マギの星」とみなした。ゲルハルドの計算を採用してユングは、イエスの誕生を紀元前七年五月二九日と推定した。[13] もしこれが正しいとすればイエスは十二月二十五日生まれの山羊座[14]ではなく、双子座生まれだということになる。この双子のシンボリズムもキリスト教に内在する二元論やイエスとサタンが双子であったという伝説と繋がる。

さらにこのユングにおける占星術的時代論の最大のポイントは春分点のゆっくりした星座間の移動が西洋の精神の変容、発展と歩みを共にしているという主張である。とくにキリスト教の発展と魚座の中における春分点の移動がシンクロするとユングは言うのである。すでに述べたように夜空の魚座は、垂直方向と水平方向の二匹の魚が結ばれて姿で描かれている。イエスの誕生は春分点が牡羊座から魚座に入った時だとされているが、これはイエスが「去ってゆく時代の羊として死」ぬこと、そして初期キリ

11　マギー・ハイド著　鏡リュウジ訳『ユングと占星術』新装版（青土社　二〇一三年）
12　入江良平　前掲論文
13　『アイオーン』94ページ
14　新約聖書にはイエスの誕生日は記されていない。クリスマスが十二月二五日とされたのは四世紀以降のことだという。おそらくローマ以来の冬至の祝祭などを習合したのだろう。

スト教のシンボルが魚であることと合致する。[15] 春分点はおよそ二〇〇〇年にわたって魚座を通過しこの間が「魚座の時代」を司る。その前半、春分点は垂直方向の魚の星座を通過してゆく。それは心的エネルギーが垂直方向、すなわち上へ、天の神へと向かう時代であった。その間、ゴシック様式の教会が天へと伸びて行ったのである。だが、春分点が二匹目の水平方向の魚へと移動すると、「反キリスト」的「唯物論」が台頭し始めるのだ。つまり現代へとつながる世俗化への緩慢な過程が始まったわけである。それはルネサンスから始まったのだ。[16]

ただし、二匹の魚のつなぎ目の時代はそれなりに長く、二匹の魚の境目はそれに先立つ一二三九年ごろであるという。この頃は「精神的不安定、革命的な異端各派、千年王国への待望といった特徴が見られた時代」[17]である。フィオーレのヨアキムに代表されるような千年王国論が人々を熱狂させたのは、まさにこの時代だったのである。さらにユングはノストラダムスについても短いながら一章を割いて論じ、かの大予言が魚座の時代の裂け目における集合的無意識の大きな変容を受け止めて生まれたものであるという。[18] また、垂直方向と水平方向の二匹の魚は結果として十字架となり、これはキリスト教が抱える二元論という重荷を反映するかもしれないとほのめかしさえする。[19] 重要な点は、ユングが春分点の推移を参照して、あるいはそれをきっかけとして宗教運動が立ち現れたのではないという点である。西洋における宗教象徴の転換と天文学上の変化はあくまでも、マクロレベルでの共時的現象だというのである。

マギー・ハイドは『アイオーン』に基づいて、魚座の恒星の位置を通過する春分点とシンクロする歴史上の出来事の年表を作成している。

ユング以前にはどんな占星術家も、恒星に対する春分点移動をもとに歴史を解釈したことはない。ユングのイマジネーションはほとんどの占星術家のそれをしのいでいるのである。

しかも、ユングの占星術的イマジネーションは通常の占星術で用いる十二星座以外にもひろがっている。主流の占星術では、黄道帯における十二星座とその中をめぐる惑星たちのみ用いるが、ユングはそのほかのさまざまな星座までも解釈に取り入れ、それを自身の理論に組み込んでいたのであった。

「神」の個性化　三位一体から四位一体へ

ユング自身、「尋常でない」という占星術的「アイオーン」のアイデアはユングにとって瑣末な思考の寄り道といったものではなかった。これはユング独自のキリスト教の歴史上の変遷の解釈と密接に関わっており、それはユングによれば西洋における集合的無意識の変容を映し出すものだ。驚くべきことだが、人類が水瓶座に象徴される新しいアイオーンへと移行しつつあると考えていたことは間違いない。

しかもそれは、ユング思想の初期の醸成期にすでに見られる。今ではユング思想の主要な概念の萌芽のほとんどが、ユングの内的作業の記録である『赤の書』にすでに見られることが明らかになっている。

ユングはフロイトの別離という個人的な危機、そして第一次世界大戦前夜という集合的な危機のさなか、

15 『アイオーン』107ページ
16 『アイオーン』110ページ
17 『アイオーン』99ページ
18 『アイオーン』111ページ
19 『アイオーン』108ページ

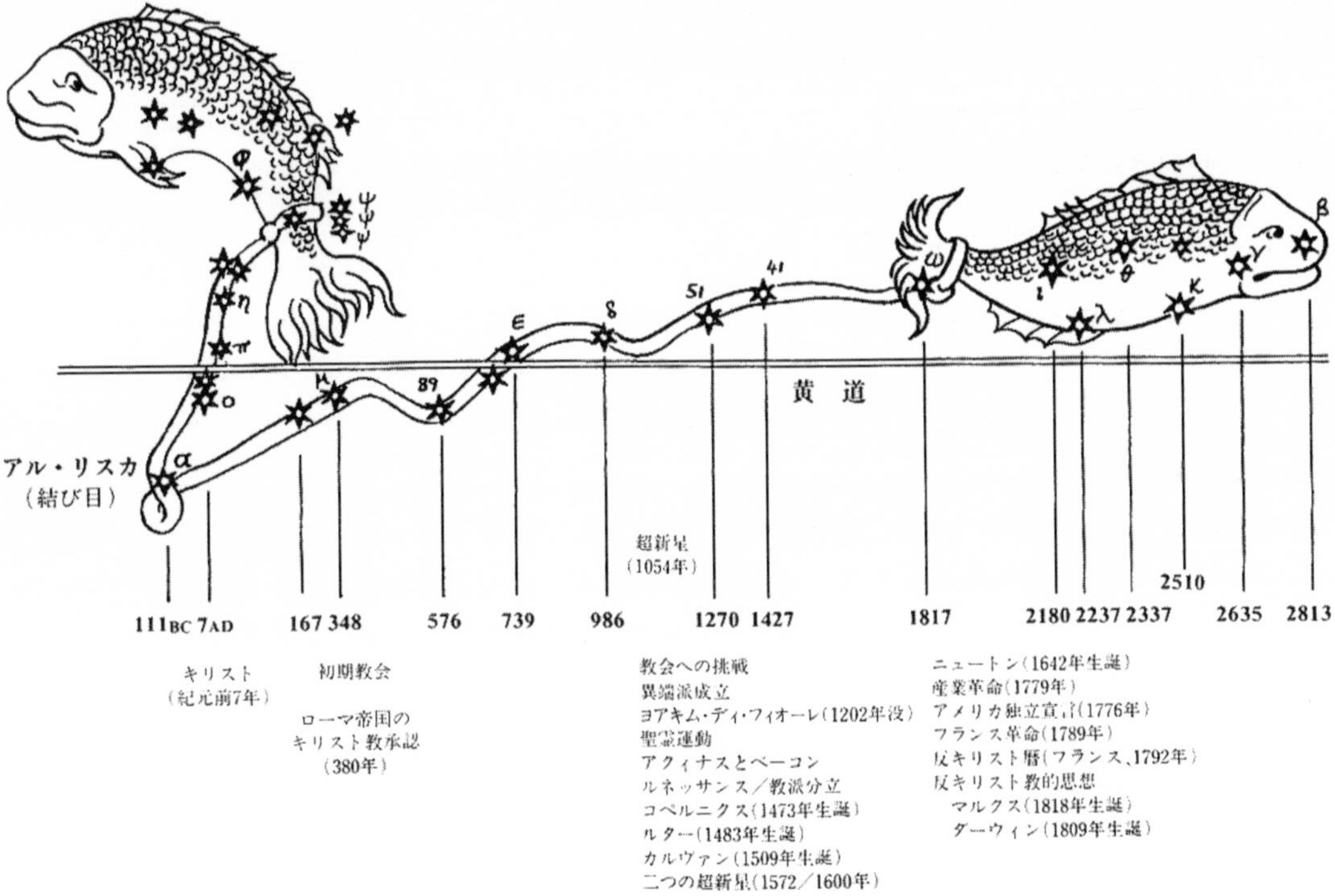

魚座の時代（マギー・ハイド『ユングと占星術』より）

強烈なヴィジョン体験をくぐり抜ける。ユングはその内的体験をノートに記録し、それを大判の書物として挿絵を添えて清書した。これが『赤の書』である。『赤の書』は長らくその存在と一部の内容こそ知られていたものの、その全容は長らく知られることはなかった。しかし、二〇〇九年になって『赤の書』は公開され、ユング思想の原点がやっと明るみに出たわけである。

『赤の書』の最初のページを見てみよう。中世の装飾写本を模倣したカリグラフィが印象的だが、その最初の文字が絵で装飾されている。よく見ると、そこには黄道帯と太陽が描かれていることに気が付く。[20]太陽は春分点を象徴しており、その春分点は魚座と水瓶座の境目にあるのだ。これはリズ・グリーンが指摘していることでもある。[21]

つまり、ユング思想の礎の最初の最初に、ユングは我々が「水瓶座の時代」へ移行しつつあることを強く意識していたことが現れているのだ。そして、ユングによれば水瓶座の時代にはキリスト教に内在していた「対立物」「二元論」を統合する方向へと動き出すことになる。「次のプラトン月、すなわち宝瓶宮（水瓶座）の接近との共時性によって、対立統合の課題が問題になる」[22]というのである。続けてユングは「そうなってくると、悪を単なる善の欠如（プリヴァチオ・ボニ）として帳消しにしてしまうことなど許されなくなり、悪の実際の存在が認められなければならない」と続けている。これはユングが

20　ユング　河合俊雄監修訳『赤の書』（創元社　二〇二〇年）
21　リズ・グリーン『占星術とユング心理学』（原書房　二〇一九年）
22　『アイオーン』104ページ

「来たるべきものの道」（C.G. ユング『赤の書』より）

様々な主要な著作で論じた、キリスト教の歴史と今後の発展の預言と深く関わっているのであり、まさにユングの宗教的歴史観の中核なのである。

ユングは東洋思想へも広く深い関心をもっていたが、ユングは常に自身の精神的ルーツであるキリスト教の問題へと立ち戻ってきた。この主題はそれ自身で大きな問題であり僕の能力を大きく超えるためここでは詳しく論じることはできないが、ここでさしあたり概略だけスケッチさせていただこう。

ユングはキリスト教の歴史を「神の像」イマゴ・デイの変容として理解していた。イマゴ・デイ、神の像は神そのものではない。神を論じるのは神学者の仕事である。心理学者としてのユングは神そのものを論じることはできないが、人々が抱く「神のイメージ」を論じる分にはその権利を有する、というのが宗教問題という危険な領域に接近するに際してのユングの自己弁護であった。

神の像はユング心理学では「セルフ」の主要な象徴である。神のイメージの変遷は個人の中で起こっている無意識の変容を、集合的レベルで反映していることになる。『アイオーン』の中心主題が「セルフ」でありながら、その中に膨大な宗教的な素材が引用され、かつ、「時代」（アイオーン）というタイトルになっているのはまさにそのためである。そしてこのプロセスはすでに完結したものではなく、現在進行形でもある。それは「（進行する）心全体の転換過程」[23]なのである。

ユングの宗教の変容に関するアイデアは『アイオーン』のほかに『心理学と宗教』『ミサにおける転

23　ユング・コレクション3　村本詔司訳「三位一体の教義にたいする心理学的解釈の試み」（『心理学と宗教』人文書院一九八九年　175ページ）

換象徴』『三位一体の教義にたいする心理学的解釈の試み』、そして『ヨブへの答え』などさまざまな講演や論文などで展開されている。

これらの著作で一貫してユングはユダヤ教、キリスト教の神の像（そしてキリストの像）は一面的、あるいは無意識的であると述べてきた。ユングの『ヨブへの答え』は中でも印象的である。全知全能、そして完全なる善であるはずの神がまんまとサタンの口車にのり、「義人」ヨブを苦しめる聖書の『ヨブ記』は、神学史上では深刻な神義論的難問となってきた。ユングはなんと、ここで神ヤハウェを心理学的分析室へと連れ込む。ユングは神があまりにも無意識的だったのであり、ヨブの苦しみを通して意識化のプロセスが始動し、ついには神自身が人間となり十字架にかけられるイエスとなったと論じる。

『三位一体の心理学』でも同じような議論が展開される。ユング研究者ロドリック・メインはこの論文を以下のように要約している。

「三位一体のそれぞれの位格にはその心理学的対応物がある。父なる神には無意識と同一視される未分化な段階が対応する。子なる神には無意識から分離しつつある意識、がそして聖霊としての神は無意識と再結合を始めた自我意識が対応する。[24]」

ユングが『アイオーン』の中で、二匹の魚のつなぎ目の時代に登場したとするフィオーレのヨアキムは、歴史を「父の時代」「子の時代」「聖霊の時代」と変化して進む流れとして捉えた預言者であったが、それはユングの三位一体が歴史的、時間的に展開するという理解を導いたものだったに違いない。ヨブを苦しめたような無意識的な「神」から、痛みを知るヨブ－イエスへ、そして無意識と再結合を目指す聖霊へと神のイメージはアイオーンの移行に従って変容していくのである。そしてユングが繰り返し述べるように「自己（セルフ）の象徴が神のイメーゴ（イメージ）から経験的に区別できない」[25]のであるから、神の変容はそのまま集合的なレベルでの人類の心の変容を映し出すのだ。

ユングの義論で興味深い（そして論争の火種になる）のは、ユングが「三位一体では不完全だ」という点であろう。ユングによれば三位一体では心理学的全体性を表現しきれないのである。乱暴にユングの議論を突き詰めれば、「父と子と聖霊」の三つの位格はすべて男性であり、また抽象的、知的にすぎる。僕たちの経験世界においては、どうしても否定し得ない「悪」は実在する。中世のカトリックの教義において、悪は実在しない、それは「善の欠如」にすぎないというトリッキーなかたちで展開された神学的議論をユングは一種の心理学的否認だとユングは言う。あるいは女性、肉体はどうなるのか。そうしたものは依然として無意識の中にとどまっている。

そこでユングはキリスト教の三位一体は、心理学的全体性に到達するためにもうひとつの位格を必要とすると言う。三位一体から四位一体への変容を必要とするというのである。『アイオーン』一四章「自己の構造と力動性」において、一見複雑な神話や錬金術を分析したダイアグラムがいくつも登場するが、そのいずれもが「四つ組」をベースにしたものになっていることに注目されたい。セルフは潜在的に四によって象徴される全体性をもつというのがユングの信念であったのだ。そしてその四番目のものは、悪、あるいは悪への誘惑者としてみられた女性や肉体なのである。

24 Rodrick Main "Religion" in Ed by Reno K Papadopoulos *The Handbook of Jungian Psychology*, p305-6 Routledge 2006
25 ユング『心理学と宗教』174ページ

「四」はユングにとって一種の秘数、聖数であったといっていいだろう。この全体性としての四の教義は、ユングのマンダラ論やこころの「四」機能にもとづく「四」タイプ論にも顕著に見ることができる。

二元論にもとづくキリスト教は三位一体まで生み出すことができたがそれはいまだ抽象的で一面的であり、心理的善悪を包摂し、「対立物の結合」を果たすには至っていない。それは集合的なレベルで次のアイオーンの到来と関わるのだろう。

そしてこの次のアイオーンの到来は、これまでと同じように天がその印を表すとユングは見ていた。そのとき空には「四」の星座が輝くのである。

魚座からペガサス座へ

ユングは生前に出版した著作では西洋の精神史の変容を語る占星術的枠組みとして黄道十二宮のみを用いていた。それだけでも十分驚かされるわけだが、さらに驚くべきことに、ユングはより閉鎖された安全な空間では黄道十二宮以外の星座をも西洋の精神史の進展を読み解くフレームとして用いていたのである。これを発見したとき、僕は文字どおり驚愕したものだった。

それは一九三〇年から三四年にかけてユングが親しい同僚や学徒たちだけに向けて行ったクローズドなセミナーにおいてであった。ユングはある若い女性が見たヴィジョンを歴史的な素材を使って「拡充」し、解釈をしてゆく。参加者たちはそこで積極的に発言している。これはもともと出版を意図したものではなかったので、ユングはかなり自由かつ大胆に発言していたのであろう。幸いにもこのセミナーは参加者によって記録されており、後に『ヴィジョンズ』（邦訳では「ヴィジョン・セミナー」）という形で出版することにユングは同意する。このセミナーの記録は一九七三年にも出版されているがこれは大幅な抄であり、占星術に関する内容は削除されていた。しかし一九九七年にクレア・ダグラスの編集で刊行された完全版[26]では、この驚くべき内容が含まれていたのであった。

このセミナーシリーズにおいて、一九三二年一月、ユングは魚座の時代について講じている。これは一九五一年の『アイオーン』出版に二〇年ほど先立つものである。そして一九三二年六月八日のセミナーにおいて、ユングは魚座のみならず「ペガサス座」をとりあげるのである。それはアナリサンドの女性がヴィジョンの中で有翼の白馬を見たことからであった。ユングはそれをペガサスと重ね合わせたのであった。

ユングは言う。

「一連の黄道宮は、天空を取り巻く星座の帯からなっており、太陽の通り道として性格づけられています。しかし、これらの星座の他にも、黄道宮と同じくらい神話的な星座の数々があります。…冠座、大熊座、南の魚座、その他にもたくさんあります。それらは…現代の占星術においてはほとんど何の役割もはたしていませんが、もともとは何がしかの意味をもっていました。…天空の他の星座もすべて無意識内容の投影によって生み出され特徴づけられてきたものだからです」[27]

26　Ed.by.C.Douglas, Jung *Visions* Princeton Univ.Press 1997（クレア・ダグラス編・ユング書・氏原寛・老松克洋監訳『ヴィジョン・セミナー』創元社　二〇一一年）

Triangulum
Andromeda
Aries
Pegasus
Equulei
Pisces
Aquarius
Cetus
Caper
Eridanus
Piscis
Notius
Phoenix
Grus

星座図[28]

天空の星座とその神話は、すべて集合的無意識の投影である。したがって黄道星座のみを用いる理由はユングにとっては何もないのだ。そこでユングの占星術的想像力は黄道帯の南北に拡大されてゆく。

先に見たようなかたちでユングは春分点の牡羊座、魚座への移動を語った後、黄道上の魚座や牡羊座の下に広がる巨大な「くじら座」に目を向ける。これは意識の「下方」にある、意識をいつでも飲み込んでしまおうとする、「無意識という巨大な危険」を表すものだというのだ。

一方、黄道の上に目を向けるとペルセウス座とアンドロメダ座を認めることができる。これは姫を脅かした怪物を退治する英雄の神話世界である。これはアニマを救出し、分化してゆく意識の象徴だ。さらに三角座を認めることができるが、春分点は紀元前一〇〇〇年ごろに三角座を通過したとユングは推算している。全き抽象的図形である三角形は、人類において哲学思考が誕生したときと合致するとユングは言うのだ。

そしてユングがこのセミナーを開催していた一九三二年当初、春分点の上方にはペガサス座が存在するという。これは魚座と水瓶座の境界のあたりの真上から始まる星座なのだ。ここでユングは「ペガサスは今の時代の支配原理」だというのだ。

星図でペガサス座を確認すればよい。それは四つの大きな星から構成される。だから、「以前、三幅

27　『ヴィジョン・セミナー2』796ページ　ただし、ユングは現代占星術では黄道十二宮以外はほとんど用いられていないというが、古代においてはプトレマイオスが星座について占星術的意味を付与しており、二〇世紀に入ってからもヴィヴィアン・ロブソン、またベルナデッド・ブレイディをはじめ恒星や星座を用いる占星術家も存在する。

28　https://www.davidrumsey.com/blog/2012/8/21/mapping-the-heavens-in-1693

対のことで忙しかったのと同じように」「今や人々は四角をめぐって非常に多忙にしている」という。これは「本当の導きになる原理が」（神的な馬に象徴される）「生きているリビドーであることを発見する時代」であり、古い時代の人々がこのペガサスを四角形で思い描いたのはユングにとっては「奇跡のように思われ」たのであった。

それは魚座が内包する悪や否定的なもの、良きことの「反対のもの」の乖離を引受けるものである。「私たちが話し合ってきたあれこれから考えれば、四角が非常に助けになる」とユングは言うのである。いったい何の助けに？　おそらく二匹の魚に象徴された二元論的乖離を和解させることであろう。それは「対立物の和解」を導く水瓶座の時代の課題と合致する。

では、ユングはそれはいつ起こるというのだろうか。ユングの意見は時によって大きく異なる。ある場所では一九四〇年から四五年に起こるといい、また別の場所では二〇〇〇年から二二〇〇年の間のどこか、という非常に長いスパンを持ち出す。ユングは水瓶座の時代の始まりの時期を正確に予測することにはあまり興味がなかったのだろう。さらに言えば、ユングにとってこの水瓶座／ペガサス座のアイオーンとて最終的なゴールではなかった。ユングはその視野を、水瓶座の先の山羊座の時代にまで伸ばしている。もっとも、その具体的な意味内容にはユングは踏み込んではいないけれども。

こうして見てきたように、ユングが水瓶、ペガサス座の時代への入口に我々が立っていることを意識していたことは確かに否定できないのである。したがって『アイオーン』におけるセルフとはこれまでの人類のセルフとはまた異なるかたち表象される、新しい時代の象徴として現れるものとして理解しなければならないのだろう。

さて、以上のようなユングの占星術をどのように受け止めればよいのだろうか。ここで僕自身、今なお「二匹の魚」を生きていることを痛感させられる。ユングが合理的な№1の人格と古代的、神話的な№2の内的な葛藤を抱え悩み、その同じ葛藤が『赤の書』においては「今の時代の精神」と「深みの精神」の対立というかたちで現れていることを僕たちは今やよく知っている。僕の中でも「今の時代の精神」たる№1の自分は「やはりユングはちょっとおかしいのだ、この部分には目を塞ごう」と囁き、「深みの精神」の代弁者たる№2の自分は「やはり占星術は有効なのだ、学者生命をかけてそれを主張したユングは勇敢だったのだ」と訴えかける。私見では世のユング派の先生方も№1よりの方々と№2よりの方々に分裂しているように見える。ユングのいう新しい意識においては、神話と歴史を統合的に見ることが可能になるのだろうか。

僕にはユングを新時代の「預言者」として崇拝する勇気はない。かといってユングを愚かな狂信者として見ることもできない。今のところ、僕にはユングはやはり消化しきれない大きな存在だ。だが、その矛盾と葛藤は、合理のみでは生きることできない、つまるところ、人工知能のアルゴリズムのみにはとってかわることができそうもない、人間の魂という巨大な謎そのものなのだろう。そしてユングの思想はその「謎」(ミステリー)そのものを透かし見せているように思えてならないのである。

追記　本稿は二〇二〇年の英国占星術協会年次大会 The Astrological Association the Annual Conference における発表原稿をもとに書き換えたものである。

索引

か行

さ行

た行

な行

は行

ま行

や行

ら行

わ行

ユングの『アイオーン』を読む
時代精神と自己《セルフ》の探求

著　者　エドワード・エディンジャー
訳　者　岸本寛史・山 愛美

2020年11月30日　第一刷印刷
2020年12月10日　第一刷発行

発行者　清水一人
発行所　青土社

〒101-0051　東京都千代田区神田神保町1-29　市瀬ビル
［電話］03-3291-9831（編集）　03-3294-7829（営業）
［振替］00190-7-192955

印刷・製本　ディグ
装丁　大倉真一郎

ISBN978-4-7917-7328-2　Printed in Japan